中国园区循环化改造实践与典型案例

TYPICAL CASES CIRCULAR TRANSFORMATION INDUSTRIAL PARKS

马淑杰　罗恩华　张英健　谢元博　等著
中国国际工程咨询有限公司

中国环境出版集团・北京

图书在版编目 (CIP) 数据

中国园区循环化改造实践与典型案例 / 马淑杰等著 . -- 北京 : 中国环境出版集团 , 2023.5

ISBN 978-7-5111-5514-6

Ⅰ . ①中… Ⅱ . ①马… Ⅲ . ①工业园区—循环经济—案例—中国 Ⅳ . ① F424

中国国家版本馆 CIP 数据核字 (2023) 第 082285 号

出 版 人 武德凯
责任编辑 宾银平
封面设计 北京光大印艺文化发展有限公司

出版发行 中国环境出版集团
（100062 北京市东城区广渠门内大街 16 号）
网　　址：http://www.cesp.com.cn
电子邮箱：bjgl@cesp.com.cn
联系电话：010-67112765（编辑管理部）
010-67112736
发行热线：010-67125803，010-67113405（传真）

印　　刷 北京鑫益晖印刷有限公司
经　　销 各地新华书店
版　　次 2023 年 5 月第 1 版
印　　次 2023 年 5 月第 1 次印刷
开　　本 787 × 1092　1/16
印　　张 12.75
字　　数 270 千字
定　　价 96.00 元

《中国园区循环化改造实践与典型案例》著作委员会

前　言

自改革开放以来，我国经济社会发展取得了举世瞩目的伟大成就，同时也付出了高昂的代价，资源支撑难以为继、环境容量逼近极限、应对气候变化形势严峻，绿色循环低碳发展已成为全球共识和大势所趋。基于这种形势，党中央、国务院提出要大力推进生态文明建设，将发展循环经济作为我国经济社会发展的重大战略。

近年来，随着我国国民经济的快速发展，产业园区作为经济发展的重要载体，其重要作用日益凸显。根据国家发展改革委等六部委联合发布的《中国开发区审核公告目录（2018 年版）》，我国各类园区已达 2543 家，创造的 GDP 接近全国的 60%，园区已成为带动地区经济发展和实施区域协调发展战略的主要阵地。同时，随着生态文明建设的深入推进，园区也逐步成为我国推动循环经济发展的重要载体，园区开展循环化改造更成为推进循环经济发展的核心任务之一。

为加快推进落实这一重点任务，国家从法律和政策层面进行了顶层设计。2005 年，《国务院关于加快发展循环经济的若干意见》提出“用循环经济的发展理念指导区域发展、产业转型和老工业基地改造。开发区和重化工业集中地区，要按照循环经济要求进行规划、建设和改造”；2008 年，《中华人民共和国循环经济促进法》颁布，提出“县级以上人民政府编制国民经济和社会发展规划及年度计划，县级以上人民政府有关部门编制环境保护、科学技术等规划，应当包括发展循环经济的内容”；《中华人民共和国国民经济和社会发展第十二个五年规划纲要》提出“按照循环经济要求规划、建设和改造各类产业园区”；《中华人民共和国国民经济和社会发展第十三个五年规划纲要》提出“按照物质流和关联度统筹产业布局，推进园区循环化改造，建设工农复合型循环经济示范区，促进企业间、园区内、产业间耦合共生”；《中华人民共和国国民经济和社会发展第十四个五年规划和 2035 年远景目标纲要》提出“深入推进园区循环化改造，补齐和延伸产业链，推进能源资源梯级利用、废物循环利用和污染物集中处置”。《“十四五”循环经济发展规划》进一步提出“具备条件的省级以上园区 2025 年底前全部实施循环化改造”。这些法律和政策的出台，为转变经济发展方式、加快循环经济发展奠定了坚实基础，也为提升产业园区综合竞争力和可持续发展能力指明了方向。

开展园区循环化改造，就是要按照物质流和关联度，统筹产业布局、推进循环经济产业链构建，促进企业间、园区内、产业间耦合共生。具体而言，即以提高资源产出率为目标，按照“布局优化、产业成链、企业集群、物质循环、创新管理、集约发展”的要求，统筹规划园区空间布局，调整产业结构，优化资源配置，推进土地集约利用，推行清洁生产，促进能量梯级利用和废弃物循环利用，形成低消耗、低排放、高效率、能循环的现代产业体系，把园区改造成为“经济快速发展、资源高效利用、环境优美清洁、生态良性循环”的典范。

在我国，开展园区循环化改造的实践是分阶段逐步推进的。2005 年 10 月，国家发展改革委等六部门组织开展第一批国家循环经济试点工作，探索建立“循环经济试点园区”。从省份、产业园区、重点行业、重点领域四个方面选择了 82 家试点单位，其中产业园区方面选择了 13 家试点单位，涵盖类型既有综合型园区、重化工园区，也有以农业种植、加工为主的园区；2007 年 12 月，国家发展改革委等六部门又启动了第二批国家循环经济示范试点工作，继续从四个方面选择 96 家试点单位，其中产业园区方面共确定了 20 家循环经济试点园区，这次重点选择资源消耗高、节能减排任务较重的重化工业集聚区、产业关联度较高的工业园区。这个阶段主要依靠园区本身推进，由园区自行编制循环经济试点实施方案，政府组织专家论证通过后实施，实施过程中国家支持力度很小，仅由国家发展改革委对园区个别废弃物资源化利用项目进行部分资金支持。2011 年起，园区循环化改造进入“试点示范”阶段， 国家发展改革委、财政部已在全国范围内分七批选择了 129 个园区作为循环化改造示范试点，国家发展改革委、财政部安排专项资金支持园区关键链接项目和公共基础设施建设，但同时也给予园区充分的自主性，专项资金由园区统筹使用。

开展园区循环化改造，引起了社会的广泛关注，特别对于推进园区绿色低碳发展、助力生态文明建设发挥了重要作用。但与此同时，此项工作开展的时间较短，总体上还处于前期探索阶段，从理论和实践上来看，还面临以下问题：一是我国很多园区建设初期并没有按照循环经济理念进行布局，园区内的产业类型混杂，产业之间的关联性、规律性不强，园区循环化改造缺乏可供借鉴的模式和成功经验，对于循环化改造的潜力比较模糊；二是产业园区发展呈现交叉、综合和复合型特征，对依托相关产业进行循环化改造的路径设计原理和方法认识不清；三是对产业园区进行循环化改造的预期和实际效益评价不足，尚没有形成完善的评价体系，部分园区实施循环化改造的主动性不强。

本书针对以上几个方面的问题，通过对 2011—2017 年已经批复同意实施园区循环化改造的 129 家园区进行深入研究，结合国内外生态工业园区和循环经济园区的发展经验及相关研究成果，按照主导产业类型，分析这些园区的空间布局、管理方式、产业结构、关键指标、支撑项目，总结钢铁冶炼、有色冶金、油气化工、盐化工、轻工产业园区以及综合类园区进行循环化改造的共性问题和关键影响因素，对改造过程中出现的问题进行梳理，提出相应的对策和建议。期望这些研究能为国家有关部门推进园区循环化改造提供一幅案例全景图，也为下一步推进循环化改造探索路径。

在内容安排上，本书共分 5 章。第 1 章对我国开展园区循环化改造的宏观背景、重要意义、政策体系框架和实践历程进行了总体概述；第 2 章对我国园区循环化改造主要路径及建设成就进行了分析总结; 第 3 章按照产业主导类型，分门别类总结了钢铁冶炼、有色冶金、盐化工、轻工等八大类主导产业园区以及农工复合类园区、高新技术类园区、综合类园区开展循环化改造的典型案例和经验，涉及 29 家产业园区；第 4 章系统总结了园区循环化改造成效及难点；第 5 章对未来园区循环化改造进行了展望，提出相关的对策建议。

本书在编写过程中，得到了国家发展改革委、清华大学等政府、行业协会、科研院所、企业园区等相关机构的大力支持，数次征求各界人士的意见和建议，在此向他们表示诚挚的感谢。本书具有广泛的基础，充分反映了园区循环化改造发展取得的进展。希望本书能为读者厘清园区循环经济发展的脉络提供有益的支持和帮助。

鉴于产业园区循环化改造是一个长期推进的过程，有相当的系统性和复杂性，本书只是一个初步的探索，而且限于时间和著者的水平，书中难免存在不足之处，敬请广大读者批评指正。

作者

2023 年 2 月于北京

目 录

第1章 我国园区循环化改造发展概述

园区是我国经济发展的重要载体，在创造了近60%的工业GDP的同时，也相对集中地承载了众多的工业企业，一方面消耗大量资源和能源，另一方面污染物排放集中且强度较高。园区循环化改造就是要按照循环经济理念，开展产业结构、基础设施、生产工艺、管理机制等方面的改造建设，通过产业链的构建、基础设施的共享、生产工艺的提高和管理机制的完善，推动园区的循环经济发展，提高资源能源利用效率，减少污染排放。

党的十九届五中全会审议通过的《中共中央关于制定国民经济和社会发展第十四个五年规划和二〇三五年远景目标的建议》明确提出“全面提高资源利用效率”“加快推动绿色低碳发展”“发展环保产业，推进重点行业和重要领域绿色化改造”“加快构建废旧物资循环利用体系”。其中，绿色化改造将作为“十四五”期间产业园区全面构建绿色产业体系、形成绿色发展模式、推动高质量发展的主要路径，也是应对气候变化、推进碳达峰和碳中和的重要途径。因此，有必要对我国园区循环化改造发展过程进行总结，为“十四五”期间开展园区绿色循环化改造提供参考。

1.1 宏观背景

20 世纪 60 年代以来，世界经济规模不断扩大，生产效率大幅提高，但与此同时，对能源资源的需求也急剧增长，资源供给日益短缺，大量生产、大量消费、大量抛弃废弃物的线性生产和消费模式，使经济发展面临资源供给不足和环境污染的双重压力。

随着我国进入经济新常态，经济发展呈现明显不同于以往的阶段性特征，经济增长逐步由高速发展阶段向中高速发展阶段减速换挡。在此背景下，党中央、国务院更加注重经济增长的质量，更加强调经济绿色化转型发展。党的十八大做出了建设生态文明的战略部署，将生态文明建设纳入中国特色社会主义事业“五位一体”的总体布局，要求把生态文明建设融入经济建设、政治建设、文化建设、社会建设的各方面和全过程，着力推进绿色发展、循环发展、低碳发展。党的十八届三中全会从完善体制机制上做了进一步部署，要求加快生态文明制度建设。党的十九大报告在论述加快生态文明体制改革中指出，要推进绿色发展，建立健全绿色低碳循环发展的经济体系，实现经济建设与生态文明建设的有机结合，增强可持续发展后劲，而发展循环经济是一个重要的抓手和突破口。

这些重大决策的本质，就是要改变长期以来粗放的经济增长方式，解决发展过程中的资源约束和环境污染问题，提高经济发展质量，增强可持续发展能力，实现绿色转型。这就要求我们，必须加快转变发展方式，提升发展的质量，实现“稳增长、调结构、促改革、惠民生”的综合效应。发展循环经济，实现经济与资源环境效益的统一，是经济转型发展的内在要求，也是中国经济发展进入新常态后的必然选择。

循环经济是以资源的高效利用和循环利用为核心，以“减量化、再利用、资源化”为原则，以低消耗、低排放、高效率为基本特征，以尽可能减少资源消耗和环境牺牲等代价来满足人们不断增长的物质文化需求为目的，符合可持续发展理念的经济发展模式。发展循环经济强调根本变革“大量生产、大量消费、大量废弃”的传统发展模式，从“资源—产品—废弃物”的单向式直线过程向“资源—产品—废弃物—再生资源”的反馈式循环过程转变，从高投入、高消耗、高排放、低效率的粗放型增长向低投入、低消耗、低排放、高效率的集约型增长转变。循环经济可从源头和生产过程破解我国可持续发展面临的资源环境约束，是适应新常态、实现全面建成小康社会和现代化建设目标的最佳路径；是建设资源节约型、环境友好型社会和生态文明的必由之路；是实现资源节约、环境保护、经济增长有机统一的经济发展模式。其核心是资源的高效利用和循环利用，这种经济发展方式能够有效地节约和利用资源，实现“资源—产品—废弃物—再生资源”的闭合式循环，变废为宝、化害为利，少排放或不排放污染物，最大限度地实现节能减排，符合可持续发展理念，符合科学发展观的内在要求。

产业园区是我国产业发展的集聚区和国民经济绿色转型的重要载体，同时也是资源能源消耗和污染物产生的集中区。作为我国发展循环经济的重要层面，产业园区循环经济发展潜力巨大。可以说，抓好了园区循环发展，就抓住了循环经济工作的“牛鼻子”，必将有效促进我国经济绿色转型和生态文明建设。近年来，在生态工业园区试点和循环经济示范等工作的基础上，针对我国国情创造性地提出了具有中国特色的园区发展方式——园区循环化改造。

园区循环化改造是园区发展循环经济的主要手段，是园区发展到一定程度的必然要求。《中华人民共和国循环经济促进法》提出“各类产业园区应当组织区内企业进行资源综合利用，促进循环经济发展”“县级以上人民政府编制国民经济和社会发展规划及年度计划，县级以上人民政府有关部门编制环境保护、科学技术等规划，应当包括发展循环经济的内容”“各类产业园区应当组织区内企业进行资源综合利用，促进循环经济发展”；《中华人民共和国国民经济和社会发展第十二个五年规划纲要》中提出“按照循环经济要求规划、建设和改造各类产业园区”；《中华人民共和国国民经济和社会发展第十三个五年规划纲要》提出“按照物质流和关联度统筹产业布局，推进园区循环化改造，建设工农复合型循环经济示范区，促进企业间、园区内、产业间耦合共生”；《中华人民共和国国民经济和社会发展第十四个五年规划和2035年远景目标纲要》提出“深入推进园区循环化改造，补齐和延伸产业链，推进能源资源梯级利用、废物循环利用和污染物集中处置”；《“十四五”循环经济发展规划》进一步提出“具备条件的省级以上园区2025年底前全部实施循环化改造”。通过循环化改造，实现园区的能源、水、土地等资源利用效率大幅提升，二氧化碳、固体废物、废水、主要大气污染物排放量大幅降低。

园区循环化改造是在我国生态文明建设大背景下，对传统园区发展模式的扬弃，其外在表现形式是资源高效循环利用与废弃物安全处置，其本质内涵是对园区资源配置模式和利用方式的革新，按照生态学原理科学高效配置资源，提高园区物质循环流动引起的经济效率和环境效率，寻求高效、安全的资源循环利用技术经济路径。推进园区循环化改造，就是推进现有各类园区（包括经济技术开发区、高新技术产业开发区、保税区、出口加工区以及各类专业园区等）按照循环经济减量化、再利用、资源化，减量化优先原则，优化空间布局、调整产业结构，突破循环经济关键链接技术，合理延伸产业链并循环链接，搭建基础设施和公共服务平台，创新组织形式和管理机制，实现园区资源高效、循环利用和废物“零排放”，不断增强园区可持续发展能力。在理论上，园区循环化改造与生态工业园区的创建一脉相承，均是以“减量化、再利用、资源化”为原则，按照自然生态系统物质循环和能量流动方式运行的经济模式，推动园区发展闭环流动型经济，实现从“资源—产品—废弃物”的单向式直线过程向“资源—产品—废弃物—再生资源”的反馈式循环过程的转变。

实践证明，循环化改造在推动园区转变发展方式、优化产业结构和能源结构、培育绿色发展新动能等方面都发挥了积极作用，其实施激发了园区绿色发展的活力，完善了园区产业循环链接，打造了园区绿色低碳循环发展产业体系，并且在打好污染防治攻坚战、推动节能减排降碳、拉动产业投资等方面发挥了重要作用，有效带动区域不断向高质量发展迈进。对已有产业链条进行延伸，补链强链，推进副产物资源利用，不断提升产业抗风险能力，"循环链构建"与"产业链招商"形成了良性互动格局，资源综合利用产业持续集聚壮大。目前，园区循环化改造已成为地方政府推动园区绿色发展的重要抓手，成为落实国家重大战略和推进地方资源高效利用、节能减排降碳的主要手段之一。循环化改造已逐渐成为一些园区重新规划、二次创业、改造升级、破解资源环境约束、提高竞争力的有效途径，有利于促进我国现代化经济体系的建设。

1.2 重要意义

园区循环化改造是根据我国发展阶段和资源环境问题等国情提出的，是全面推进循环发展、建设生态文明的重要领域。

1.2.1 推进园区循环化改造是转变经济发展方式、实现园区可持续发展的内在要求

园区是我国产业发展的集聚区，也是国民经济和地区经济发展的重要载体。但目前很多园区受到土地、资源、环境等因素的制约，可持续发展面临挑战，迫切需要加快转变发展方式，为经济持续快速发展提供有效支撑。"十四五"时期是我国推进绿色发展的关键阶段，更需要深化社会各界对发展循环经济重要战略地位的认识，推动形成社会共识，把发展循环经济主动融入国家发展战略，推广循环经济理念，加快构建区域资源循环体系，把发展循环经济作为推动国民经济绿色化的重要途径，加速循环经济的法制化、制度化、机制化和产业化进程，加快实现经济社会发展的绿色转型。推进园区循环化改造，用循环经济理念改造存量、构建增量，按照"减量化、再利用、资源化"原则，推进产业链延伸、园区间产品互供以及基础设施共享。园区循环化改造可以有效引导园区优化产业结构和空间布局，推进产业集聚发展，提高资源、废弃物的循环利用水平，减少环境污染。园区循环化改造还可以培育战略性新兴产业和新的经济增长点，强化创新驱动，促进资源的高效利用，促进园区迈入创新驱动、自主增长的发展轨道，增强可持续发展能力，实现园区经济快速发展、资源高效利用、生态环境改善的有机统一。

1.2.2 推进园区循环化改造是提高园区的综合竞争力、带动整个区域循环经济发展的重要抓手

工业园区是区域经济发展的重要载体，在经济发展与环境污染、能源短缺的矛盾日益突出的背景下，通过园区循环化改造，创新专业化园区发展的循环模式，不仅是实现园区可持续发展的需要，而且将极大地推动区域循环经济的建设，特别是对于其他工业园区的循环化改造具有一定的创新示范带动作用。因此，园区循环化改造的顺利实施，一定程度上将带动区域循环经济的加快推进，促进循环型经济向循环型社会的转变。不

仅如此，通过园区进一步的生态化改造，将有利于提升园区产业发展的形象，对于区域全面加快建设生态文明城市的目标有着极为重要的意义。此外，园区是能源资源消耗的集中区域，也是节约潜力较大的区域。推进园区循环化改造，通过合理构建企业内部、企业之间、园区之间的循环经济产业链，培育区域循环产业网络体系，搭建基础设施和公共服务平台，推进节能、节水、节地、节材，实现生产过程耦合和多物联产，实现资源共享和产业共生，物尽其用，变废为宝，可以最大限度地降低园区的物耗、水耗和能耗，改变粗放的能源资源利用方式，切实提高园区的资源产出率，降低企业运行成本，对于缓解园区资源能源瓶颈、提高资源产出率和提升综合竞争力都具有重要意义。

1.2.3　推进园区循环化改造是实现“双碳”目标、绿色低碳发展的关键环节

除大幅调整能源结构和产业结构外，“双碳”目标的实现还必须从根本上改变产品的生产和使用方式。根据艾伦·麦克阿瑟基金会发布的《循环经济：应对气候变化的另一半蓝图》相关统计数据，可再生能源转型和能效提升只能解决 55% 的温室气体排放问题，剩下 45% 的温室气体来源于人类日常生活物品，如汽车、服装、食物和其他产品的生产过程。发展循环经济可以有效减少各价值链上的温室气体排放，实现材料和产品的循环利用以节约能源，并提升产品的碳封存能力。产业园区既是经济发展的引擎，也是资源能源消耗、污染物排放和碳排放的大户。园区循环化改造是实现循环经济的有效途径，不仅使区域工业层次的循环经济成为现实，引导国家层次循环经济和资源节约型、循环型社会建立，为传统产业转型升级提供借鉴，还可以为区域经济结构、产业结构、产品结构调整提供发展空间。尤其在“双碳”背景下，作为经济、降碳主战场的产业园区，其循环化改造有利于节约资源、保护生态，全面贯彻“绿水青山就是金山银山”理念。对标国家“双碳”行动方案，结合区域资源能源禀赋、经济发展规划、新能源产业规划等，从布局优化、产业成链、企业集群、创新管理、循环改造、集约发展等方面入手，制定具有前瞻性、切实可行的园区绿色低碳转型发展规划。同时可以考虑建立落实园区绿色低碳转型发展规划的协调、对标达标机制，并制定相关责任清单与考核机制，确保规划执行到位，持续推进产业园区不断朝着绿色、高效、智能、低碳的方向迈进。全面落实高质量发展要求，努力把产业园区打造成区域绿色低碳转型发展的新高地，助力“双碳”目标实现①。

1.2.4　推进园区循环化改造是加强环境保护、改善区域生态环境质量的重要措施

产业园区是生产的集中区域，也是各类污染物集中产生或排放强度较高的区域。由

---

①　王冰．低碳新华章　园区新征程：久久为功，推动产业园区绿色低碳循环发展 [J]．资源再生，2022，234（1）：38-42.

于多方面的原因，随着建设的不断推进和项目持续落地，园区在带动经济增长的同时，工业“三废”也对环境造成了不同程度的影响，部分产业园区成为污染物集中排放场所，对所在区域的生态环境造成很大压力，有的甚至已对当地生态环境乃至群众的健康产生不利影响，环境承载和资源支撑能力面临挑战。在统筹发展、和谐发展和科学发展的指导下，环境和经济的协调发展必须得到更多的关注。实施园区循环化改造，可以变末端治理为源头减量、全过程控制，实现园区废物“少排放”和“零排放”；可以最大限度地减少企业集中生产的环境负荷，改善生态环境质量，降低区域环境风险；可以有效缓和公众对石化产业发展的紧张气氛，扭转社会对石化产业的认知偏差，促进当地社会和谐稳定。

1.2.5 推进园区循环化改造是全面贯彻落实五大发展理念、建设生态文明的充分体现

实施园区循环化改造，引导园区调整产业结构，用循环经济的理念改造存量，构建增量，推进产业集聚发展，体现产业集聚和链接效应，降低污染物排放，实现土地节约利用、资源高效利用和生态环境改善的有机统一，符合生态文明、人与自然和谐共生、良性循环、全面发展的宗旨。通过改造园区内企业、产业和基础设施的空间布局，加快传统产业结构改造升级，培育发展新兴产业。以“减量化、再利用、资源化”为原则，促进源头减量，缓解资源能源发展瓶颈，实现工业产品的资源消耗强度和污染排放强度大幅度下降。构建企业内部、企业之间循环经济产业链，实现生产过程耦合和多物联产，促进物尽其用、变废为宝。改变粗放的能源资源利用方式，推动园区由粗放型发展向集约型发展方式转变，最大限度地减少园区物耗、水耗和能耗，降低企业运行成本。园区循环化改造能够有力地促进区域资源环境与经济协调发展，提高园区经济发展质量，使园区在意识、行为、环境、制度等方面实现全方位循环化转型，是生态文明和绿色共享理念在工业园区的充分体现。

1.3 政策体系框架

国家对园区循环经济的发展高度重视，在国家法律、战略规划、通知意见及实施方案等不同层面，对园区循环化改造提出了明确要求，形成了较为完善的政策体系框架。

1.3.1 战略规划

《中华人民共和国国民经济和社会发展第十二个五年规划纲要》中提出“按照循环经济要求规划、建设和改造各类产业园区”。2013 年 1 月，国务院发布的《关于印发循环经济发展战略及近期行动计划的通知》强调“对现有各类产业园区、重点企业进行循环化改造，提高资源产出率” “鼓励产业集聚发展，实施园区循环化改造”。

《中华人民共和国国民经济和社会发展第十三个五年规划纲要》提出“按照物质流

和关联度统筹产业布局，推进园区循环化改造，建设工农复合型循环经济示范区，促进企业间、园区内、产业间耦合共生”。“十三五”以来，我国从重大工程推动走向制度建设，从点上的制度突破走向系统性制度建设。国家发展改革委牵头印发了《循环经济发展评价指标体系（2017 年版）》，从宏观层面和园区层面制定了指标体系，为各地和工业园区的循环经济发展评价提供了有效指导。2017 年 5 月 4 日，为全面贯彻落实创新、协调、绿色、开放、共享的发展理念，推动发展方式转变，提升发展的质量和效益，引领形成绿色生产方式和生活方式，促进经济绿色转型，根据党的十八届五中全会精神和《中华人民共和国国民经济和社会发展第十三个五年规划纲要》，国家发展改革委等 14 个部委联合印发了《循环发展引领行动》，对“十三五”期间我国循环经济发展工作做出统一安排和整体部署。该行动指出要按照空间布局合理化、产业结构最优化、产业链接循环化、资源利用高效化、污染治理集中化、基础设施绿色化、运行管理规范化的要求，加快对现有园区的循环化改造升级，延伸产业链，提高产业关联度，建设公共服务平台，实现土地集约利用、资源能源高效利用、废弃物资源化利用。对综合性开发区、重化工产业开发区、高新技术开发区等不同性质的园区加强分类指导，强化效果评估和工作考核。

《中华人民共和国国民经济和社会发展第十四个五年规划和 2035 年远景目标纲要》提出“深入推进园区循环化改造，补齐和延伸产业链，推进能源资源梯级利用、废物循环利用和污染物集中处置”；《“十四五”循环经济发展规划》进一步提出“具备条件的省级以上园区 2025 年底前全部实施循环化改造”。通过循环化改造，实现园区的能源、水、土地等资源利用效率大幅提升，二氧化碳、固体废物、废水、主要大气污染物排放量大幅降低。各地相继出台循环经济“十四五”发展规划并深入落实，如《浙江省循环经济发展“十四五”规划》提出，到 2025 年，推动制造业类省级以上园区全部实施绿色低碳循环升级；《河北省“十四五”循环经济发展规划》提出，到 2025 年，推动国家级和省级园区全部实施循环化改造。

1.3.2　通知、意见及实施方案

“十二五”以来，国家发展改革委、财政部安排中央财政资金支持园区循环化改造，先后支持了 129 家园区实施循环化改造［改造试点名单（2011—2017 年）见附录 1］。这些示范试点，已成为引领我国园区循环发展的重要驱动器。

2011 年 5 月，国家发展改革委和财政部联合发布了《关于率先在甘肃、青海省开展园区循环化改造示范试点有关事项的通知》，选择甘肃省和青海省柴达木循环经济试验区的部分园区进行循环化改造示范试点，以加快转变两地经济发展方式，推进循环经济发展。此次共选择了 8 家国家级循环化改造示范试点园区。

2012 年 2 月，国家发展改革委办公厅、财政部办公厅联合发布了《关于组织推荐 2012 年园区循环化改造示范试点备选园区的通知》，在全国范围内组织实施园区循环

化改造示范试点工作，申报对象为各类动脉产业园区。同年 3 月，国家发展改革委、财政部印发了《关于推进园区循环化改造的意见》，系统性提出园区循环化改造的总体要求、原则、目标和主要任务，明确提出“到 2015 年，50% 以上的国家级园区和 30% 以上的省级园区实施循环化改造”，涵盖空间布局、产业结构、产业链接、资源利用、污染治理、基础设施、运行管理等 7 方面改造任务。同年 7 月，财政部公布了 2012 年园区循环化改造示范试点拟支持单位名单，包括北京经济技术开发区、天津经济技术开发区等 22 家园区。

2016 年 6 月，国家发展改革委、财政部联合印发《关于同意冀州经济开发区等 18 个园区循环化改造实施方案的通知》，批复了冀州经济开发区等 18 个园区循环化改造实施方案，并将其确定为循环化改造重点支持园区。同年，国家发展改革委、财政部在“十二五”园区循环化改造示范试点工作的基础上，以京津冀、长江经济带等国家战略性区域为重点，继续支持园区循环化改造，引领各地加快推进园区循环发展。该通知要求各地要把循环化改造作为园区转型升级，实现绿色循环低碳发展，提升综合竞争力和可持续发展能力的重要抓手，切实加强组织领导，完善政策措施，明确部门分工，形成协调统一、共同推进的工作机制，确保园区循环化改造目标任务如期完成。国家发展改革委牵头发布了《关于印发国家循环经济试点示范典型经验的通知》（发改环资〔2016〕965 号），通过对试点示范单位的总结评估，形成了九大循环经济典型经验做法并在全国范围内推广。通过实施园区循环化改造试点，有效推动了园区内生产环节的连接和互通，提升了资源流动过程中的利用水平，带动了废弃物资源化，促进了生产端和生活端循环发展模式的建立和社会层面大循环的形成。

2017 年 3 月 29 日，国家发展改革委办公厅、财政部办公厅发布了《关于请组织推荐 2017 年国家园区循环化改造重点支持备选园区的通知》。该通知要求“紧密结合‘一带一路’建设、京津冀协同发展、长江经济带建设三大战略实施，按照分类指导、重点推进的原则，加快推动园区实施循环化改造，促进园区绿色循环低碳发展，引领周边经济绿色转型”。同年 6 月，国家发展改革委、财政部发布了《关于同意杭州湾上虞经济技术开发区等 11 个园区循环化改造实施方案的通知》。该通知指出，京津冀、长江经济带园区要结合国家区域发展战略，在实施循环化改造时有效减少涉气、涉水污染物排放。

根据《国家“城市矿产”示范基地中期评估及终期验收管理办法》《园区循环化改造示范试点中期评估及终期验收管理办法》，第三方机构组织有关专家对各地报送的验收材料进行了论证。

2018 年 6 月 1 日，国家发展改革委、财政部发布了《关于 2018 年园区循环化改造示范试点和“城市矿产”示范基地验收结果的公示》。公示结果显示，共有 21 家循环化改造示范试点园区通过验收，撤销 4 家循环化改造示范试点园区。

2019 年 4 月 16 日，国家发展改革委、财政部发布《关于 2019 年园区循环化改造示范试点和“城市矿产”示范基地验收结果的公示》。公示结果显示，初步确定了通过验收的 12 家循环化改造示范试点园区，撤销 5 家循环化改造示范试点园区。

2020 年 10 月 14 日，国家发展改革委、财政部发布《关于 2020 年园区循环化改造示范试点和“城市矿产”示范基地验收结果的公示》。公示结果显示，初步确定通过验收 25 家循环化改造示范试点园区，撤销 7 家循环化改造示范试点园区。

1.4　实践历程

据统计，我国国家级园区及省级各类开发区已经远超千个，地市县一级的开发区数量更为庞大，产业园区作为推进我国经济发展的重要载体，其循环化改造是我国加快转变经济发展方式、破解资源环境瓶颈的重要途径，也是建设生态文明的重要突破口。2011—2017 年，分 7 批共批复了 129 家国家级循环化改造试点园区开展改造。总的来看，我国园区循环化改造可以大致划分为 4 个阶段，即起步阶段（2005—2011 年）、发展阶段（2012—2015 年）、成熟阶段（2016—2017 年）、引领提升阶段（2018—2022 年）和应用推广阶段（2023 年—）。

1.4.1　阶段划分

（1）起步阶段（2005—2011 年）

在园区循环化改造正式提出之前，作为环境保护和资源节约的重要阵地，我国于 20 世纪 90 年代开始进行生态园区建设，积极创建“生态园区”和“循环经济园区”，通过工业集中化发展，降低污染物排放和资源消耗。一方面，从生态园区的发展轨迹来看，从 1999 年起，国家环保总局（现生态环境部）在全国率先进行了推进生态工业、促进区域环境污染综合整治的理论研究和实践探索。2001 年底，正式确认了“广西贵港生态工业（制糖）园区”和“广东南海生态工业园区”为国家生态工业示范园区。之后，陆续在新疆、内蒙古、江苏、山东、天津等地开展生态工业园区试点工作。2011 年，环境保护部（现生态环境部）、科技部和商务部联合印发的《关于加强国家生态工业示范园区建设的指导意见》中提出：坚持“减量化、再利用、资源化”及“无害化”，推动园区集群式、循环型、低碳化发展。可以看出，生态工业园区是园区循环化改造的重要发展阶段，园区循环化改造作为生态工业园区的充实、延伸和拓展，是将循环理念纳入产业发展过程的必由之路，也是生态文明建设背景下推进区域层面循环发展的重要手段。另一方面，从循环经济试点工作的角度来看，2005 年 10 月，国家发展改革委会同国家环保总局（现生态环境部）、科技部、财政部、商务部、统计局等部门在重点行业、重点领域、产业园区和省市组织开展循环经济试点工作，并于 2007 年联合启动第二批循环经济试点，两批试点共涉及 178 家试点单位。

2005—2011 年，我国的园区循环化改造发展处于起步阶段。2005 年发布的《国务院关于加快发展循环经济的若干意见》指出“用循环经济的发展理念指导区域发展、产业转型和老工业基地改造”，《中华人民共和国循环经济促进法》提出“县级以上人民政府编制国民经济和社会发展规划及年度计划，县级以上人民政府有关部门编制环境保护、科学技术等规划，应当包括循环经济的内容”，这为园区循环化改造的起步打下了坚实基础。2011 年，国家发展改革委、财政部决定率先在甘肃省、青海省柴达木循环经济试验区选择部分园区进行循环化改造示范试点，标志着园区循环化改造试点的开端。此次试点工作为园区循环化改造的推进提供了借鉴和参考，但是这一时期我国园区循环化改造的总体要求、原则和目标都还没有明确。

此时园区还具有传统产业园区的发展特征。在价值理念方面，园区一般强调经济增长。在目标定位上面，园区以“三为主、两致力、一促进”为目标：以提高吸收外资质量为主，以发展现代制造业为主，以优化出口结构为主；致力于发展高新技术产业，致力于发展高附加值服务业；促进开发区向多功能综合性产业区转变。在价值链方面，园区侧重加工制造环节，位于价值链底部。

（2）发展阶段（2012—2015 年）

“生态园区”创建工作的开展，为园区循环化改造奠定了坚实的工作基础，国家循环经济试点工作的开展将循环经济发展的层面从园区扩展到我国经济社会发展的重点行业、重点领域及社会，大力推动了我国循环经济的发展。正是由于这些先行的试点工作，结合当时的经济发展阶段和资源环境情况，我国创造性地提出了园区循环化改造的重要工作。

在此背景下，2012 年 2 月，国家发展改革委办公厅和财政部办公厅联合发布《关于组织推荐 2012 年园区循环化改造示范试点备选园区的通知》，正式开始园区循环化改造工作。园区循环化改造作为我国转变经济社会发展方式、推进生态文明建设的重要工作持续推进。2012 年 3 月，国家发展改革委和财政部发布《关于推进园区循环化改造的意见》，对于园区循环化改造的重要意义、总体要求、原则和目标、主要任务、组织实施等内容进行了说明。2012 年 10 月，国家发展改革委办公厅和财政部办公厅联合发布《关于组织推荐 2013 年园区循环化改造示范试点备选园区的通知》，并发布了附件《园区循环化改造实施方案编制指南》。之后，2014 年、2015 年国家发展改革委和财政部均组织开展了园区循环化改造示范试点备选园区工作，稳步推进园区循环化改造。

2012—2015 年，我国的园区循环化改造处于发展阶段。在这一时期，我国园区循环化改造试点工作进展速度相对较快。首先，经过起步阶段的发展，园区循环化改造开始逐渐在全国铺开。2012 年试点园区分布在北京市、天津市、河北省、内蒙古自治区、黑龙江省、江苏省、浙江省、湖南省、四川省、宁夏回族自治区等 19 个省（自治区、直辖市），2013 年试点园区分布在河南省、湖北省、宁夏回族自治区、辽宁省、山东省、江西省、陕西省、吉林省等 18 个省（自治区），2014 年试点园区分布在广东省、湖北省、山东省、甘肃省、福建省等 22 个省（自治区），2015 年试点园区分布在河南省、上海市、广西壮族自治区、安徽省、江西省、福建省等 21 个省（自治区、直辖市）。其次，园区循环化改造的规模逐渐扩大。2012—2015 年分别有 22 家、20 家、25 家、25 家园区被确定为国家循环化改造示范试点园区。最后，园区循环化改造的人员基础基本形成，园区循环化改造的技术取得了进步，总体上呈现逐步发展的态势。在人员方面，进行园区循环化改造的园区积累了国内外、多层次、企业和高校并重的人员基础。在技术方面，循环经济产业链重点关键技术取得了新的突破，电机等节能技术的研发进程进一步加快，清洁生产技术和废弃物资源化利用技术水平得到了提升。

此时园区发展呈现传统产业园区向生态工业园区过渡的特征。在价值理念方面，园区从强调经济增长逐步转变为强调经济 - 环境 - 社会协调发展。在目标定位方面，园区从“三为主、两致力、一促进”转变为“三个成为”（成为带动地区经济发展及承载地区发展战略重要载体，成为构建开放型经济新体制和培育吸收外资新优势排头兵，成为科技创新驱动和绿色集约发展示范区），并初具规模。在价值链方面，园区从侧重加工制造环节逐渐转变为向生产加工两端延伸，上游研发创新，下游品牌营销。

（3）成熟阶段（2016—2017 年）

2016—2017 年，我国的园区循环化改造已处于成熟阶段。一是园区循环化改造的规模逐渐趋于稳定。2016 年确定了包括 18 家园区的循环化改造重点支持名单，2017 年确定了包括 11 家园区的循环化改造重点支持名单。二是园区循环化改造人员构成更加优化，园区循环化改造技术水平进一步提升。在人员方面，各园区更加注重引智，形成了一批有关园区循环化改造的国内外知名专家学者队伍。在技术方面，环境工程技术、工业废物资源化技术、一体化开发链接技术、能源的梯级利用技术、煤矸石等大宗固体废弃物的综合利用和深加工技术等加快园区循环化改造进程的技术得到了进一步提升。

此时园区发展基本呈现生态工业园区的特征。在价值理念方面，园区进一步强调经济 - 环境 - 社会协调发展，强调可持续高质量增长，建设经济 - 环境 - 社会三位一体的复合生态系统。在目标定位方面，园区“三个成为”基本成型。在价值链方面，园区“向生产加工两端延伸，上游研发创新，下游品牌营销”的价值链模式基本形成。

（4）引领提升阶段（2018—2022 年）

2011—2017 年，国家发展改革委会同财政部在全国范围内开展了 7 批次 129 家园区循环化改造示范试点，共完成项目 1600 多个。其中，产业循环链接累计支持 780 个项目，占比 49%；基础设施建设及改造累计支持 510 个项目，占比 32%；能源梯级利用和余热余压回收利用及资源高效利用、综合利用分别支持 80 个和 230 个项目。这些试点的建立社会经济效益明显，中央财政专项资金累计安排 148 亿元支持试点园区建设，撬动社会资本投资超过 3000 亿元，提供就业岗位超过 10 万个，创造了新的绿色经济增长点。

通过开展循环化改造，园区产业循环链条不断完善和延伸，资源综合利用效率和生产水平得到有效提高。据不完全统计，已通过验收的 97 家园区不完全统计，累计利用固体废物超过 2.3 亿 t，降低能耗超过 2 亿 t 标煤，减少水耗 2.6 亿 t，能源产出率、土地产出率、水资源产出率、工业用水重复利用率、工业固体废物综合利用率平均分别提高了 28%、35%、37%、8%、7%。助力减碳作用明显，减少 CO_2 排放 5.3 亿 t。另外，主要污染物减排超过 50 万 t，降低废水排放 35 亿 t，二氧化硫、化学需氧量（COD）、氨氮、氮氧化物等主要污染物排放分别削减了 33%、28.5%、25% 和 26%。通过向污染攻坚重点区域的试点倾斜，取得良好成效。京津冀区域内以钢铁、建材等为主导产业的重工业类园区升级改造效果显著，园区废气排放量减少 30% 以上；长江经济带以化工、轻工为主导的园区集中布局建设污水污泥处理设施，园区 COD 减排 25% 以上；其他地区选择潜力较大、特色明显的园区实施循环化改造，主要污染物减排 25%~30%。

通过园区循环化改造示范试点的带动作用，在园区发展中树立了节约集约循环利用的资源观，建立健全了园区绿色循环低碳发展产业体系，构建完善了支撑政策体系，形成了在资源环境约束下园区高质量发展的实践之路，并带动区域经济整体绿色转型。已有 27 个省（自治区、直辖市）制定了园区循环化改造推进方案，在本地区自主开展园区循环化改造。其中浙江省推动 70 多家省级及以上开发区实施循环化改造，实现投资超过 930 亿元。天津市国家级园区循环化改造实施率达到 100%，省级园区循环化改造实施率达到 77%。湖北省已有 17 家国家级园区、54 家省级园区实施了循环化改造，实施率分别为 85%、65%。内蒙古自治区已完成 37 家国家级和自治区级园区循环化改造，占全区园区总数的 60% 左右。

（5）应用推广阶段（2023 年—）

“十四五”时期是我国开启全面建设社会主义现代化国家新征程、向第二个百年奋斗目标进军的第一个五年，我国生态文明建设进入了以降碳为重点战略方向、推动减污降碳协同增效、促进经济社会发展全面绿色转型、实现生态环境质量改善由量变到质变的关键时期，循环经济进一步成为我国转变经济发展方式、实现可持续发展的重要途径。

在此期间，我国将着力构建以国内大循环为主体、国内国际双循环相互促进的新发展格局，释放内需潜力、扩大居民消费、提升消费层次，建设超大规模的国内市场，资源能源需求仍将刚性增长，同时我国一些主要资源对外依存度高，供需矛盾突出，重点行业资源产出效率不高，再生资源回收利用规范化水平低，回收设施缺乏用地保障，低值可回收物回收利用难，大宗固废产生强度高、利用不充分、综合利用产品附加值低等突出问题依然突出。无论从全球绿色发展趋势和应对气候变化要求看，还是从国内资源需求和利用水平看，我国都必须全面深化园区循环化改造，着力解决突出矛盾和问题，实现资源高效利用和循环利用，推动经济社会高质量发展。

按照园区循环化改造工作的总体部署，我国园区循环化改造将在系统总结试点示范基础之上，全面推进应用推广的阶段，推进园区资源节约集约循环利用，构建资源循环型产业体系和废旧物资循环利用体系，对保障国家资源安全，推动实现碳达峰、碳中和，促进生态文明建设具有重大意义。

按照要求，在 2025 年底前，具备条件的省级以上园区（包括经济技术开发区、高新技术产业开发区、出口加工区等各类产业园区）要全部实施循环化改造，通过优化产业空间布局、促进产业链接循环、推动节能降碳、推进资源高效利用和综合利用，显著提升园区绿色低碳循环发展水平，实现园区的能源、水、土地等资源利用效率大幅提升，二氧化碳、固体废物、废水、主要大气污染物排放量大幅降低。

1.4.2　发展趋势

园区循环化改造是我国产业园区发展过程中的新探索，在认识和实践过程中可能会遇到新的挑战，结合我国产业园区发展阶段与循环化改造提出的背景，在不断改造的过程中仍有许多需要讨论和解决的问题。

一是对园区循环化改造理论与实践的再认识。在我国园区层面开展了多种形式的建设及改造工作以促进园区的高效和可持续发展，包括生态工业园区、低碳产业园区、循环经济试点园区、“城市矿产”示范基地等，特别是生态工业园区作为园区发展循环经济的一个重要形态的体现，为园区循环化改造的发展提供了重要的借鉴和参考。园区循环化改造作为推进我国循环发展的重要内容，不只是之前工作的简单重复和叠加。在生态文明建设背景下，园区循环化改造如何按照尊重自然、顺应自然、保护自然的理念要求，从实现人与自然和谐发展的高度落实国家对于“五位一体”总体布局的战略要求，需要从生态文明建设角度对园区循环化改造内涵加以理解和认识，以人与自然和谐发展为目标，统筹经济系统内部以及经济系统、环境系统之间的物质循环流动关系，从而真正实现以“内外均衡、一体循环”为基本特征的循环发展。

二是在改造过程中强化园区改造与环境影响的关联。首先是目前大多数园区存在园区企业相互之间的关联性不高，资源和废物利用效率低，园区循环经济产业链条短，延伸能力不强，产业链网的形成基础较薄弱等问题。如何合理延伸产业链，实现项目间、企业间、产业间首尾相连、环环相扣、物料闭路循环，促进原料投入和废物排放的减量化、再利用和资源化，以及危险废物的资源化和无害化处理，是当前园区循环化改造需要解决的重要问题。其次是园区循环化改造分析管理工具的选择及应用体系缺乏。由于现有的物质流分析等方法存在注重物质规模而忽视环境影响、物质流指标与环境影响的关联度较弱等问题，在循环化改造过程中难以提供精细化、系统化的分析方法。

三是深化园区循环化改造工作的评价及管理。循环化改造是一项涉及面广、综合性强的系统工程，也是我国推进循环发展的重要领域，从整体上推进我国园区的循环化改造迫在眉睫，在制度上需要通过相应的工具和体系，实现园区循环化改造的评价及管理。由于当前我国循环经济评价指标体系尚处于探索和尝试阶段，对资源产出率、废旧物资回收利用率、可再生能源使用率等循环经济关键指标的统计缺乏，无法建立系统化、规范化的数据统计体系。在循环化改造过程中，应当建立对园区内部复杂的产业共生及资源要素利用情况进行清晰有效的评价指标体系，使园区在开展循环化改造时能够有效地确定准确的目标、问题以及改善的标准。

“十四五”期间开展园区循环化发展工程，要制定各地区循环化发展园区清单，按照“一园一策”原则逐个制定循环化改造方案。一是通过顶层设计提升资源利用率。新建园区在构建之初，就要从循环经济发展理念出发进行科学规划，以再利用、资源化为重点，提升重点企业、重点品种的资源回收利用水平，提升整个园区资源利用效率，实现资源循环有效共享。一方面，以园区为单位，统筹利用余热余压资源，推动能源梯级利用，将各种资源“吃干榨净”；另一方面，高标准投建园区污水集中处理及回用设施，加强污水处理和循环再利用，形成园区产业循环链，最大限度实现“变废为宝”。二是通过创新驱动解决制约循环化发展的突出问题。针对每个园区的特点，“量身定制”循环化改造方案，组织区内企业实施清洁生产改造，实现循环式生产，促进废物综合利用、能量梯级利用、水资源循环使用，让老园区“旧貌换新颜”实现绿色低碳循环发展。三是通过激励与约束相结合方式，增强园区循环经济发展的积极性。建立完善的企业循环经济统计评价体系，形成重要资源消耗量、回收利用量等指标的统计制度，通过数据量化企业循环经济发展的水平。建设园区公共信息服务平台，加强园区物质流管理。

第 2 章
园区循环化改造主要路径及建设成就

近 20 年来，我国政府大力推动工业园区的绿色发展，先后开展国家生态工业示范园区建设、园区循环化改造、国家低碳工业园区以及绿色园区建设。国家生态工业示范园区建设侧重于通过产业共生链接与清洁生产达到全过程污染防控与生态环境保护；园区循环化改造侧重于实现产业耦合链式发展、固体废物资源化、能源资源梯级利用与资源效率提升；国家低碳工业园区侧重于实现高能耗园区的节能减排；绿色园区建设则侧重于促进园区绿色制造体系的建设。在上述四种园区政策中，园区循环化改造政策最为持久，批复园区数量最多。

园区在推进实施循环化改造过程中，以 3 ~ 5 年的建设期，重点围绕空间布局合理化、产业结构最优化、产业链接循环化、资源利用高效化、污染治理集中化、基础设施绿色化、运行管理规范化等“七化”目标推进实施 。具体的园区循环化改造主要路径及建设成就包括十个方面。

2.1 优化空间布局，实现土地集约高效利用

园区空间布局是构成园区经济发展格局的一个重要方面，空间布局是否合理，对于一个园区的产业发展乃至整个经济发展都有着至关重要的影响。一方面，合理地安排园区产业布局不仅关系到园区经济增长、社会综合效益、循环发展和可持续发展等环境效益，同时还会影响园区产业结构、产业竞争力以及经济的可持续发展能力。另一方面，合理的园区空间布局能够明显加快要素的流通速度，提高区域基础设施的共享水平，促进不同区域的错位发展，有效实现要素集聚和扩散的有机统一。实现园区空间布局合理化，是新形势下建设循环化改造园区、加快我国循环化进程、为园区发展提供良好空间的发展载体，是使园区和所在地区在经济、社会、生态环境、空间布局上实现整体协调发展的根本途径。

我国大部分园区是在 20 世纪 90 年代和 21 世纪初期批准设立的，这段时间也是我国工业化快速发展时期。很多园区在发展初期看重的是招商引资，没有科学的规划布局，缺乏产业链招商理念，产业空间布局凌乱，土地利用效率低下，产业集聚效应没有发挥。

为解决上述问题，国家循环化改造试点园区按照“产业布局明确、功能定位清晰”的要求，根据物质流和产业关联性，对园区内的企业、产业和基础设施的空间布局进行优化，有效促进了产业的循环链接，也为园区发展腾出了空间，使园区布局总体规划更加清晰。

各园区的主要行动措施可以概括为以下三个方面：

一是合理规划园区总体布局。各园区遵循循环经济发展理念，结合区域特点，按照“产业布局明确、功能定位清晰”的要求对园区的空间布局进行总体规划，坚持以“与产业升级相配合、与城市建设相适应、与资源环境相协调”的原则对产业空间进行规划，从而使不同功能区发挥应有的作用，同时使要素集聚效应更明显。青海柴达木德令哈工业园在原有产品基础上，以园区整合和资源集约利用为手段，以促进优势产业集群化和适度重型化发展为举措，突破原有空间总体布局，形成以盐碱化工、新能源、新材料、特色生物、装备制造等为主导产业的综合产业区、绿色产业一区、绿色产业二区、光伏（热）发电产业区、风电产业区，辐射带动周边地区工业发展。

二是对建设项目进行严格的管理。对与土地利用总体规划和城市总体规划不相符的企业进行迁移，引入符合园区规划的企业与项目，有效提升园区产业集聚性，提高园区土地利用效率。铜陵经济技术开发区通过“腾笼换鸟”的方式优化空间布局，将高污染、高能耗企业改造搬迁，腾出土地发展新兴产业和公共事业；对占用大量土地且长期未开发利用的企业，予以搬迁和置换，腾出土地发展先进制造业和现代服务业。

三是关注产城融合，将产业与城市发展相融合。以城市为基础，承载产业空间和发展产业经济；以产业为保障，驱动城市更新和完善服务配套，从而实现产业、城市、人之间有活力、持续向上的发展。

2.2 调整产业结构，实现产业新旧动能转换

园区产业结构优化过程就是通过政府的有关产业政策调整，影响园区产业结构的供给结构和需求结构，进而实现园区资源优化配置与再利用，推进园区产业结构的合理化和高度化发展。园区产业结构优化的意义体现为三点：第一，园区产业结构优化有利于资源的优化配置。调整园区产业结构，能够促使资源从低生产率的产业部门向高生产率的产业部门转移，实现各产业部门之间资源的优化，为园区内资源的合理配置创造良好的条件和基础。第二，园区产业结构优化有利于加快园区内经济产业结构优化与升级。园区产业结构调整的主要目的是促进产业结构合理化。调整园区产业结构，能够促进园区内的产业结构合理化，尽快实现园区内第一、第二、第三产业及新兴产业的合理布局，实现协调发展并加快优势产业发展。第三，园区产业结构优化有利于促进经济增长方式的转变。促进经济增长方式由粗放型向集约型转变是我国经济改革的重点，而园区产业结构的调整是经济增长方式转变的动力所在。

我国园区在过去十余年的发展过程中，逐渐浮现出一些产业结构方面的问题。第一，一些经济欠发达地区的园区环保和投资门槛低，进驻了一些污染性大、产能落后的企业，并且在我国呈现由东部向中西部、发达地区向欠发达地区转移的趋势。在可持续经济发展理念下，粗放型的经济增长方式已经满足不了经济发展的需求，亟须通过调整产业结构加快经济增长方式转变。第二，有些园区产业结构不合理，产业定位不清晰，园区内分布了多条产业链，机械、电子、建材、化工、热电等各行各业都有涉及，但没有形成规模效应以及产业特色，呈现小企业多而杂、示范引领的龙头企业偏少的局面，导致园区竞争力不强。

在园区循环化改造的过程中，各园区结合本区域的产业和资源的比较优势，考虑园区环境承载力和地方发展需求，以提高资源产出率和提高园区综合竞争力为核心目标，加快淘汰“两高一低”落后产能，加大了传统产业改造升级力度，培育和发展了战略性新兴产业，不断调整和优化了园区的产业结构，实现了园区产业“价值链”的提升。各园区主要采取了以下三个方面的行动：

一是以循环经济理念对园区进行循环化改造，提高环保方面的进入门槛，限制高污染、高能耗企业进入。如宁夏石嘴山经济技术开发区对电石、铁合金企业实施搬迁和改造升级，坚决关停淘汰不符合产业政策和开发区规划的小化工、小洗煤、小焦化、小碳素、小建材等行业落后产能，坚决杜绝不符合产业政策的“三高两资”项目入园。辽宁法库经济开发区成立了法库县陶瓷企业环境综合整治工作领导小组，清理整顿环评不达标的小散乱污企业；强力推进产业园区 10 t 以下燃煤取暖小锅炉煤改气、煤改电工作。

二是注重发展优势产业，以协调发展为原则构建产业体系。园区推进了自身特色产业优势区建设，集中力量打造了一批特色生产优势区和产业发展聚集区，进一步优化了特色产品生产布局，促使各园区特色优势产业进一步做大做强。丽水经济技术开发区在

循环化改造前以合成革为主要产业，在循环化改造过程中，丽水经济技术开发区进一步对合成革产业进行转型升级，通过合理控制油性合成革生产线总量，推进合成革生态化改造，提高合成革生产自动化水平，推进产品结构调整提升，促进合成革企业整合提升等措施，把丽水经济技术开发区打造成为我国合成革产业转型升级示范区。

三是对新兴产业项目进行招商引资。各园区根据已有产业基础和区域资源禀赋，坚持物质高效利用和经济高效发展相结合的原则，以重大技术突破和重大发展需求为基础，推动知识技术密集、物质资源消耗少、成长潜力大、综合效益好的战略性新兴产业发展。甘肃武威黄羊工业园区在巩固发展好原有特色农产品加工、医药生产、现代物流等三大产业的同时，努力培育进出口贸易，逐步向以出口导向为主的产业结构体系转型，并积极拓展液体经济、新能源、新材料等新兴产业。天津经济技术开发区积极推进淘汰劣势产能和置换发展高端产业，引入总投资 25 亿美元（约 172.9 亿元人民币）的一汽大众华北生产基地项目，成为天津市最大的外资先进制造业项目；引入总投资 110 亿元人民币的中沙石化新材料园落户南港工业区，成为南港建设“国家石化产业基地”的标志性项目等。

2.3　强化链接互补，实现产业循环体系构建

园区产业链中存在着大量上下游关系和相互价值的交换，上游环节向下游环节输送产品或服务，下游环节向上游环节反馈信息。园区产业链的实质就是不同产业的企业之间的关联，而这种关联的实质则是各产业中的企业之间的供给与需求的关系。园区产业链通过“原料—产品—废物—原料”的循环过程，将上一个产业（或企业）排出的废物作为下一个产业（或企业）的原料，在具有市场、技术或资源关联的产业（或企业）之间形成链条，实现资源的综合利用，达到经济效益、社会效益和环境效益共赢的目的。

园区产业链接循环化是实施资源战略、促进资源永续利用、保障国家经济安全的重大战略措施。实施清洁生产，可以从源头上减少污染物的产生，是保护环境的根本措施；各种废弃物的回收再利用也大大地减少了园区固体废弃物的排放。发展循环经济可以降低产品成本，提高经济效益，使企业的竞争能力得到增强。

在以往园区发展过程中，许多园区生产产品以初级产品、中间产品为主，成品少，产业链条偏短，产业链向下游延伸明显不足，高附加值环节偏少。一些中小园区特别是化工类中小园区，因为产业链接延伸水平不足，副产品和废弃物资源化利用水平低，排放处理成本压力大，所以违规排放和处置的现象时有发生。另外，不少园区对产业链的资源整合能力和专业化控制能力不足，缺乏对整体产业配套、循环链接起到关键作用的龙头企业，也限制了产业链纵向耦合、闭合的能力。

在园区循环化改造过程中，各园区按照“横向耦合、纵向延伸、循环链接”原则，实行了产业链招商、补链招商，建设和引进了产业链接或延伸的关键项目，合理延伸了

产业链，实现了项目间、企业间、产业间首尾相连、环环相扣，实现了物料闭路循环，物尽其用，促进了原料投入和废物排放的减量化、再利用和资源化，以及危险废物的资源化和无害化处理。各园区具体主要采取了以下两个方面的行动：

一是促进产业链接，对原有产业链进行分析，摸清上下游产品以及相互关联性，构造循环产业链。各园区分别建设了具备“链式产业园”模式的一批特色园，如高端装备制造产业园、化工产业园、生物医药产业园和食品产业园等，形成了龙头企业强势拉动、产业集群整体推进的良好产业发展格局，为园区产业优化升级注入了强劲动力。此外，一批以中小企业为代表的“补链”生力军，正不断完善链条，将产业链不断向纵向延伸，借势“龙头”上下吸附，形成了上下游齐全且具有强大竞争能力的产业集群。如甘肃金昌经济技术开发区依托金川集团主产的有色金属和副产的硫酸、氯气、冶炼渣等资源，配套发展有色金属深加工、硫化工、氯碱化工、冶金、建材、清洁能源六大产业链。

二是以循环经济的理念对园区进行规划、施工、运行，科学发展开发利用自然资源形成的产业即“动脉产业”和围绕废弃物资源化形成的产业即“静脉产业”。如天津经济技术开发区围绕电子通信、装备制造、生物医药、食品饮料、石化产业等支柱产业，引入高水平的资源化配套项目，构建产业共生网络，推进废弃物规范化分类收集、副产物市场化交换使用。叶集经济技术开发区在园区原有木材加工产业的基础上，建设化工集中区，配套生产园区家具、板材、工艺品等木竹加工业所需要的甲醛、油漆、胶黏剂等化工产品，以实现对开发区的整体环境保护和能源综合利用。

2.4　推进清洁生产，实现资源能源高效利用

资源作为基础性的战略要素，具有重要的经济功能、社会功能和生态功能，对国民经济的发展、人民生活水平的提高、生态环境的保护有十分重要的意义。推进清洁生产，节约能源资源，提高资源产出率，是落实科学发展观、转变经济增长方式的必然选择。

我国是人均资源匮乏的国家，多年来资源的高强度开发及低效利用加剧了资源供需的矛盾，资源短缺和低效利用已成为制约园区可持续发展的重要瓶颈。在循环化改造进行之前园区资源利用水平不高，究其原因主要是我国科学技术总体水平落后，缺乏有效的组织与管理，因此园区无法真正实现资源的高效利用。

园区资源高效利用是解决可持续发展中合理利用资源和防治污染这两个核心问题的根本途径，在我国经济社会发展中具有十分重要的战略地位。在循环化改造期间，通过能源梯级利用、推广清洁生产技术、推广新能源利用等措施，有效推进了能源资源的高效利用。具体行动主要表现为以下三个方面：

一是加强能源梯级利用。各园区根据经济可持续发展对资源和环境的要求，强化了能量梯级高效利用，降低了资源消耗，提高了资源再利用水平。甘肃临夏经济开发区的

畜产品加工、特色农产品加工企业，将使用高品位热能后产生的低品位热能供给养殖户，使养殖户将低品位热能应用于牛 / 羊棚御寒；并利用秸秆、粪便、厨余垃圾、淀粉废水等制沼气，供给居民用气。

二是推广利用新能源。各园区依托区内新能源产业的优势，推进了新能源利用建设，加强了新能源在园区中的应用。同时，各园区发展和利用了园区及周边地区太阳能、风能、海洋能、地热能、生物质能等资源丰富的优势，发展了太阳能光伏、光热、风电等新能源产业，并推进了清洁能源、可再生能源的产业化运行及并网，改变了园区的用能结构，提高了可再生及清洁能源的比重，从而提高了园区新能源开发利用水平。阿拉尔经济技术开发区加快太阳能等可再生能源的开发利用，积极推广太阳能发电工程，逐步提高非化石能源利用量；支持能源、化工等高耗能行业实施余热余压利用和燃煤工业锅炉（窑炉）改造，在电石行业推广新型导电铜瓦把持器电石炉节能技术，推广应用变频技术、高效节能电机和绿色照明。贵阳经济技术开发区积极推广使用清洁能源汽车，提高企业使用清洁能源汽车的比例，在客运领域中，凡新增车辆，须全部为清洁能源车辆。

三是推广清洁生产技术。各园区积极发展了替代技术、减量技术、再利用技术和资源化技术，实现了资源能源的高效产出。甘肃武威黄羊工业园区加强清洁生产前置审核，配合环保部门推动企业自觉实施清洁生产，坚持自愿性清洁生产审核与强制性清洁生产审核相结合的原则，推动企业实施清洁生产，园区新建项目使用的锅炉须全部加装除尘、脱硫、脱硝设备，同时全面禁止使用 10 t 以下燃煤锅炉，鼓励使用清洁天然气锅炉或新型煤气转换锅炉。北京经济技术开发区积极开发创新绿色生产技术，针对开发区产业特征与企业需求，开展节能、节水、节材、污染治理技术的联合研发攻关，通过应用节能电机、新照明系统、余热回收、节能空调、节能印刷等设施与技术，年节约标煤（折算）超过 4000 t，减少了污染排放，同时促进企业实现了低碳经济发展。

2.5 加强污染治理，实现园区环境综合管理

园区污染治理集中化是相对于分散治理而言的，需要对污染物建立集中的收集、处理中心。对工业企业而言，污染治理集中化是指对固体废物、气体废物、液体废物的统一收集、集中处理与处置。

以往的园区污染治理常常过分强调单个污染源的治理，追求其处理率和达标率，但环境污染并没有得到有效控制。如果要求众多排放污染物的企业都单独兴建污染物处理设施，可能成本太高，导致经济上不合理、管理复杂化的结果。园区污染集中治理在环境管理上具有方向性的战略意义，有助于调动社会各方面治理污染的积极性。通过合理规划，按区域或流域集中有限的资金，采用相对先进的技术和标准，集中治理污染，就有可能取得较大的综合效益。

在园区循环化改造过程中，各园区加强了污染集中治理设施建设及升级改造，培育

了专业化废弃物处理服务公司，实行园区污染集中治理；强化了园区的环境综合管理，开展了企业环境管理体系认证，构建了园区、企业和产品等不同层次的环境治理和管理体系，最大限度地降低了污染物排放水平，使得污染物得到了有效的处理；努力维护了园区生态环境的健康持续发展，从而使园区污染治理配套设施更加完善。其主要行动可以概括为以下三个方面：

一是通过污染集中处理、升级污染治理设施、推行清洁生产等措施，大力加强污染防治，改善区域生态环境。以节水为基础，推行污水集中处理和中水回用，加快污水处理厂、污水收集管网、中水回用管网建设，提高污水集中处理率，积极推进污水处理设施建设和运行的专业化、社会化。宁夏中宁工业园区建设中宁第三污水处理厂、石空新材料循环经济示范区西区污水处理厂等水污染治理项目，提高生活污水和工业废水收集能力。甘肃临夏经济开发区建设固体废弃物综合利用回收中心，以对开发区内部及周边地区的固体废弃物进行资源化利用。

二是加强环境治理监管，不断提升环境监测能力与执法能力，以实现对企业生态环保情况的全方位监控。各园区建立了监管的长效机制，对未经允许使用不合格设施的企业进行了严厉的查处，并建立了相关的处罚标准，使监管有法可依，推进了监管工作的顺利进行。宁波石化经济技术开发区对企业进行了系统梳理，根据企业污染程度，筛选出涉及污染源的企业作为日常监管对象，全面摸排园区内环境风险源、重点污染源、辐射源和敏感环境信访单位，建立相应档案资料，并实施动态更新；在日常巡察开展过程中，以高于省市环保部门的要求，根据企业排污和对环境的影响情况，划分企业监管类型，实施四类监管方针。

三是探索第三方治理，根据园区内企业的污染物种类、数量，引入环境服务公司，对区内企业污水、固体废物等进行集中式、专业化治理。有些园区打破以项目、企业为单位的分散运营模式，采取打捆方式引入第三方进行整体式设计、模块化建设、一体化运营。铜陵经济技术开发区采用合同能源管理的方式将对经开区的能耗、水耗和污染物的排放量控制业务外包给第三方单位，例如印刷电路板（PCB）产业园在废水处理方面，出资建设 PCB 污水处理中心，通过招标后北京金达莱环保公司中标，成为 PCB 污水处理和管理的第三方单位。

2.6　共建基础设施，实现绿色设施网络构建

基础设施的共建与共享是园区循环化改造过程中的重点内容。促进各类基础设施的共建共享、集成优化，可降低基础设施建设和运行成本，减少能源和资源消耗，并提高基础设施的使用效率。此外，基础设施是园区招商引资、改善投资环境和项目建设的必备硬件，完善基础设施有助于园区引进优良的企业资源、项目资源，进而促进园区的高效发展。

目前我国的工业园区普遍存在供水、供电、供热不统一的问题，企业各自建立基础设施项目，一方面，不利于提高园区的资源利用效率；另一方面，在后续园区的发展过程中，会出现部分入驻项目与园区的基础设施建设规划相冲突的问题，影响工作的推进。因此，为了园区的长久高效运转，园区应加快基础设施的共建与共享。

在循环化改造过程中，各园区依据共建共享、集成优化、减少污染、循环利用的原则，在产业集中的园区重点实施了一批供热、供水、物流、通信设施项目，增强了园区与外界的交流能力，使园区配套基础设施更趋优化。各园区在共建基础设施方面，主要行动体现在以下四个方面：

一是交通类基础设施。通过加快铁路、公路、地铁等的建设，促进园区工业产品的运输速度与效率的提高，进而提高园区内部的生产效率，增强园区产品在外部市场中的竞争力。甘肃陇西经济开发区积极完善物流运输体系，先后完成文殖公路、陇通公路、兰海高速等国家和省列重点建设项目。

二是能源、资源类基础设施。有些园区通过加强集中供热设施、集中供水设施等基础设施的建设及升级改造，实现能源的梯级利用、水的循环利用。如湖北宜昌经济开发区猇亭园区配套建设的供热管网将各企业自产余热统一调度，实行分级供热，同时利用低品位热源解决猇亭城区和园区内部的采暖、工艺环境用热问题。叶集经济开发区在园区实施“集中供热（小锅炉改造）”项目，通过新建集中供热系统，淘汰园区小吨位、高能耗、高排放的小锅炉，实现能源的集约化、高效供应。北京经济技术开发区建立了全国领先的循环水务体系，主要实施路南区、东区、小红门污水处理厂建设项目，园区再生水供水管网铺设项目以及企业雨水收集项目等。

三是生态环境类基础设施。有些园区通过基础设施建设工程，积极改善园区的生态环境，为区内企业和居民提供了良好的生产和生活环境。杭州湾上虞经济技术开发区深入实施“五水共治”，以提高水环境质量为核心，以河长制为抓手，持续改善水环境质量；巩固提升“清三河”成效，保持各类水域水体洁净，逐步对开发区河道、雨水等水环境进行提升、改造；对杭州湾开发区现有河道进行清淤、疏浚，新围区区块实施新建河道、节制闸建设、道路雨水改造、污水改造、引水活水等措施，从而逐步改善河道水生态环境。

四是通信类基础设施。有些园区大力推进了城市路网建设，按照新发展理念构建了新一代信息基础设施，各园区内以高速宽带、泛在移动、天地一体、智能敏捷、综合集成为特征的新一代信息基础设施已经形成，园区的信息基础设施进一步完善。青海柴达木格尔木工业园编制完成《格尔木智慧城市顶层设计研究报告》，建立了柴达木云数据中心暨青藏高原数据灾备中心，建成了全省首个全光网城市，城市地下管线综合管理信息系统稳步推进，格尔木时空信息框架 3D 航拍以及正射影像已完成。

2.7　加强技术研发，实现市场竞争能力提升

技术创新是园区、企业各项创新的核心。科学技术是第一生产力，现代企业的竞争已越来越依赖科学技术。从长远发展来看，园区、企业应当把自主研发和自主创新作为发展的主战略，努力提高技术创新水平，确保在激烈的市场竞争中提高核心竞争力。

科技创新能力不高是制约园区循环化改造的一大重要因素，一是科技投入不足，能量梯级利用、延长产业链和节约资源等关键技术研发能力较弱；二是科技创新公共服务平台建设滞后，对科技成果的引进、消化、吸收及再创新能力不足，园区内科技研发力量和资源难以实现优化整合；三是企业对技术创新重视不够，企业自主创新的主导思想不突出。

在园区循环化改造过程中，有些园区不断加强技术改造，加大科技投入，充分利用信息和高新技术，突破技术障碍，进行科技创新，提高再生产服务环节的自动化和智能化水平，促进了企业的快速发展。有些园区加强了科技创新人才的培养，着眼于产业结构的调整，培养创新领军人才队伍，立足于国际化的发展态势，引进海外优秀人才。有些园区通过整合科技创新资源，建立大型科研部门，开展重点研究项目，并给予资金支持，加大对科研资金、科研资源的合理利用，并将科研成果及时进行转化，实现了科技成果的快速转换。其具体行动主要体现为以下三个方面：

一是加强科技创新能力和研发能力。在园区循环化改造未实施之前，各园区不重视企业的科技创新能力，使得园区内各企业的利润微薄，很多企业只能通过重金聘请外国技术专家来进行产品生产，无法真正掌握核心技术，同时资源的消耗量巨大，导致中国资源枯竭速度加快，社会整体福利水平下降，最终陷入“比较优势陷阱”。园区意识到问题的严重性后，在循环化改造期间高度重视技术创新，用中国自己的技术进行问题攻关，大力培养科技人才，增强资金投入力度，鼓励企业积极与科技园、众创空间等平台交流合作，提高园区科技创新能力，推进循环化改造的发展。东营经济技术开发区根据创业企业“种子期—初创期—高成长期”不同阶段的服务需求，构建起“众创空间（创业苗圃）—孵化器—加速器”科技创新孵化链条，实现了从团队孵化到企业孵化再到产业孵化的全链条一体化服务体系。

二是加强园区科技成果转化。园区积极采取“走出去、引进来”等多种途径，促进“政企学研”交流对接、互动合作，支持企业、高校和科研机构围绕全区重点产业、特色产业、新兴产业发展需求，组织科技创新平台开展联合攻关，从而加速了循环技术的科技成果转化，促进了园区循环化改造的发展进程。贵阳经济技术开发区加大产学研合作力度，促进企业与科研机构、高等院校建立新的产学研战略联盟，重点支持航天十院与贵州大学建立军民融合技术协同创新中心；新建一批省级研发中心，升级一批工程技术研究中心和重点实验室。

三是建立技术创新服务平台。有些园区加强了公共科研平台建设，为区域全面快速

发展提供了技术支持。广安经济技术开发区建立研发实验及质量检测中心，为企业提供先进的技术装备，研发与质检中心拥有公共检测、生物降解产品专项检测、电子产品质量检测等设备，主要采用的设备为红外光谱仪、气相色谱仪、液压试验机、超声波探伤仪等先进技术装备。

2.8 加强运营管理，实现综合管理长效推进

在循环化改造之前，部分园区行政管理观念、体制、方式还不到位，对微观经济运行干预过多，并且重权利、轻责任的观念仍然存在。有些园区的社会管理和公共服务职能比较薄弱，重管理、轻服务的传统与现实需求极不匹配，服务效能不够高。有的园区设立后，仍按原有组织机构管理，区块间相互割裂、各自为政，园区的行政职责界定模糊，管理构架不够新。

为解决上述问题，各园区在循环化改造过程中，根据国家颁布的相关文件，各省级政府制定出了明确的环境方针以及详细的园区循环化发展的规划。此外，为保证园区环境管理体系的实施，制定了循环经济评价体系，通过合理的测量、监测与评价方式，对企业的环境绩效进行评审。在园区运行过程中，针对不合理的绩效指标进行不断改进，更好地保证园区环境管理体系的完整运行，为园区循环化改造做好保障工作。园区建立环境管理体系有利于推进园区循环化改造进程。

一是完善政策保障体系。园区建立健全了产业结构调整政策、资金扶持政策、土地利用改善政策等，为提升园区招商引资的竞争力、挖掘园区内各企业的发展潜力以及开展循环化改造工作提供了保障，进而使得政策保障体系更趋完善。东营经济技术开发区完善高新技术产业、服务业优惠政策，促进园区转型升级；完善资金扶持政策，促进融资，设立节能减排专项资金，助推企业做大做强；完善土地政策，推动东营华泰化工集团等企业搬迁，腾出土地，促进土地集约利用。

二是健全统计考核和评价制度。各园区响应国家推进绿色发展的号召，建立了具体的指标体系和评价制度，主要包括企业重点产品单位产量综合能耗，单位产量矿产资源消耗，工业固体废物排放量及综合利用率，工业用水资源回收率，工业废水、废气排放量及达标率，危险废物处置率等。这使得园区统计考核和评价制度更趋健全，为园区经济的绿色健康发展、园区内企业良好的发展氛围、园区产业的高速发展提供了保障。临沂经济技术开发区建立了单位 GDP 能耗统计、监测、考核体系，制定了《节能减排统计监测及考核实施方案和办法》《临沂经济技术开发区街道目标管理绩效考核实施办法》等，定期对开发区内循环化改造的各项指标进行监测、审计、统计，并形成报表和定期报告，及时分析、汇总、上报；对不合格企业进行调整和惩罚，对合格企业进行鼓励和奖励。

三是创新管理机制和管理模式。各园区确立了各自的运行管理机制，确保园区能够

有条不紊地正常运行。一方面，各园区设计了具体的运行管理机制，以推动、调节企业系统各生产要素的正常运转。另一方面，各园区通过具体的机制进行了权利的划分、责任的明确、利益的调整，有机地统一企业内部的责、权、利，使得园区运行管理机制更加完善。西宁经济技术开发区接受西宁市委、市政府和西宁（国家级）经济技术开发区管委会的双重领导，实行“条块结合、以块为主”的管理模式，制定并实施了一系列管理办法和行动方案，建立了责任明确、激励先进、淘汰落后、充满活力的新机制，干部职工干事创业的激情和内生动力进一步增强。宁夏中宁工业园区实行统一征地，统一规划，统一入园标准，统一基础设施建设，统一发展政策，集约集聚发展，加大了对园区内运输、供水、供电、照明、通信、建筑和环保等基础设施进行绿色化、循环化改造的力度，促进各类基础设施的共建共享、集成优化，降低了基础设施建设和运行成本，提高了运行效率，使园区生态环境优美。

四是完善公共服务平台。有些园区建立了园区乃至区域层面的循环经济信息服务平台，以企业信息资源共享为切入点，及时发布各类循环经济市场信息，提供循环经济方面的政策解读、金融对接、技术服务、专家咨询等方面的信息服务，实现企业、园区、区域等不同层面的资源共享交换，为实现废弃物、能量等交换交易的最优化路径提供支持，满足线上服务和线下对接的融合需求。通过建设能源资源环境管理平台和统计体系、循环经济技术研发及孵化中心等公共服务设施，利用现代信息技术，提升综合管理水平。如沧州临港经济技术开发区建立循环经济信息平台，在数据统计、信息共享、计量监测、云服务等方面均可通过网络方式远程完成。镇江经济技术开发区把自身循环化改造工作与镇江低碳城市建设相结合，镇江市初步搭建了低碳城市建设管理云平台，该平台以镇江经济技术开发区的多家企业为核心，通过物联网技术对全市重点碳排放企业的生产线、生产设备的能耗进行实时信息采集与计量，政府部门与企业之间实现了数据对接和信息共享。

2.9　创新引资方式，实现建设资金有效保障

从园区角度来看，园区将大量资金用于基础设施建设、重点项目推进，但可供质押、抵押的优质资产较少，且尚未形成风险与收益一体化的投融资平台。从企业角度来看，我国大部分工业企业的融资渠道较为单一，大多以自有资金、银行贷款为主，而银行放贷风险控制严格，存在大客户偏好，因此中小企业融资较为困难。从项目角度来看，大部分循环化改造项目短期经济收益率较低，融资比较困难，迫切需要便捷、高效、低成本的融资途径。

为解决上述问题，有些园区通过设立专项资金，积极引入相关投资基金，大力支持园区循环化改造重点项目及战略性新兴产业项目建设，促进了项目尽快落地，形成了较好的循环化改造投融资机制。如东营经济技术开发区成立了私募股权投资基金、小额贷款等投融资平台，优先支持关键补链项目和公共服务设施项目；并成立了专业的招商公

司——东汇投资促进有限公司，建立起公司化管理、市场化运作、政企剥离的工作模式，实现了招商体制机制创新。北京经济技术开发区通过建设“6+1+N”金政园企产业金融服务体系，实现六类金融资源与园区企业有效对接，已设立和吸引了从天使投资、风险投资、股权投资到并购投资的全系列基金。天津经济技术开发区设立“节能降耗、环境保护专项资金”，支持区内企业节能、节水、环境保护改造、相关示范工程项目，以及相关培训和宣传工作。

2.10 探索风险防范，实现产业链接稳定运行

风险管理是运营管理的重要环节，对于以产业为关键核心的园区而言，同样如此。在当前经济增速下降的新常态下，一些园区不能完成招商引资目标；一些园区引进的大项目、大企业，由于资金短缺、土地指标限制、规划调整等多方面原因，土地圈而未建、项目建而未动的现象普遍存在。目前我国园区管理者的风险管理意识较为薄弱，但也有一些园区在风险管理方面进行了初步的探索。

有些园区通过建立风险共担保证基金，组织协调企业间签订相关供应合作协议，推动上下游产业对接，形成稳定的产业链接关系，降低产业链风险。如铜陵经济技术开发区建立由开发区财政、产业链上下游企业、风险投资公司共同出资的产业链风险保证基金，主要用于突发事故或价格因素纠纷时的应急处理措施或补偿资金。

有些园区通过建立独立的风险管理团队，保障园区的稳定运行与发展。辽宁法库经济开发区通过公开招标的方式，引入项目管理第三方服务团队，对园区创建进行跟踪管理，利用科学的管理工具和方法，对园区项目的建设进行时间、成本、质量、风险的科学控制和合理统筹，有效降低项目风险，并增加项目的可控性。

第3章
园区循环化改造典型案例/经验

进园区循环化改造，就是推进现有的各类园区按照“减量化、再利用、资源化，减量化优先”的原则，优化空间布局，调整产业结构，合理延伸产业链并实现循环链接，搭建公共基础设施和服务平台，创新组织形式和管理机制，实现园区资源高效、循环利用和废弃物“零排放”，不断增强园区可持续发展能力[①]。本章按照主导产业类型，分析了各类园区的空间布局、管理方式、产业结构、关键指标、支撑项目，主要包括钢铁冶炼、有色冶金、煤炭加工、油气化工、盐化工、精细化工与医药化工、轻工、装备制造等产业主导类园区，以及农工复合类、高新技术类、综合类园区。

① 国家发展改革委，财政部．关于推进园区循环化改造的意见（节选）[N]．中国有色金属报，2012-04-28(008).

3.1 钢铁冶炼产业主导类园区

3.1.1 安徽霍邱经济开发区

（1）园区概况

安徽霍邱经济开发区位于安徽省霍邱县西北部，北临淮河，西与河南省相邻，辖区面积 42 km^2，规划面积 17.09 km^2，累计建成区面积达 6.64 km^2。其是 2006 年 7 月经国家发展改革委审核通过的省级开发区，2013 年 6 月被安徽省政府批准为产城一体化示范园区。

开发区以铁矿开采及钢铁深加工为主导产业，此外，高新材料、装备制造及物流业也在逐步发展。开发区资源富集，周边涉矿面积超过 300 km^2，包括 9 个大中型铁矿床和诸多零星铁矿，已探明储量 25 亿 t，位居全国第五、华东第一。霍邱铁矿具有矿体厚大、分布集中、结构单一、低磷低硫等特点，是生产优质钢、高强度钢和特种钢的首选原料。

（2）改造主要措施

1）优化产业结构

根据《安徽霍邱开发区总体规划（2016—2030 年）》，开发区在产业方向上注重开发和拓展，以铁矿开发与深加工产业及机械制造加工产业为主导，以电子设备产业为配套，以仓储物流、工业原辅材料贸易、综合服务为支撑，逐步形成以新兴工业为主体、现代服务业为延伸、具有区域竞争力、带动效益显著的良好局面。

开发区注重提高产业集中度，先后落户世界 500 强企业 2 家、国内 500 强企业 4 家。这些企业资金实力雄厚，管理、科技创新能力较强，部分企业在产业规模和技术方面处于全国领先的位置，为提升园区产业结构起到了良好的带头作用。在存量调整方面，近几年关停了工艺较落后的氧化球团项目，以及区内能耗较高的石料厂，环保及节能降耗水平进一步提升。

2）构建循环经济产业链

霍邱铁矿设计采选总规模 5000 多万 t/a，全部建成达产后，可年产铁精粉 1500 万 t。围绕铁矿开发与深加工产业，构建了以下五大循环经济产业链。

新材料产业链：一是“铁矿尾矿—各类建材产品”产业链，如利用尾矿、高炉渣、粉煤灰等生产充填专用胶凝材料。开发区建设了年产 90 万 t 的复合尾砂充填凝固材料项目，每年可消耗工业废渣约 69 万 t，是国内目前最大的凝固充填材料生产项目。二是“矿渣及钢渣—各类建材产品”产业链。水渣和钢渣用于配制充填用胶结材料，其余矿渣微粉和钢渣微粉用于生产商品混凝土砌块、多孔盲孔砖以及管材等多种制品。三是“氧化铁皮及转炉尘泥—烧结及铁氧体磁性材料”产业链。四是“废耐火材料—耐火材料”产业链。五是“铁矿—球团、直接还原铁、还原铁粉、磁性材料”产业链。

“煤气、余热—供热、发电”产业链：将开发区铁矿企业富余煤气送往热电车间的燃气蒸汽联合循环发电机组（CCPP 机组）和全燃煤气锅炉进行综合利用，企业不再建设燃煤锅炉，将原有燃煤锅炉予以淘汰。生产用蒸汽优先使用余热蒸汽，不足部分由热电机组抽汽补充，以提高开发区能源利用效率。

“尾矿—充填回用”产业链：利用尾矿进行回填，构建“尾矿—充填回用”产业链。目前开发区选用分段空场嗣后充填法和浅孔留矿嗣后充填法，以确保地表不塌陷。全尾砂胶结充填主要环节包括尾砂脱水、充填料制备、充填料输送及采空区充填。

“尾矿—回收铁、云母”产业链：已建成的周油坊选矿厂尾矿选铁云母综合利用项目，从选矿尾矿中综合回收云母和再选铁，可减少尾矿排放量。

“铁矿伴生—白云石—金属镁”产业链：通过构建“铁矿伴生—白云石—金属镁”产业链，对伴生物白云石进行深加工利用，变废为宝，实现社会效益和经济效益双丰收。同时以白云石为原料，硅铁为还原剂，萤石为催化剂，生产商品镁锭及精镁。

3）促进资源能源高效利用

采用新工艺、新技术，使生产流程简单化、紧凑化、大型化和连续化，实现清洁生产。在新建采矿项目中，全部取消了尾矿库，只需建设规模较小的备用尾矿池，减少了对耕地的占用。通过优化炉料结构、配套干熄焦装置、采用高效连铸系统等技术手段，充分回收利用余热余压能源，提高能源利用效率。通过循环用水、循序用水、串接用水和中水回用等节水技术，规划合理用水工艺，提高水资源利用效率。

3.1.2 曹妃甸工业园区

（1）园区概况

曹妃甸工业园区位于唐山南部沿海、渤海湾中心地带，交通便利，生态环境良好，基础设施一应俱全，投资环境优越。建区以来，园区坚持把不断优化软硬环境作为园区发展的重要支撑，坚持高标准建设，形成了通畅的路、电、水、气、讯等网络。利用国内国际两种资源及两个市场，曹妃甸工业园区将逐步建立以精品钢材、装备制造、精细化工、现代物流四大产业为主导，电力、海水淡化、建材、环保等关联产业循环配套，信息、金融、商贸、旅游等现代服务业协调发展的循环经济型产业体系。

（2）改造主要措施

1）空间布局优化

园区在循环化改造过程中，以产业关联、资源共享为原则，根据产业特点，促进生产要素组合的不断优化，实现了产业集聚发展，资源循环利用，逐步优化空间布局。2013—2018 年，园区采用集中、集约的开发模式，在龙头产业带动下，结合基础设施配套的空间衔接，科学布局，基本形成了较为优化的空间布局结构。

目前，园区由北部、南部和港池岛三大区域组成，并根据钢铁、石化、电力和装备制造等产业集聚情况划分为钢电水产业组团、化工产业组团、装备制造业组团、新兴产业组团、港口物流业组团、综合服务组团、再生资源利用组团和保税港区八大类功能组团。

2）产业结构调整

钢铁产业循环链条不断完善：钢铁产业主要依托首钢京唐钢厂，打造钢材深加工产业链条。2013-2018 年，园区在继续完善以首钢一期为核心的循环产业链的基础上，重点围绕首钢精品钢铁二期工程建设，配套建设了一批铁素高效利用、能源梯级利用、节约淡水及水资源循环利用和固体废物综合利用的项目，基本形成了完善的以精品钢铁为核心的循环经济产业体系。目前，首钢京唐钢铁厂一期项目规模为年产铁 898 万 t、钢 970 万 t、钢材 913 万 t。配合唐山市淘汰落后钢铁产能和产业总体布局优化，首钢二期工程按计划建设，预计规模为 1000 万 t 精品钢。到 2020 年园区内精品钢产量将达到 2000 万吨，逐步建设成为设备技术先进、产品技术含量高，具有国际先进水平的大型精品钢铁基地。

电水联产产业快速做大：园区充分利用独特的自然条件、良好的取水条件、完备的上下游产业体系和循环经济运行模式以及雄厚的技术力量，大力发展电力—海水淡化产业。目前，华润电力一期 2×30 万 kW 热电联产工程，与首钢京唐钢铁厂日产 5 万 t 海水淡化和新岛化工日处理 1 万 t 海水淡化项目形成配套。华润电力二期 2×1000 MW 超超临界发电机组也已经完工。作为园区“电力生产—海水淡化—浓盐水制盐—盐化工制碱—废弃物资源化利用”循环经济产业链的龙头项目，华润电力一、二期全部投产并正常运营后，电力装机容量达到 260 万 kW，该项目将与首钢京唐海水淡化二期海水能力将达 15 万 m^3，北控水务 100 万 t 海水淡化进京项目形成配套，除满足园区经济可持续发展需要外，还可实现向其他沿海地区实施远程供水，海水淡化产生的浓盐水由唐山三友化工公司和南堡盐场全部接收，用于盐化工生产和晒盐生产。届时园区将建设成为环渤海地区重要的电力能源基地、海水淡化产业基地。

石化产业稳步前进：园区石化产业的发展目标是建成世界一流的大型临港石化产业基地、环渤海区域原油天然气储运中心、中国北方地区化学品贸易集散中心。目前，园区国家石化产业基地 32 km^2 起步区完成基础设施建设；总投资 54 亿元的中石化（码头）原油商业储备基地、中泓炭素 30 万 t/a 煤焦油初加工、河北龙成煤清洁高效综合利用、中国石油唐山液化天然气等项目已投产运营；石化基地规划环评获国家正式批复，旭阳 1500 万 t 炼化、新华石化 2000 万 t 炼化一体化等项目正在扎实推进；总投资 63.7 亿元的东华能源丙烷脱氢及聚丙烯项目和总投资 80 亿元的曹妃甸港 LNG 公共码头接收站一期项目按计划逐步建设。随着一大批石化项目的稳步推进，园区将形成 3000 万 t 炼化能力。

临港产业强势崛起：天然优良大港和广阔的纵深 f 腹地是园区的核心优势之一。园区积极培育壮大临港产业，已经建成一批支撑港口经济的大项目，初步实现了临港产业集聚循环发展。截至 2018 年底，曹妃甸港口累计建成运营码头泊位 92 个，2018 全年完成港口货物吞吐量 3.1 亿 t、增长 16.8%，集装箱吞吐量 52.2 万标箱、增长 21.5%，引进港口贸易企业 67 家，港区辐射带动作用显著增强。此外，综合保税区功能也在加速释放，2018 全年完成进出口总值增长 21%，实际利用外资增长 5%。

装备制造业稳步壮大：园区积极贯彻“中国制造 2025”战略，依托首钢、上汽新能源汽车、盾石机械等支柱企业，装备制造业正在稳步发展壮大。目前，华电重工、海清源反渗透膜制造项目、百川工业服务基地、海工智能装备制造、城建重工新能源汽车等 58 个项目竣工投产。随着新能源汽车、汽车零部件、海工装备等产业不断壮大，未来园区将成为中国北方沿海地区大型临港装备制造基地。

战略性新兴产业全面开花：园区的战略性新兴产业发展突出高新高端、集群集聚特征，新能源、新材料、通用航空、节能环保等产业持续快速发展。冀东日彰节能风机制造有限公司节能风机制造项目，唐山科为环保科技有限公司节能环保设备制造项目，唐山曹妃甸海清源科技有限公司反渗透（RO）膜制造及环保产业工程装备制造的技改扩建项目均已建成投产。华润电力华北大区曹妃甸港仓储区分布式光伏发电项目于 2017 年 6 月正式并网发电，开始为唐山地区输送清洁能源。奥能、奇瑞、北京城建重工等 3 个新能源汽车项目已建成投产，唐潮、北汽福田等项目也在积极推进。重大战略支撑项目和战略性新兴产业项目已形成互动发展、两翼齐飞的格局。

3）重点产业链构建

钢铁循环经济产业链：园区结合产业发展基础，按照“减量化、再利用、资源化”的原则，大力引进各类补链和延链项目，建设了一批以首钢京唐钢铁公司等具有企业内部循环特征的循环经济骨干企业。目前，首钢京唐钢铁公司一期已具备年产 970 万 t 钢生产能力，基本形成了企业内较为完善的物质循环网络。铁元素循环利用，炼钢钢渣中的渣铁，炼钢、轧钢产生的废钢全部回收作为炼钢入炉料，使铁元素资源得到 100% 利用；锌渣约 1.2 万 t/a，在冶炼厂重熔使用；焦油渣、生化处理污泥总量约 1 万 t/a，掺入炼焦煤中再利用。能源梯次利用，利用烧结环冷机高温废气和干熄焦烟气通过余热锅炉，增加蒸气约 312 万 t/a；利用干熄焦显热、高炉炉顶余压和高炉富裕煤气，配套建设一座 2×30 MW 干熄焦余热发电厂、一座 2×36.5 MW 高炉煤气余压发电厂、一座 2×300 MW 煤 + 煤气发电厂；利用主工艺流程中的余热蒸汽、汽轮机发电机组做完功后的乏汽、高炉冲渣水等低温热源产生的低品质蒸汽为低温多效海水淡化装置提供动力，利用自发电机组为膜法海水淡化装置提供动力，通过热、膜法工艺的相互结合，建设 5 万吨 / 日低温多效海水淡化工程，实现能源的高效利用和海水淡化成本的降低。首钢京唐钢铁厂二期项目，总投资 435.46 亿元，总生产规模为 1000 万 t，主要产品为宽厚板、薄带钢、热轧卷、冷轧商品卷等。到“十三五”末，首钢京唐钢铁厂将形成 2000 万 t 钢生产能力。此外，围绕钢铁产业副产品、废弃物、余热余压等，实施了一批重点补链项目。重点实施了煤焦油深加工等一批钢铁产业副产品加工项目，并引进了曹妃甸矿渣细磨工程、红河锌联钢铁烟尘清洁利用等一批重点补链项目，初步实现了钢铁产业内部及关联产业之间的物质循环和能源梯次高效利用。

电 – 水 – 盐化工循环经济产业链：目前，以华润电厂 2×30 万 kW 热电联产一期工程项目为龙头，已形成首钢京唐钢铁厂日产 5 万 t 海水淡化和新岛化工日处理 1 万 t 海水淡化能力。依托华润电厂二期工程，以提高燃煤发电效率、海水替代淡水、热能梯级利用、灰渣综合利用为重点，正在大力推进百万吨海水淡化和进京输水、首钢海水淡化二期、浓盐水综合利用、海水淡化技术设备研发等项目。依托曹妃甸电厂、南堡盐场、大清河盐场、三友集团等大型企业，已经形成了合理规模的电力生产、海水淡化、浓盐水综合利用和盐化工一体化发展的循环经济产业链，有效降低淡水产业及产业链中各项产品成本，实现“产业链”项目的规模经济。

石化循环经济产业链：目前，曹妃甸国家级石化产业基地建设已经全面启动，基地规划环评已经获得国家正式批复，基地建设正在稳步推进。未来几年，园区将依托大型原油储备基地、积极推进千万吨级炼油和百万吨级 PX 大型炼化一体化及配套工程，重点引进化工新材料、特种化学品、合成材料等延链项目，构建以千万吨炼油为龙头的石化循环经济产业链。

装备制造产业链：依托曹妃甸深水岸线资源和精品钢铁基地，利用优质钢材为原料进行深加工，培育和发展装备制造产业体系。积极为园区内钢铁、石油炼化、化工、港口等提供生产设备支持，重点发展港口机械等重型装备。重点项目有：华电曹妃甸重工装备制造基地一期项目、重大冶金矿山装备制造基地建设一期项目、河北天堃实业有限公司大型钢管钢结构件及 HDPE 管件加工出口与物流基地等项目。

4）能源资源高效利用

重点推进水电联产：实施了首钢京唐公司“海水淡化前置发电，乏汽制水”重大科技创新和循环经济项目，燃用钢厂富裕煤气，产生中压蒸汽推动 2×25 MW 汽轮发电机组发电，并将发电后的低品质乏汽回收利用，作为海水淡化热源制水，该技术利用了传统发电厂热力循环过程中的冷源损失，实现了水、电、热三联产。目前首钢京唐海水淡化一期项目每日可淡化海水 5 万 t，解决了内部生产用水问题，节省了大量淡水资源。加紧建设华润电厂二期工程。该项目是河北省环渤海经济带的重点项目，也是河北省首个单机容量百万千瓦的火电工程，计划建设 2×1000 MW 超超临界燃煤发电机组，同步建设烟气脱硝、除尘、脱硫设施，总投资约 75 亿元人民币。

做好热源规划：统筹园区居民及工业园区近、中、远期用热需求，研究分析充分利用华润电厂等现有热源实施大区域、远距离集中供热的可行性。委托河北电力勘测设计研究院、唐山市规划建筑设计研究院分别开展了《曹妃甸区热源点布局规划方案》和《曹妃甸区集中供热方案研究》编制工作，并对华润电厂、首钢京唐公司、全区各热力公司进行专门调研，召开了多次协调会，对园区热源研究形成了初步方案。

能源梯级利用：实施了唐山鑫联环保科技有限公司余热发电项目，通过对四条回转窑烟气配套余热锅炉，通过锅炉回收热量产生蒸汽，利用这部分余热蒸汽设置发电站 1×3 MW 一座，年发电量为 2000 万 kW·h，年节约标煤 19318 t。龙成煤高效利用、中弘碳素煤焦油等企业生产过程中的余热、蒸汽并入管网统一调配，集中回收用于供暖、洗浴等。首钢京唐钢铁联合有限责任公司回收 3 座 5500 m^3 高炉冲渣及热风炉烟气余热制备高温热水用于海水淡化热源及厂区供暖，年回收总热量 150 MW。

加强废弃资源的综合利用：依托利用固体废弃物生产建材制品等一批资源综合利用项目的实施，园区年利用固体废弃物 380.05 万 t，利用率达到 97.5%。

5）污染集中处理

节能减排工作力度不断加大。严格节能环保准入，推进高耗能企业设备更新和技术改造，实施了首钢京唐钢铁联合有限责任公司球团烟气脱硫项目、唐山中海实业有限公司利用固体废弃物生产建材制品项目、华润电力（唐山曹妃甸）有限公司翻车机和吹灰器系统改造项目等，各约束性指标严格控制在唐山市下达计划内，顺利完成每年度节能减排任务。实施了河北龙成煤综合利用有限公司废水深度处理、唐山曹妃甸永泰实业有限公司曹妃甸工业区化学园区污水处理站等项目，使园区日污水处理能力达到 24 万 t，污水处理率达到 100%。日生活垃圾无害化处理能力达到 200 t，无害化处理率达到 100%。实施了南京万德斯环保科技有限公司曹妃甸区危险废物和一般固体废物处理处置中心项目，年可处理工业危险废物 5.8 万 t。

6）基础设施建设

园区将基础设施配套作为项目建设的重要保障，按照保急需及适度超前的原则，全力推进道路、桥梁、供水等基础设施建设，力促园区基础设施达到“九通一平”，为产业项目聚集提供有力保障。仅 2016 年就实施基础项目 180 个，总投资 679 亿元。其中，青龙河大桥、职教城路网一期等 39 个项目已完工，总投资 40 亿元；石化大道、石化南环等 93 个项目开工建设，总投资 290 亿元。为推动石化产业基地建设，保障炼化项目配套需求，实施了化学园区基础设施和公用配套工程建设，总投资 98 亿元，包括造地、土地整理、路桥、污水处理厂、公用管廊、入海排污口等。港口方面，曹妃甸港区累计建成运营码头泊位 92 个，开通内外贸航线 108 条，40 万 t 大船成功靠泊，年均货物吞吐量达到 3.1 亿 t，跃入世界大港行列。唐曹公路、蒙冀铁路建成通车，开设包头、二连浩特 2 个内陆无水港，曹妃甸港口腹地延伸到西北地区和蒙古国，成为京津冀协同发展、“一带一路”的重要交汇点。曹妃甸大宗商品交易中心、伊能石油交易中心上线运营，综合保税区封关运营，保税区功能优势开始释放。

7）生态环境建设

园区累计造林绿化面积达到 10.8 万亩，栽植乔木植物 605 万余株，森林覆盖率达到 11.8%，恢复湿地 2651.4 hm^2，基本形成了较为完善的淡水河湖、海水湿地、园林绿地和滨海城市生态景观。同时，通过企业清洁生产，园区循环化建设，产业结构逐步趋向合理，工业污染物排放逐年减少，区域生态环境显著提升。2017 年，园区严格落实“1+15”专项方案，大力实施秋冬季大气污染综合治理攻坚，深入推进工业企业错峰生产、错峰运输、“散乱污”企业治理、燃煤锅炉取缔，圆满完成市达主要污染物削减任务。全区 $PM_{2.5}$ 平均浓度下降 10.3%；达标天数同比增加 22 天，空气质量综合指数位居全市首位。

8）运行管理

为保证园区循环化改造工作的顺利进行，园区从组织管理、制度建设、平台搭建、技术孵化、政策激励、监督评价等多方位入手，加强运行管理，力求形成循环经济发展长效机制。成立了曹妃甸工业园区循环化改造领导小组，从组织上加强领导；制定了《曹妃甸工业区国家循环化改造示范试点园区中央财政补助资金管理暂行办法》《曹妃甸区重点项目建设考核办法》等规章制度，不断完善制度保障；不断引进先进技术和优秀人才，技术支撑能力显著增强；成立行政审批局、搭建了由“园区 + 公司 + 基金”组成的投融资服务平台，在财政、税收、招商等方面制定一系列优惠和奖励政策，创造了良好的营商环境；对重点项目开展情况，按时、按规开展监督和评价工作。园区严格执行《实施方案》制定的系列措施，统筹管理园区循环化改造工作，保证了各项目相关企业按照项目规划，按年度及时完成工作内容和任务。

（3）效果及效益分析

经济效益：通过实施园区循环化改造，淘汰了落后产能，优化了产业结构，全面提升了主导产业的产业规模和技术水平，进一步完善和提升了产业链，有效推进了物料循环、能量梯级利用、企业共生和产业融合，推动园区经济效益不断提升。2018 年，园区 GDP 达到 268.8 亿元。

资源环境效益：实施循环化改造过程中，园区采取了调整和优化产业结构、推行清洁生产审核、加强污染末端治理、实现废物资源化利用等一系列措施，全面建立起污染控制和管理体系，有效促进了副产物及废弃物的资源化再利用，降低了主要污染物的排放，使园区的环境污染得到有力控制，环境质量得到明显改善，取得了良好的资源环境效益。

社会效益：园区循环化改造的实施带动了园区上下游相关产业发展，为园区内及周边居民提供了大量就业机会；改善了工作、生活环境和区域环境质量，提高了园区的对外开放度，提升了工业区的影响力、综合实力和整体竞争力，社会效益显著。

3.1.3 贵州六盘水高新技术产业开发区

（1）园区概况

贵州六盘水高新技术产业开发区（原贵州钟山经济开发区，简称六盘水高新区）是 1992 年贵州省委、省政府批准设立的 9 个省级开发区之一，2007 年 4 月列入《中国开发区审核公告目录》。六盘水高新区由位于六盘水钟山区柏杨坡片区的红桥园区和位于水月片区的水月产业园区组成，地处六盘水市工业集中区核心腹地，规划面积 59.4 km^2，建设用地面积 23 km^2。水月产业园区主要围绕水钢集团构建钢铁循环经济产业链，红桥园区重点发展装备制造、大数据、大健康、新材料、现代服务业及新兴产业，是六盘水城市规划重点推进的产城融合发展的现代新城，是贵州全省重点培育的 14 个

500 亿元级省级经济开发区之一，是工信部批准的国家新型工业化示范基地。

（2）改造主要措施

1）优化空间布局

根据六盘水高新区红桥园区土地利用和总体空间布局，结合红桥园区地形地貌、水电、交通走向体系及产业布局现状，按照“产业集群、设施共享、产城融合”的主导思想，坚持质量和效益优先的原则，以发展循环经济为手段，构建资源整合优、产业效益好、发展质量高的集约化发展模式。以集约开发利用土地为重点，严把项目用地关口，严格治理“半截子”工程，有效盘活存量土地，收回闲置土地，积极尝试空间创新战略，努力实现“有限的空间无限的发展”。总体上，红桥园区布局为“一心、五园、多区”的空间结构。一心指商贸服务中心；五园指装备制造产业园、高新技术产业园、轻工产业园、汽车五金产业园、现代商贸物流园；多区指矿山机械制造区、金属加工区、建材产品生产区、服装加工区、食品加工区、医药制造区、节能环保产品生产区、机电通信产品生产区、汽车制造区、五金产品生产区、仓储商贸物流服务区、生产力促进服务区。

推进产业转型升级，提升传统行业技术水平与创新能力：充分发挥产学研一体化和产业技术创新战略联盟的作用，按照清洁生产的要求，加快采用新工艺、新技术，尽量减少进入生产过程的物流资源消耗，使资源得到高效利用。

加快推进生产设备技术改造升级：按照“循环经济、节能减排、降本增效”的循环化改造工作要求，充分发挥既有设备生产潜力，实施 3#、4# 焦炉配套建设干熄焦工程、焦化 YST 工艺[①] 改造、焦化酚氰污水深度处理技术改造，力争炼铁工序生产成本降到行业平均水平以下，并逐步对园区部分企业转炉系统进行产能置换。

引进培育战略性新兴产业：重点引进电子信息产业、现代机电产业、节能环保等领域企业，尽快实现产业化。截至 2021 年底，园区引进高新技术企业超过 10 家，已发展形成了一批具有重要影响力的高新技术企业集团。

优先发展配套现代服务业：推进服务业的结构调整，促进生产性服务业与制造业互动发展。引导发展环境服务业，推动建立以环境技术服务、环境咨询服务、污染设施运营管理、废旧资源回收处置等为主要内容的环境服务体系。鼓励发展各种信息增值服务，建立统一、安全的物流信息平台、电子认证体系和金融系统电子支付网络，促进信息资源共享，增强循环型信息资源对于物质资源的替代功能。提高废钢回收企业加工处理中二次污染的防治水平，废钢加工处理过程中废水、扬尘、噪声的防治必须达到国家环保标准。

2）构建循环型产业体系

按照物质流和产业关联性，构建形成了循环链接产业体系。六盘水高新区改造后产业链循环框架见图 3-1。

优化改造冶炼加工传统产业链：六盘水高新区加快钢铁产业升级改造和产品优化，

---

① YST 工艺由两部分组成，第一部分是氨水脱硫脱氰工艺（YS），第二部分是从脱硫排出液中提取硫氰酸铵和粗硫代硫酸铵等化工产品的提盐工艺（T）。

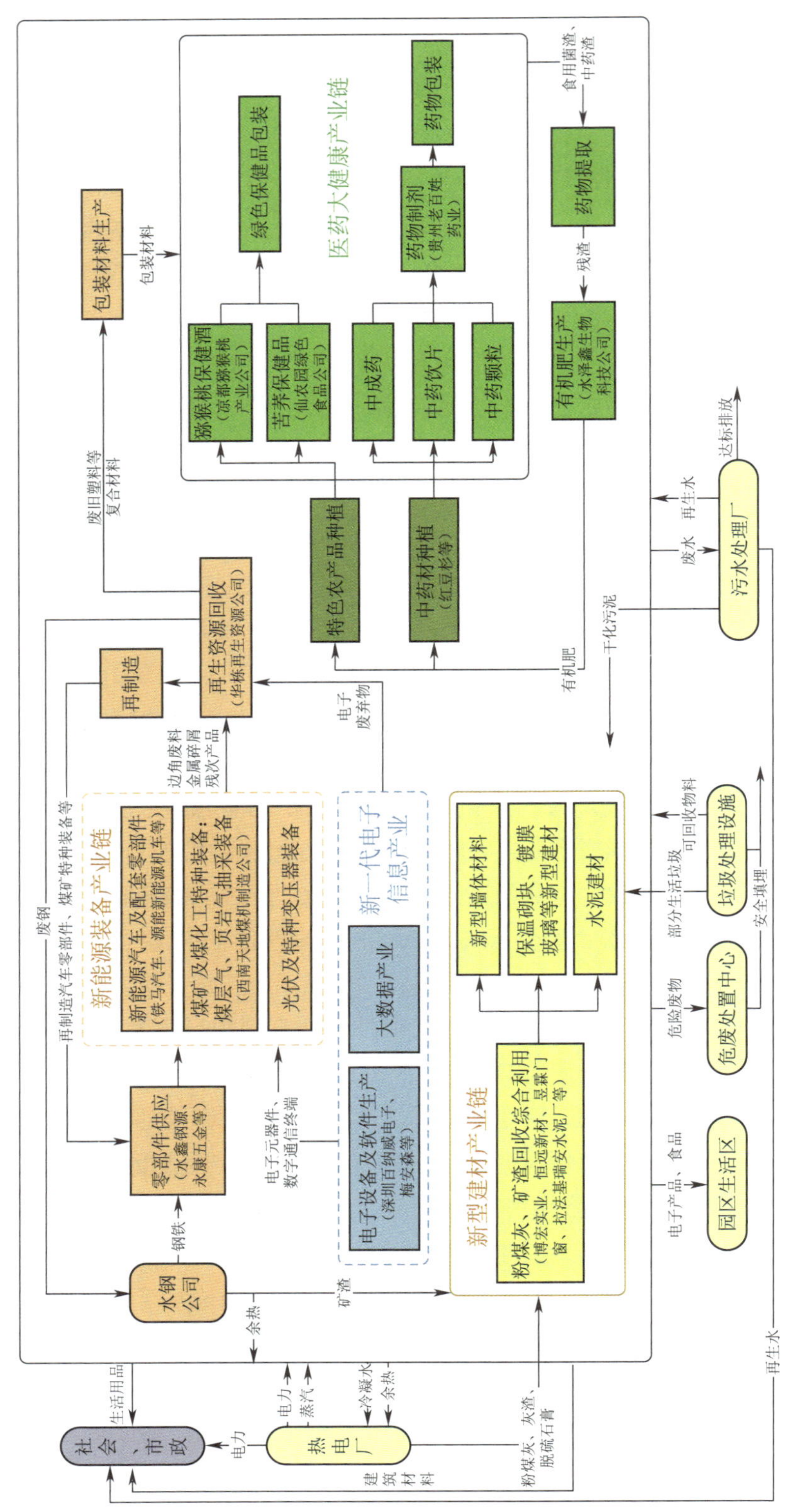

图 3-1 六盘水高新区改造后产业链循环框架

重点拓展了轧材、锻材、管材、钎钢钎具、铁路车轮及轮对的综合钢材及深加工产业链，大力发展精品优特钢、特殊钢、优特板、易切削钢、工程机械用钢等系列产品。大力发展了新型建材、物流商贸等配套产业。在新型建材领域，高新区充分利用钢铁产业积存和新产生的废重矿铁渣、粉煤灰等工业固体废物，建设完成 70 万 t 新型环保水泥（微粉）生产线、相应规模的免烧砖生产线等。

构建高端装备制造产业链：重点发展煤机制造、煤化工设备制造、工程机械制造、电力设备制造、农副产品加工机械制造五大支柱产业，积极扶持钢材加工、五金产品两大辅助产业，积极发展技术创新机构，增强自主创新能力，培育了一批在国内领先的龙头企业和知名产品，努力打造六盘水市自主研发水平较高、制造技术先进、系统成套能力强的装备制造业“领跑者”和贵州省西部地区重要的装备制造业基地。

强化轻工制造产业链：①农副食品加工产业链：依托六盘水地区丰富的马铃薯、荞麦及辣椒等农产品及大蒜、杨梅、猕猴桃、核桃等特色农产品资源，发挥荷源实业、六盘水益康实业、贵阳高新英纳科技公司以及水城河源食品厂等一批食品加工企业的产业带动能力，重点发展马铃薯深加工、调味品制造、紫杉醇提取、苦荞保健系列制品、果汁、干果、旅游食品等产业，构建“马铃薯—薯片、薯条、精淀粉”“辣椒—辣椒粉—辣椒酱”“生姜—生姜提取物—生姜调味品”“荞麦—荞麦粉—荞麦方便面、挂面”“西红柿—干果”“西红柿、杨梅—压榨—调制—混合果汁”等产业链，完善红桥园区农副食品加工产业体系。②医药健康产业链：以市场需求为导向，整合现有中草药资源，提高规模水平，大力引进知名制药企业落户红桥园区，如贵州百灵、凉都药业等，发展一批实力强、依靠科技且符合可持续发展理念的制药企业，形成产业的群体规模优势，通过分工合作或品牌共享，提高产品知名度和市场占有率。重点以杜仲、太子参、金银花、黄柏和牡丹为原料，发展中药饮片、中成药及药用消费品两个层次产品。打造“中草药—中药饮片”“中草药—加工—合剂、丸剂、散剂、药用消费品、美容保健品—包装”的产业链。③纺织服装加工产业链：六盘水地区众多的产业工人与在校学生构成了巨大的消费群体，作为潜在的客户源，为当地发展服装加工产业提供了良好的消费市场。通过招商引资，积极引进纺织类、服装加工类企业，发展针织品、编织品及服饰、帐篷和救灾用品等加工方向，健全红桥园区的产业体系，推动园区经济快速发展。④家具制造产业链：发挥六盘水地区丰富的天然林木资源和钢铁资源优势，依托卓亿家具加工项目、六盘水华丰家具制造项目的产品加工能力，重点发展木制家具制造、金属家具制造，构建“木材—加工—实木家具”“金属—加工—金属家具”的产业链，促进红桥园区家具制造业快速发展。

3）整合延伸建材传统产业链

推动节能门窗、玻璃深加工及木材加工三大产业循环化发展，延伸产业链条，促进建材产业向高端化、集约化、新型化、品牌化发展，形成以“引领型、生态型、环保型”

为主要特征的新型建材产业集群。重点完成毅荣门窗、贵州昱霖门窗、瑞都建材等公司的项目建设，采用先进的加工技术，本着资源节约、环境友好的理念着力开发节能门、防盗门、节能窗等产品。以市场需求为导向，利用当地丰富的含硅矿石资源生产平面玻璃，同时吸收周边地区企业所生产的平面玻璃产品，大力推进贵州昱霖门窗的规模化发展，打造“含硅矿石—玻璃—玻璃深加工产品”的精深加工产业链。依托六盘水市丰富的林木资源，发挥六盘水高原建材公司、龚发建材有限公司的加工生产能力，以生产高品质实用型的建筑用木材为目标，做大做强龙头企业，提高产业的专业化分工与协作能力，延伸产业链，重点发展了实木门、实木地板等高端产品，促使木材加工企业向集群化方向发展。

促进资源能源高效利用，优化能源结构，提高能源利用效率：加快发展热电联产项目，降低钢铁产业能源消耗。在水钢集团等园区龙头企业余热发电的基础上，积极引进 IGCC[①] 多联产项目，形成以煤、电、钢为核心的多联产的能源系统。积极实施烧结机改烧高炉煤气工程，合理置换和分配煤气用户，高效利用煤气资源。利用富余高炉煤气建设发电机组，实施现有燃煤锅炉改烧燃气工程等，从源头减少了原煤消耗和粉煤灰排放。对路灯尽量采用太阳能，并安装了智能化监控管理系统。实施绿色招商战略，吸引使用各种可再生能源和清洁能源系统的项目入驻园区。构建能源管控中心，负责各种能源调配（水、电、煤气等）操作控制，将目标、任务落实到各有关管理部门，形成完整的能源管理组织和体系。

推行清洁生产，加强物质集成循环：鼓励和支持企业开展清洁生产审核，对污染物排放超过国家和地方排放标准、污染物排放量超过总量控制指标以及使用有毒有害原料进行生产或者在生产中排放有毒有害物质的企业实行强制性清洁生产审核,并限期治理，监督实施清洁生产方案。制订切实可行的实施计划，并将其纳入企业规划和固定资产投资计划。针对行业各自特点，推广优先采用资源利用率高、有利于产品废弃后回收利用的技术和工艺，开展资源综合利用，实现固体废物的回收和循环利用，形成“减量化—企业内部、外部循环利用—回收—物质再利用”的物质循环体系链。根据红桥园区产业的发展方向，寻找产业间的耦合点，实现产业之间物质的循环利用。

加强节水管理，加强污染集中治理：加快推进钢铁产业节水改造，促进水资源循环利用，提高水重复利用率，降低企业吨钢耗新水量。加强污染物源头总量控制，完善污染减排体系。严格环境准入，通过空间准入限制、环境影响评价、总量审批前置等强化建设项目全过程监管，从决策源头防止了环境污染。强化试生产申请备案制度，把试生产申请作为项目环境管理的重要节点。实施企业环保动态跟踪制度，完善了高新区企业环保“一户一档”。

---

① IGCC 是 Integrated Gasification Combined Cycle 的缩写，指整体煤气化联合循环发电系统，是将煤气化技术和高效的联合循环相结合的先进动力系统。

（3）效果及效益分析

高新区实施循环化改造以来，通过实施一批循环经济重点支撑项目，建立了较为完善的企业内部、企业之间和高新区之间的多维矩阵式循环经济现代产业体系；通过结构调整，以系统改造、技术与管理创新为手段，降低经济发展对资源的依赖程度，大幅度提升资源利用效率，使资源产出率，主要产品能耗、水耗达到国内领先水平。截至 2021 年底，批复的六大类 26 项指标全部完成，指标完成率 100%。

3.2 有色冶金产业主导类园区

3.2.1 铜陵经济技术开发区

（1）园区概况

铜陵经济技术开发区（简称铜陵经开区）位于铜陵市西北部，2012 年被国务院批准为国家级经济技术开发区，2017 年通过园区循环化改造验收工作。2012—2017 年循环化改造的区域为《铜陵经济开发区总体发展规划（2011—2030）》中的规划范围。园区已形成铜加工、冶金化工、电子材料、装备制造、纺织服装等五大支柱产业。

（2）改造主要措施

1）合理优化空间布局，顶层设计产业发展

原规划布局仅规划了 4 个专业园区，尚未考虑装备制造产业、新能源产业和节能环保产业，而这些产业恰恰是未来发展最快的产业。在此次优化调整规划布局中，一是在原四大产业园的基础上将纺织服装园变更为装备制造与纺织服装产业园，以加快发展装备制造产业；二是为适应战略性新兴产业发展，此次优化布局将新增新兴产业园，形成循环经济产业园（冶化园）、铜加工产业园、电子材料与元器件产业园、装备制造与纺织服装产业园和新兴产业园五大专业园区；三是在规划布局中明确五大专业园区的边界，按循环经济发展产业链接和企业组团要求进行协调管理。

通过优化空间布局，使经开区冶化产业园和铜加工园、纺织服装园相互靠近，减少物料和能源的输送距离。此外，完成了焦炉煤气和蒸汽管网建设，为其与化工产业耦合留有必要的发展空间。同时，合理安排了热网附近需要利用焦炉煤气和蒸汽的企业，如迪诺环保、圣奥化学等化工企业，实现了能量的合理利用和梯级利用。

通过优化空间布局，实现了经开区内部的循环产业链接和耦合，实现了第二产业和第三产业在能量梯级利用、“三废”处理设施利用方面的耦合、共享。在此基础上，通过不断推进园区内各相关产业的循环经济发展，经开区已加大与周边区域（省、市）相关产业的融合、耦合和对接，构建起以铜陵经开区为中心的区域循环经济发展框架体系，实现了经开区与周边区域的“大循环”。

2）产业链快速延伸，区域循环经济框架体系初步形成

骨干企业内部循环产业链日臻完善：通过循环化改造，有色金昌公司已构建起铜精

砂—冶炼—电解—电解铜的生产链，实现生产固体废物的“零排放”和全利用；铜陵泰富特种材料公司（原新亚星焦化公司）初步建立起焦炭—焦炉煤气（发电）—供企业，焦炭—蒸汽（发电）—供周边化工企业的两条循环产业链；铜冠冶化公司已建成较为完善的铜伴生资源—冶炼烟气—制硫酸—铜电解，制酸后废渣—铁球团—炼铁等两条循环产业链；铜峰电子公司已经形成了较为完整的电工薄膜—金属化镀膜—薄膜电容器产业链，该公司 2200t 废膜和废粒子全部得到了高效循环利用。

铜资源循环产业链、铜伴生资源循环产业链进一步完善：铜资源循环产业链的延伸上，一是铜带材方面，有色金威公司年产 6 万 t 高精度铜板带项目已全面建成，多项产品填补了国内空白；二是铜箔方面，年产 1 万 t 锂电池专用铜箔技术改造项目已基本建成，年产 2 万 t 高精度超薄电子铜箔项目正在加紧建设；三是印制线路板和电子框架材料方面，高精密印制线路板项目已实现规模化生产，双面 OSP[①] 板及多层印刷电路板项目已建成投产，高压大功率绝缘基板已实现规模化生产，表面贴装发光二极管（LED）支架研制和产业化项目已建成投产，并在此基础上，成功研发微处理器用引线框架；四是电磁线方面，重点建设的年产 6000 t 新型高效节能压缩机及电机用电磁线项目已实现规模化生产，年产 3 万 t 变频电机用特种电磁线、年产 3000 t 稀土铝基电磁线等项目均已建成投产，使经开区成为国内外知名的铜基电子材料基地和铜加工产业基地。铜资源循环产业链示意图见图 3-2。

铜伴生资源循环产业链的完善上，一是铜冠冶化公司复杂硫精矿科技攻关项目已顺利完成，其副产硫铁精砂已得到很好的综合利用，砷回收也取得重大进展；二是铜冶炼渣选铁及制加压砌块项目已建成投产，使产业链进一步延伸；三是硫酸余热回收利用取得显著成效，通过平衡冶炼过程中硫酸系统的余热，充分利用硫酸系统显热，实现了伴生资源综合利用的最大化；四是铜冠新技术公司的资源回收与综合利用项目正在加紧实施，此项目的建设将使有色公司多种冶炼废渣和含砷废渣得到回收利用，回收多种稀贵金属和有价金属，进而将使铜伴生资源循环产业链进一步延伸。

区域循环经济框架体系对接周边区域（省、市）：通过 10 多年的发展建设，铜陵经开区在工业门类、基础设施、公共服务平台、社会生活等方面，均已建立起配套齐全、较为完善、互为支撑、和谐发展的强大体系，有力地促进了经开区各项事业的发展。通过循环化改造，经开区进一步完善并提升了三大循环产业链，工业废弃物的循环利用不仅促进了园区内企业的交流和共生，加快了经开区不同产业的耦合和融合，推动了能源的梯级利用，而且全面促进了经开区相关产业与铜陵周边区域（省、市）相关产业的大耦合、大融合，使周边区域的多种工业废弃物在经开区得到了深度开发利用，也使经开区利用工业废弃物开发生产的产品远销至周边及更远的区域，推进了经开区与周边区域循环经济协调发展和共同发展。

---

① OSP 是 Organic Solderability Preservatives 的简称，中译为有机保焊膜。

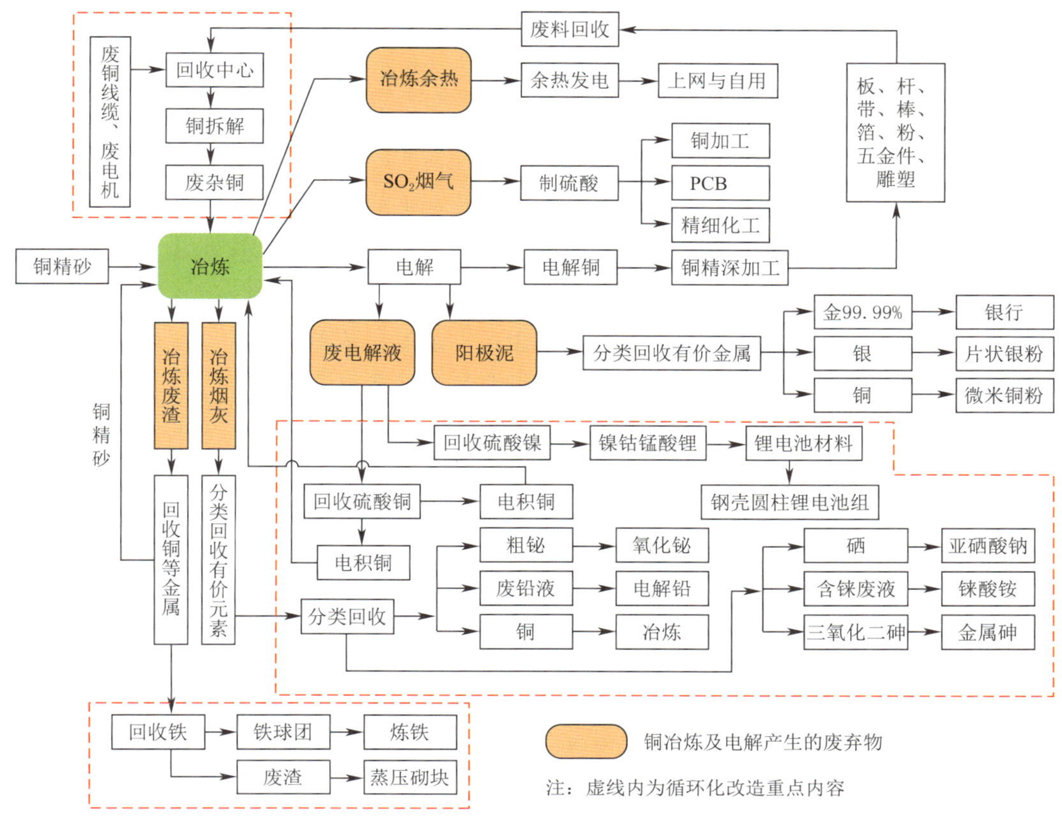

图 3–2　铜资源循环产业链示意

3）加强资源综合利用研究，建设多层次、多领域自主创新体系

建设国家级研发及检测机构：铜陵经开区与国家质量监督检验检疫总局达成协议，在经开区建设了国家铜铅锌及制品质量监督检验中心和国家级 PCB 产品质量检验检测中心，对经开区及周边区域的有色金属原料、产品及 PCB 产品进行检验检测。

建设经开区主导产业公共研发平台：依托铜冠冶化公司建设冶化研发分中心；依托铜陵泰富公司建设化工研发分中心；依托铜峰电子公司建设电子材料研发分中心；依托铜陵超远电子公司建设 PCB 研发分中心；依托铜陵华源麻业公司建设纺织研发分中心。主要职责是组织产业内相关企业的科技攻关和自主创新，为行业提供研发、检测、技术咨询及新产品、新技术开发服务。

建设多种类型的孵化器、加速器：经开区在建立铜陵中科大创业园、泰祥中小企业创业园、经开区中小企业创业园的基础上，通过循环化改造，又新建了循环经济科技型企业加速器和 PCB 循环经济创业园等创业和孵化平台，这些平台均已投入运行。

4）建立以产业链和物质流为基础的循环经济统计指标体系

经开区循环经济统计与监测平台以经开区特色产业链和物质流为基础，探索建立以物料循环利用为重点的循环经济统计指标体系。

根据经开区循环经济重点企业（有工业废弃物产生企业）的实际情况，以废弃物的产生量、初级处置量（中间产品）和生产产品数量为统计内容，建立自产废弃物综合利用统计体系，如电工薄膜废膜产生量—二次造粒料子产量—电容器配件产量。

根据经开区专业化利用废弃资源综合利用企业的实际情况，以购入的废弃物、回收利用生产的各种产品数量为统计内容，建立外购废弃物综合利用统计体系，如企业购进废电解液数量—回收生产电积铜数量—回收生产碳酸镍和硫酸铜数量。

根据经开区焦炉煤气和蒸汽外供企业的实际情况，以外供焦炉煤气、蒸汽为主要统计指标，建立能源梯级利用统计体系，如外供焦炉煤气和蒸汽量—购气企业购入焦炉煤气和蒸汽量—以焦炉煤气和蒸汽为主要能源生产产品的数量。

（3）效果及效益分析

循环化改造重点项目的实施，拉动并带动了产业链上下游项目的入园，或促进下游项目和相关项目扩大规模。通过循环化改造，经开区坚决淘汰落后产能，积极开展工艺升级改造，加大绿色招商力度，推进循环经济产业链不断向纵横延伸扩展。资源产出水平稳步提高。通过循环化改造，在经济快速增长的同时，区域的资源消耗水平反而不断下降。通过循环化改造，经开区 4 项主要污染物均完成总量控制要求，建立了循环经济研发中心，下设 5 家研发分中心，通过产学研合作和科技攻关，显著提高了企业的自主创新能力。

3.2.2 江西鹰潭高新技术产业园区

（1）园区概况

鹰潭高新技术产业园区（简称鹰潭高新区）所处的鹰潭市是海峡西岸经济区 20 个节点城市和鄱阳湖生态经济区核心城市之一，国家铁路干线沿线重点发展的交通枢纽城市，全国地区性物流节点城市，交通便利，交通网四通八达。

鹰潭高新区围绕打造全国最大的铜冶炼基地、铜废旧原料回收利用基地、铜产品加工基地和铜产业物流中心“三个基地，一个中心”的战略定位，引进了众多国内外知名铜加工企业，建成了铜合金新材料科技园和我国内陆第一家铜拆解加工区，实现了产业集群化、规模化发展，形成了以铜新材料精深加工为主，高端装备制造、节能环保、生物医药及现代物流产业齐头发展的产业格局。

（2）改造主要措施

1）产业结构调整

铜优势产业：引进铜精深加工及铜关联产品生产企业，引导现有铜企业建设新项目、开发新产品，推动铜产业链向电子电路、电力电气、卫浴、交通运输、建筑等终端领域延伸。另外，通过技术引进和技术创新，引导铜企业改进工艺、科技创新，提升铜产业技术水平、产业层次，增强铜合金材料产业产品性能，扩大铜产业在国内外市场竞争中的优势。

机械制造等传统产业：通过引进消化吸收和再创新，提升机械制造企业智能化水平和技术创新能力，打造从研发、设计、生产到销售、维修、服务的机械制造业价值链。引导企业开发具有自主知识产权、国内紧缺、高附加值的产品。建成从研发、设计、生产到销售、维修、服务的机械制造业价值链框架。

战略性新兴产业：以节能环保、新能源、新材料、光通信等国家重点扶持的新兴产业为切入点，依托区位和基础设施优势，提高承接外部产业转移的能力。

2）构建循环经济产业链

高新区按照源头减量、过程循环、纵向延伸、横向耦合、系统复合的循环经济发展思路，打造了铜精深加工、机械制造、水工、新能源及节能环保、资源综合利用等循环经济产业链，构建了以资源、产品、副产物及废弃物资源化再利用为核心的特色循环经济产业体系，实现项目间、企业间、产业间首尾相连、环环相扣、物料闭路循环。

铜精深加工产业链：根据铜产业链缺失环节的情况，鼓励铜企业与行业内重要资源类企业合作，拓展铜资源储备及供应渠道，延伸铜精深加工产业，实现了与下游应用领域的有效对接，构建了以家用电器、汽车船舶、电子通信等配套产品为主导的较为完整的特色产业链。同时，园区加快建设废旧家电拆解中心，多渠道回收再生铜原料，构建了电解铜（废杂铜）—铜杆—铜线、电解铜（废杂铜）—铜阀门等产业链，推动形成了铜产业分拣、拆解、加工、资源化利用和无害化处理等完善产业链条，实现铜资源高效循环利用。

机械制造产业链：根据铜冶炼、机械电子、再制造产业的“产需链接”，全区形成了较为完整的家用电器、汽车零部件、电子通信、水暖卫浴等特色产业链；铜工业逐步向机械制造行业延伸，建立了机电产品—修复再生—再利用产业链，实现了物质链和价值链的封闭循环。此外，高新区机械制造业的重点放在给水及水质处理专用设备制造业，针对管材、泵阀及水表制造业，表、管、阀、净水器、水龙头及卫浴五金制造业等水工产业的营销渠道进行变革，使水工产业得到快速发展。

新能源及节能环保产业链：高新区针对节能环保照明产业引进技术含量高的上游和中游企业，同时，对下游企业也进行优化，完善了节能环保照明产业链。一方面重点引进和发展了一系列荧光灯及半导体照明产品，另一方面建立了灯饰灯具展示交易市场，科技创新服务中心、质量检测中心、职业技术培训中心、工程技术中心等，使灯饰灯具、照明电器附件及零部件得到了大力发展，为发展绿色照明产业提供了全方位的配套和服务。

资源综合利用产业链：高新区以废水的循环利用为重点，以煤渣、粉煤灰、矿渣作为水泥及新型建材的生产原料为重点，基本建立了“煤—电—冶—建（化）”废渣综合利用产业链。园区不断加大余热、余能回收和循环再利用技术的推广力度，全区能源利用效率得到了有效提高。

3）基础设施建设

供水及污水处理设施：对污水处理厂升级并实施再生水利用项目，加强了区内中水管网建设，扩大了中水使用范围，提高了中水利用率；完善了全区供水设施，解决了水厂出线与城区管网的衔接问题；推进污水收集及排放工程，完善了污水管网配套及全区污水处理设施的建设；建设再生水供水系统，布局再生水管道，加强了绿化浇灌、道路保洁、环境卫生等方面的公共再生水设施。

管网及其他设施：实施粉煤灰及建筑垃圾综合利用项目，实现了炉渣、粉煤灰等普通固体废物的回收利用；实施污水处理厂升级及再生水利用项目，加快了全区污水集中处理工程及污水管网建设，提高了污水入管率，推动了污染物集中处理设施改造及建设。

交通设施建设：完善陆域交通网络建设，形成以高速公路、铁路和航运为主的路网格局；加强道路交通管理信息化建设和智能交通管理系统工程建设；推进产业园内规划路网的改造建设，提高运输能力；通过加大投入，强化措施，不断完善产业园内水、电、路、气等基础设施。

信息化建设：通过加大产业园信息基础设施建设力度，重点完善网络、整合资源、实现共享，全区网络传输速率和覆盖面不断提高；信息、通信传输系统得到完善，加强了信息技术在产业园管理、生产控制、资源共享等方面的应用；开展一系列信息化工程，对新兴制造业信息化建设以及传统产业进行信息化改造升级；通过循环经济促进中心、消防设施、信息平台、环境监测等项目的实施，提升产业园公共服务设施承载能力和服务水平。

（3）效果及效益分析

经济效益：通过园区循环化改造建设项目的实施，促进了鹰潭高新技术产业园区经济总量的稳步增长，同时带动了地区经济的快速增长。对比循环化改造前，高新区经济总量明显增大，经济增速保持快速增长。

资源环境效益：通过对高耗能、高资源消耗的企业和工艺进行改造调整，并通过太阳能光伏发电项目，改善用能模式，提高了可再生能源和清洁能源使用比例，实现能源高效利用。采用污染控制及防范措施，建立中水回收利用系统，采取清洁生产工艺，使用清洁能源，减少废气排放量，提高再生资源回收率和再利用能力。开展环境影响分析、预测和评估工作，建立跟踪监测的方法和制度，实现了企业自身处理及园区统一处理的双重污染处理模式，提高了环境承载能力。

3.2.3 西宁经济技术开发区甘河工业园区

（1）园区概况

甘河工业园区是经国务院批准建设的西宁（国家级）经济技术开发区重点循环经济工业园区之一。经过多年的发展，初步构建了以有色金属、黑色冶金、特色化工产业体系为核心，新材料、节能环保产业等新兴产业培育初显成效的循环经济产业体系。

（2）改造主要措施

1）构筑有色金属、黑色金属、特色化工共同发展的循环经济产业体系

园区构建完成了包括以电解铝、电解铜、电解锌、电解铅、铁精粉及镁金属精深加工为主导的有色金属产业、以铁合金、铬铁精深加工为主导的黑色金属产业和以基础化工精深加工、综合利用冶炼生产过程中副产品为主导的特色化工产业在内的三大循环经济产业链条。

有色金属循环经济产业链：园区依托有色金属资源初加工产业基础，优化提升原有产业链，构建完成“电解铝—铝合金—铝精深加工—铝部件”“铜镁锌铅有色金属生产—铜镁锌铅基合金冶炼—铜镁锌铅深加工—铜镁部件”产业链，重点发展下游精深加工产品，提高合金比，推动产业一体化、规模化、低碳化和精深化发展。围绕电解铝主导生产企业，鼓励生产加工一体化，推广铝液直供模式，提高铝液就地转化率。稳定发展电解铝，并围绕“航天、汽车、建筑”三大行业需求，重点发展工业及特种型材、建筑型材、铝板、铝棒等下游精深加工产品以及铝基合金等领域。鼓励加工企业进一步延伸产业链，向铝部件制造方向发展，为下游制造业提供加工部件及服务。在铜镁锌铅初级产品基础上，以合金化为主要发展方向，努力提高合金比，重点延伸发展特种铜合金、电子异型铜带、锌基合金等领域。

黑色金属循环经济产业链：园区扩大铬铁及铁焙砂产能，适度发展工业硅及硅铁产能，注重科技创新和引进先进技术，加大综合回收利用水平，促进整体产业科技进步，实现铁合金产品就地转化利用，形成较完整的黑色金属循环利用产业链。重点推进了“铁合金—铬铁—重铬酸钠—氧化铬绿、金属铬”产业链；注重清洁生产新工艺的引进，重点发展“铁合金—铬铁—铬酸盐”产业链；注重铬铁尾渣、尾气的综合利用，与工业园区内企业联合发展“铬铁、硅铁尾气、天然气—甲醇—烯烃”产业链。

特色化工循环经济产业链：园区充分利用冶炼生产过程中副产的硫酸、氢气、一氧化碳等资源，结合天然气、焦煤、盐、石灰石资源，在“冶炼产业—天然气化工—煤焦化—盐化工—建材”一体化循环体系初具成效的基础上，重点打造“合成气—甲醇制烯烃—MTO（甲醇制烯烃技术）下游产品”多气来源制烯烃产业链、“水氯镁石—氢氧化镁—电石—烧碱—PVC—PVC 制品”盐化工产业链、“萤石—氢氟酸—甲烷氯化物—氟树脂—含氟精细化学品”氟化工产业链、“高碳铬铁—重铬酸钠—铬化产品—不锈钢—建材”铬化工产业链以及碳（石墨）材料产业链，实现主要工业副产品的物质平衡，推动初级化工向精细化工转变。

2）积极引进补链项目和新兴产业项目，优化产业结构

园区产业发展按照循环经济发展理念，突出产业的纵向延伸和横向耦合，根据有色金属、黑色金属、特色化工等传统产业发展态势，将产业向精细化、高附加值化、高技术化方向发展；传统产业向新材料、节能环保等新兴产业方向调整。同时，积极推动去产能、调结构工作力度，加快从传统产业转向新兴产业发展，加快以信息化、智能制造深度改革传统优势产业。循环化改造期间，园区规划了“铝精深加工”“绿色建材”“锂

电配套”等一批新兴产业，引进了高性能铝合金彩涂板、绿色钢构件、锂电正极材料等一批新材料、节能环保项目。

3）加强环境保护监管和治理力度

园区管委会严把项目环保关，按照国家和省市相关环保标准引进重大项目，严格执行环保“三同时”制度。循环化改造期间，相继建成生活污水处理厂、固体废物渣场、垃圾处理站、给排水管网等环境基础设施，在建西区工业废水集中处理项目，环境承载能力不断提升。重点围绕脱硫、脱硝、脱氮、中水回用、废水处理、重金属污染防治等领域，不断升级改造企业环保设施，污染防治水平进一步提高。强化环保执法能力建设，成立甘河园区环境监察大队，建立大气自动检测站、污染源在线监控中心、环境应急物资库、有毒有害气体预警监测站、第三方环境监测等设施，全面开展环境监测工作。

（3）效果及效益分析

园区循环化改造以来，按照纵向延伸、横向耦合的循环经济发展思路，积极调整产业结构，优化产业布局，构建了以电解铝、电解铜、电解锌、电解铅、铁精粉及镁金属精深加工为主导的有色金属产业，以铁合金、铬铁精深加工为主导的黑色金属产业，以基础化工精深加工、综合利用冶炼生产过程中副产品为主导的特色化工产业，以配套青海省千亿元锂电产业发展的三元系正极材料、锂电池电解液为主导的新材料产业，以废弃物综合利用生产新型建材为主导的节能环保产业。园区已基本形成以有色金属、黑色金属、特色化工为核心，融合新材料、节能环保产业发展的循环经济产业体系雏形。园区已初步实现了多产业横向扩展和纵向延伸相结合、副产物和废弃物资源相结合的资源循环体系，形成了“资源、产品、产业和区域间联动开发、循环利用、集群发展”的甘河工业园循环经济典型模式。

甘河工业园区通过技改，提高现有工业技术的先进性；从园区项目准入、管理政策、技术支撑等方面对新建项目的工艺消耗、污染物排放进行严格把关；积极推动资源综合利用和深加工，构建循环经济产业链。通过“节能、降耗”和循环化改造项目的实施，单位万元产值能耗、水耗总体得到优化。在环保方面通过“减污、增效”，环境质量保持良好。园区工业单位生产总值二氧化硫排放量、单位生产总值 COD 排放量均有所下降。通过积极推进产城融合发展，实施中心功能区建设，积极引进金融、通信、学校、宾馆、医院、购物、餐饮等业态，不断提升生活服务配套水平，园区建设得到了周边村镇农民的充分理解和积极支持。同时园区建设也推动了教育、文化、卫生、科技等各项社会事业共同发展。

3.3 煤炭加工产业主导类园区

3.3.1 平凉华亭经济开发区

（1）园区概况

华亭经济开发区成立于 2002 年 6 月，位于华亭县城东部。园区所处煤田位于鄂尔多斯聚煤盆地中煤层最厚地段，总面积 150 km^2，煤层平均厚度 28.7 m，煤炭储量 33.7 亿 t，占甘肃省已探明煤炭储量的 40.2%，是全国 13 个重点煤炭基地之一——黄陇基地的重要组成部分，也是西北三大产煤矿区之一。华亭经济开发区交通便利，运输网络通畅，依托丰富的煤炭资源，形成了以煤化工为主导，新型冶金、矿用装备制造相辅助的“三位一体”的产业格局。

（2）改造主要措施

1）优化空间布局

园区依据改造前的土地利用结构以及基础设施条件，打造了中心服务区、煤化工产业区、煤化工下游产品园区、资源综合利用示范区和综合产业园区五大功能区的空间结构。其中中心服务区为园区管理和综合服务中心；煤化工产业区依托已建成的年产 60 万 t 甲醇项目，布局甲醇衍生物生产线；煤化工下游产品园区储备土地资源，布局煤制液化甲烷气等项目；资源综合利用示范区重点布局集中供热等项目，以及二级供热管网改造工程；综合产业园区位于园区西南侧，重点发展机械制造、新型墙材以及园区其他配套产业。

此外，园区根据全县工业产业发展状况拓展空间，形成了以中心园区为核心的石堡子高新技术产业园、安口特色产业园、西华能源电力产业园、策底新型建材产业园的“一区四园”空间布局。

2）优化产业结构，构建循环经济产业链条

园区紧紧围绕煤化工、固体废物—新型墙材、矿山装备制造等重点产业，引进并加快建设关键延链、补链、强链项目，产业结构由发展初期的以低端冶金为主逐步演变为以煤—甲醇—聚丙烯—PPR 管材产品为主，煤炭、电力生产—固体废物—新型建材—矿山机械再生制造等资源综合利用产业为辅的绿色循环经济共生伴生的产业结构（图 3-3）。构建了“原煤—甲醇—聚丙烯—PPR 管材等下游产品”煤炭深加工产业链、“固体废物—新型墙材”资源综合利用产业链以及“矿山机械装备再制造”循环经济产业链 3 条产业链，形成了园区循环化改造产业共生体系。

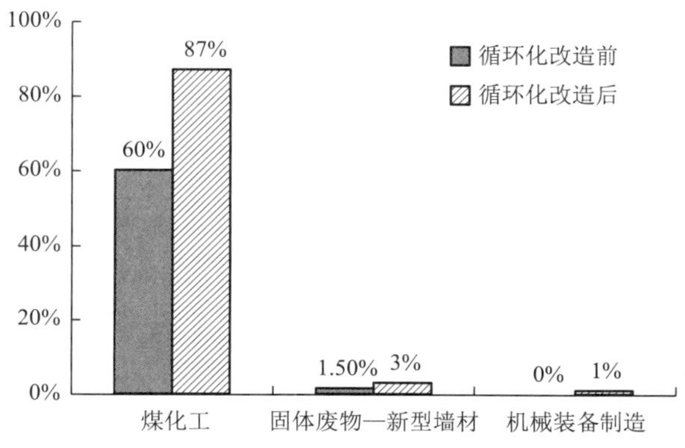

图 3-3　循环化改造前、后产业结构变化

“原煤—甲醇—聚丙烯—PPR管材等下游产品”循环经济产业链：园区在已投运的煤制甲醇生产线基础上，建设了聚丙烯生产线，把副产的燃气回用于煤制甲醇生产线配套的联合循环发电设施，补充水煤浆气化所需蒸汽以及企业生产生活用电。回收空气分离、净化等环节产生的氮气、氧气、氩气及二氧化硫等资源，副产硫黄以及液氮、液氩、液氧等产品。同时，进一步延伸聚丙烯产业链，开发PPR管材及管件、合成纤维丙纶等聚丙烯下游产品。实现了从煤到甲醇到聚丙烯再到PPR管材的就地转化，从单一的资源开采变成了煤炭资源深加工。

“固体废物—新型墙材”循环经济产业链：园区通过回收气化渣以及炉渣等固体废物，用于新型墙材生产线内燃料，构建了“固体废物—新型墙材”循环经济产业链。重点新建了脱硫石膏系列建材产品生产线、粉煤灰系列砖生产线和粉煤灰加气混凝土砌块生产线。

“矿山机械装备再制造”循环经济产业链：通过研究矿山机械关键零部件再制造中寿命评估、修复工艺、修复用材料及材料制造工艺等共性关键技术，园区形成了一套零部件再制造工艺路线体系，并在西北地区建设了第一条示范生产线，提高了废旧矿山机械再利用水平，优化了园区产业体系，为煤炭产业发展提供技术和设备支撑。

3）提高能源资源效率

园区积极淘汰落后矿热炉设备，关停落后钢铁产能，加快冶炼产业的改造升级。充分利用园区内甲醇项目生产过程中产生的余热蒸汽，通过汽水换热系统和供热管网为园区内的部分居民和内设机构供暖。依托园区及周边区域生活污水集中处理设施，采用先进深度处理工艺，提高了中水的质量标准。并加快中水回用管网、泵站等设施建设，利用中水补充园区冶炼、新型墙材等产业的生产用水和冲洗、绿化用水。建立并完善了资源节约管理制度，实行资源消耗定额管理、生产成本管理和全面质量管理“三项管理”数据化控制，提高园区企业能源资源的利用效率。

4）环境保护成效明显

园区引导和帮助企业推行清洁生产，加大污染治理，实现废物最小化、资源化、无害化。园区建成了生活垃圾处理工程，聘请物业公司将园区所有生活垃圾统一收集处理，实施了垃圾处理场渗滤液处理工程，彻底杜绝了垃圾填埋对地下水造成了污染隐患。园区二氧化硫排放量、化学需氧量、氨氮排放量和氮氧化物排放量也呈现持续下降趋势。

与此同时，园区建设了事故应急池和危险废物暂存库，降低了园区的环境风险；实施生态环境恢复治理工程，将园区之前由于设立煤炭市场、河道采砂等破坏的区域恢复平整土地，覆盖种植土，栽植绿化树木，治理后，园区森林覆盖率达到了40%以上。此外，园区加强了环境综合整治，绿化空地2万多m^2、栽植绿化、景观树木1600多棵、涂白树木2万多棵，对重点区域卫生实行专人监管，有效实现了经济效益和生态效益的共赢。

5）完善体制机制

园区基于“一区四园”的产业布局和五大功能区的空间规划，建立和完善了园区的管理体制和运行机制：组织成立园区深化改革创新机制发展工作领导小组，持续推进园区深化改革创新；设立循环化改造办公室，负责园区循环化改造和项目报批等工作，保障循环化改造项目的顺利实施；推行首问责任制、承诺制、限时办结制、责任追究制和帮扶企业责任制等一系列规章制度，并成立了招商引资、项目建设、基础配套、社会稳定四个专门工作领导小组，为入园项目实现一站式服务，提高了服务水平；落实科技创新政策，完善科技成果评价和奖励制度，健全科技创新政策措施考核机制，为园区循环化改造提供科技支撑；探索园区建设融资新模式，建立园区投融资平台公司，管理经营园区资产，并尝试以政府与社会资本合作模式实施园区基础设施和公共服务设施项目。

（3）效果及效益分析

在实现废弃物资源化利用的同时，取得了巨大的经济效益。园区“三废”排放大幅削减，能源资源综合利用效率进一步提高，园区及周边地区水、大气和土壤环境质量得到改善。

循环化改造的实施，提高了园区资源利用效率，优化了产业结构，环境质量得到改善，提供了大量就业岗位，解决了部分人员的就业问题，加快了城乡一体化进程。

3.3.2 新疆准东经济技术开发区园区

（1）园区概况

新疆准东经济技术开发区是 2012 年 9 月 15 日经国务院批准设立的国家级开发区，属于国家级能源建设示范基地，总体规划面积达 1.55 万 km^2，主要布局在昌吉回族自治州东部，跨吉木萨尔、奇台、木垒三县。开发区发展定位为：我国重要的综合能源化工基地、跨区域产业升级转移示范区、煤炭深加工产业先进技术示范区、环境友好型能源化工基地、建成体制机制创新的先进典型和具有世界煤炭工业先进水平的新样板。开发区主要以第二产业为主，目前开发区区域内登记注册企业 183 个，形成了以煤炭、煤电、煤电冶、煤化工、新材料为主导的产业发展格局。

（2）改造主要措施

1）优化空间布局

开发区在“东西两区、五点联动”的空间布局的基础上，按照“土地集约、物料循环、能量梯级利用、物流便捷、企业共生、产业集聚和生态友好”的原则，不断优化开发区内产业空间布局，初步形成了“一轴两区，双心九园，多个功能组团”的空间格局。开发区结合区内物质流现状以及产业关联性，围绕能源、资源的循环利用和梯级利用，综合考量是否压矿、物质消纳、产业关联等因素，在五彩湾与芨芨湖较大的无煤带上，引导产业集聚发展，合理排布局煤电产业、煤基产业、硅基产业、铝基产业、新能源产业和新型物流产业，突出“产业—产业、企业—企业”之间的集聚效应和循环链接效应，从而使区内产业关联成链、物质就近消纳，总体实现紧凑式发展。

2）调整产业结构

开发区初步形成了煤炭、煤电、煤化工、冶金新材料、新能源、清洁燃料六大核心产业体系。通过循环化改造项目的实施，开发区年减少固废排放 350 万 t，年节约综合能源消费量 10 万 t 标准煤，年减少废水排放 300 万 m^3。

加速传统产业改造升级：开发区依托电力能源的优势，不断提升产品科技含量，提高产品附加值，推进节能环保产业、金属新材料、化工新材料、煤机装备、新能源等产业链延伸，加快发展战略性新兴产业。

着力发展生产生活服务业：开发区鼓励区内企业开展科技创新、产品创新、管理创新、市场创新和商业模式创新，发展新兴生产性服务业态。积极引进生产性服务机构开展研发设计服务。培育了专业化、社会化的大型物流企业，完善配套设施建设。引导建材、冶金、能源企业协同开展了产业废弃物的资源化处理，推广合同能源管理。同时，为建设良好的招商引资环境，开发区大力推进人力资源服务创新，发展生活性服务业，使服务业成为开发区经济可持续发展的新引擎。

3）完善循环经济产业链

煤电循环经济产业链：以原煤发电产生的粉煤灰、灰渣、脱硫石膏以及浓盐水为核心进行资源综合利用。利用粉煤灰生产陶粒、水泥和防火灌浆材料；利用脱硫石膏生产各种石膏制品；同时粉煤灰、灰渣、脱硫石膏可统一送入建材企业生产建材产品，从而达到煤电产业固废的综合利用，减少工业固废的排放。发电过程中产生的浓盐水经反渗透处理后，一部分回到电厂用于发电，其余用作其他工业生产用水，达到水的循环利用和梯级利用，减少环境污染。

煤电冶一体化循环经济产业链：围绕电解铝、原铝、铝加工这一核心，向上下游产业延伸配置项目，以高、精、尖铝板带及民用、工业用铝型材为重点，带动建筑、装饰等行业的后续铝深加工的发展，使园区产业成“链”、产品成“簇”、企业成“群”，形成完善的产、销、研相结合的工业体系。利用预焙阳极生产过程中产生的余热，加热导热油炉；使用氧化铝干法吸附焙烧烟气，减少污染物排放并回收氧化铝进入电解铝生产工序；回收电解铝生产过程碳渣中的冰晶石，用于电解铝生产流程，减少工业固体废弃物的排放；将铝灰中的铝渣进行回收利用，分离铝灰中的铝液；电解铝液经过加热、添加合金元素、静置处理后铸造成用于生产铝合金型材的合金铝棒和铝电杆。

煤化工循环经济产业链：围绕充分利用煤炭资源，发挥企业自身技术优势。利用电石炉尾气生产乙二醇，丰富了产品结构，延伸了产业链；回收并分离合成氨生产过程中的合成气，提取甲烷；利用合成氨生产过程中的酸性气体生产硫酸；对聚氯乙烯生产过程中的含汞催化剂进行回收并提取汞。

煤制气循环经济产业链：中国石化新疆能源化工有限公司和浙能集团新疆准东能源化工有限公司以煤制备天然气过程中产生的废弃物为核心，利用煤制气产业形成循环经济产业链。回收利用煤气化过程中产生的油泥浮渣，在进行干燥压缩之后送入电厂进行燃烧发电；对甲烷化产生的蒸汽进行回收利用，减少了企业蒸汽损耗量，同时回收甲烷化过程中产生的化学污泥送入危废处理中心进行集中处理。

4）逐步提高能源资源利用效率

准东经济技术开发区在推进循环化改造进程中，全方位推动煤炭分级分质综合利用、清洁生产、余热余压利用，促进企业间废物交换利用和水的循环利用。以废水利用为核心实施了准东经济技术开发区西部生活污水中水回用工程项目、以余热余压利用为核心实施了新疆东方希望有色金属有限公司煅烧炉余热发电项目，新疆其亚铝电有限公司煅烧余热利用项目。

煤炭分级分质综合利用： 园区循环化改造期间，新疆宜化化工有限公司示范工程、新疆东明塑胶有限公司示范工程、新疆京能建设投资有限公司示范工程等企业实施了煤炭分级分质综合利用示范工程，实施了块煤热解 / 粒焦熔渣气化串联工艺创新、全流程分级分质利用、大型装备国产化、煤化工替代石油化工产品、煤化工替代石油化工产品等项目。

清洁生产： 实施了神华新疆奇台能源公司红沙泉一号露天煤矿供暖改造工程项目、新疆宜化化工有限公司富氧燃烧技术改造项目等项目，将能源资源清洁高效利用的技术、理念和机制贯穿于生产、流通、转化、利用等能源资源开发利用的全过程，推动源头减量。实施了新疆润林环保有限公司昌吉准东经济技术开发区年处理 70 万 t 煤电冶危险固废项目、新疆宜化化工有限公司氯碱无汞化生产及副产物资源化利用改造项目等项目，推动清洁生产审核、推进企业开展 ISO14001 环境管理体系认证工作，实现了源头减量。通过光伏产业园建设，提高可再生能源占比。

余热余压利用： 通过新疆东方希望有色金属有限公司煅烧炉余热发电项目、新疆东方希望有色金属有限公司烟气余热回收项目、新疆其亚铝电有限公司煅烧炉余热利用项目、新疆国泰新华矿业股份有限公司尾气集中焚烧余热回收利用项目等建设，加强了区内节能管理，将余热余压再利用于生产生活等各个环节，实现了能源的循环利用，提高了能源利用效率。

废物交换利用和水的循环利用： 开发区建设的废物交换平台为区内工业企业提供了详实的数据资料，打通废弃物产生及综合利用环节；加速推进循环经济技术研发孵化平台建设，推动企业间废物交换利用。重点实施污水分类处理优化升级改造污水项目、西部生活污水处理及中水回用工程、新疆国泰新华矿业股份有限公司浓盐水回收处理再利用项目、中煤能源新疆煤电化有限公司废水处理及循环利用项目、中国石化新疆能源化工有限公司污水回用及零排放项目、新疆国泰新华矿业股份有限公司生产污水循环再利用项目、新疆神火煤电有限公司工业废水回收利用项目等水资源循环利用、污水再生利用项目，提高水资源回收利用效率。

5）提升污染物集中治理水平

加强污染集中治理设施建设及升级改造： 园区循环化改造期间，新疆国泰新华矿业股份有限公司、新疆宜化化工有限公司、新疆东方希望有色金属有限公司、新疆神火煤电有限公司、新疆其亚铝电有限公司 5 家企业积极改进浓盐水处理工艺，引进浓盐水多效蒸发技术，在五彩湾矿区建成 3 个标准化浓盐水集中收集池，实现了废水近“零”排放。通过污水分类处理优化升级改造污水处理项目、西部生活污水处理及中水回用工程等项目、芨湖东部生活区垃圾分类收集 / 集中无害化处理项目、中部固体废弃物处理处置项目等项目进一步完善了开发区污染集中治理设施。

培育专业化废弃物处理服务公司：开发区积极培育专业化废弃物处理服务公司，推行了废弃物第三方治理的方式，提高了废弃物循环利用效率，降低了开发区的监管成本。

不断强化环境综合管理：开发区不断加强环境督查力度，通过对各类排污口进行监测，实现废弃物的达标排放；通过建设统计平台，实现各类废弃物排放的监控；对建设项目实施“三同时”实现环保设施的同步推进。

6）推进基础设施建设

准东经济技术开发区基础设备基本完善，供电、供水、供气、供热、道路、通讯等基本满足开发区发展的需要。准东经济技术开发区西部生活污水中水回用工程项目，集中处理开发区的生活废水，进一步完善了开发区污染集中治理设施。开发区西部新城至污水处理厂 15.4 km 收集管网已完成工程量的 80%，北一、北二、北三电厂管网建设已纳入规划；西部生活服务区垃圾处理场、污水处理厂、五彩湾区域一般固废填埋场一期工程均已建成投运，五彩湾区域一般固废填埋场二期工程、危废处置中心已动工建设，电解铝废渣处置项目一期已完工，二期已动工建设。

7）提高运行管理效能

完成准东开发区环境质量在线监测工作，建成东部、中部、西部生活服务区共 3 座空气质量监测站安装调试完成，并对 PM_{10}、$PM_{2.5}$ 等 6 项监测指标全覆盖；完成了国控重点污染源在线监测工作，投入资金 900 万元，启动国控重点污染源远程在线监测系统工程建设，确保脱硫脱硝除尘等污染治理设施正常运行、烟气实现达标排放，全部安装在线监测设施，污染物排放与自治区监测总站联网，实现 24 小时污染物排放全时监控；完成煤矿企业粉尘完成在线监测工作，目前投产煤矿企业共 10 家，污染物排放为粉尘无组织排放，为确保煤矿企业粉尘达标排放，现所有煤矿企业均已完成粉尘污染物远程在线监测系统联网工作，每月对煤矿在线监控数据进行通报，倒逼企业达标排放。准东开发区投资 52 万元购进无人机强化监督执法，通过人防、技防等多种监管方式对准东开发区排污企业实施有效监管，提升环境风险防控水平，形成执法震撼，并加强监察队伍建设。

（3）效果及效益分析

经济效益：2015 年以来，开发区积极开展循环化改造工作，尤其是煤电、煤电冶一体化、煤化工和煤制气等主要领域的产业链延伸、补链项目的实施，给开发区的发展带来了一定的经济增长。2015—2020 年，开发区经济发展保持持续稳定的增长势头，经济总量逐年增长。2020 年开发区完成 GDP 257 亿元，增长 45%；完成工业总产值 696 亿元，增长 15%；完成规上工业增加值 181.56 亿元，增长 30.5%；完成税收收入 51.28 亿元，增长 37.2%；完成一般公共预算收入 30.01 亿元，增长 25%。

资源环境效益：园区循环化改造大幅减少了污染物的产生量，缓解了环境压力。2015—2020 年开发区单位地区生产总值 SO_2、化学需氧量、氮氧化物呈现逐年降低趋势，2020 年排放量分别为 1.92 万 t、5.54 t、1.89 万 t。2015—2020 年，全区新增绿化面积持续增加，生态环境得到有效改善。

社会效益：园区循环化改造重点支撑项目的实施为开发区内及周边居民提供大量就业机会，进一步加强了区域生态环境保护和建设，明显改善了开发区人民的生存环境和生活质量，提高了开发区的对外开放度，提升开发区的影响力、综合实力和整体竞争力。循环经济理念融入到社会发展的各个层面，形成了绿色、循环、低碳的消费方式。

3.3.3 宁东能源化工基地

（1）园区概况

宁夏宁东能源化工基地自 2003 年以来，在党中央、国务院的亲切关怀下，在国家发展改革委等部委的大力支持下，宁东基地开发建设得到长足发展，取得丰硕成果。先后被确定为国家 14 个亿吨级大型煤炭生产基地、9 个千万千瓦级大型煤电基地、4 个现代煤化工产业示范区，获评国家产业转型升级示范区、新型工业化产业示范基地、外贸转型升级基地、绿色园区、循环化改造示范试点园区以及新型城镇化综合改革、增量配电业务改革和智慧化工园区等试点地区，成为国家能源"金三角"重要一极，成为西北第一个产值过千亿元的化工园区，连续三年跻身中国化工园区 30 强前 10 位；加快产业转型升级推动经济高质量发展、聚焦重点降成本促进实体经济发展的典型经验和做法连续三次获得国务院大督查通报表扬。

园区着重突出产业链延伸、产业集群培育，着力推动现代煤化工产业向精细化、高端化、集群化方向发展，产业由价值链低端向中高端迈进、实现了质的跃升，构建形成了年产 400 万 t 煤制油、320 万 t 煤基烯烃、40 万 t 煤制乙二醇等煤化工产业集群，规模和产值均为我国 4 个现代煤化工产业示范区之首，带动实现了新材料、装备制造、现代物流等关联产业融合发展及以产带城、以城促产、宜居宜业的发展新格局。

（2）改造主要措施

1）优化功能分区，打造合理化空间布局

优化生产空间布局：生产空间主要包括工业园区、独立工矿区、综合交通设施、市政基础设施等国土空间，其中工业园区包括煤化工园区、临河综合工业园、灵州综合工业园区、化工新材料园区、新能源产业园、电子材料及专用化学品产业园、环保产业园、宁东物流园、马家滩工业园、太阳山开发区。核心区生产空间规划面积 235.19 km^2，其中工业园区 191.03 km^2、独立工矿区 17.82 km^2、综合交通设施 25.45 km^2、市政基础设施 0.89 km^2。核心区以外的生产空间布局严格执行各市县（区）国土空间规划。另外，利用宁东煤田采矿区，科学规划宁东光伏产业园。

优化生活空间布局：生活空间主要包括城乡建设、农业生产、公共服务等国土空间。核心区生活空间规划面积 21.49 km^2，其中城乡建设 14.73 km^2、农业生产 6.76 km^2、公共服务 2.85 km^2。核心区以外的生活空间按照属地的原则进行布局。

优化生态空间布局：生态空间主要包括山水林田湖草沙等国土空间。核心区生态空间规划面积 618.27 平方公里，各生态要素划定和管控严格执行国土空间规划。核心区以外的生态空间按照属地的原则进行划定管控。

构建“一廊三区”发展格局：即打造宁夏工业经济发展长廊、建设北部现代煤化工产业示范区、中部新能源新材料产业集聚区和南部精细化工产业发展区。

2）增链补链强链，搭建循环化产业链接

近年来，宁东基地紧紧围绕主导产业，坚定不移做大做强现代煤化工产业，突出产业链延伸，推动重点产业向精细化、高端化、集群化方向发展，推进产业由价值链低端向中高端迈进、由量的积累向质的跃升迈进，基本形成了纵向闭合、横向耦合的循环经济产业体系。

现代煤化工产业加快发展：构建了煤制油、煤基烯烃、精细化工三大产业集群，建成全球单套装置规模最大的 400 万 t 煤炭间接液化、全球单套装置规模最大的 220 万 t 煤制甲醇装置等重大项目，煤制油生产能力达到 400 万 t、煤基烯烃生产能力达到 320 万 t，成为全国最大的煤制油和煤基烯烃生产基地。

国家大型煤电基地建设成效显著：建成宁东至浙江 ±800 kV 特高压直流输电工程及配套电源点项目，新增火电装机容量 796 万 kW、外送电能力 800 万 kW。

新型材料产业茁壮成长：芳纶、氨纶、液晶显示材料、锂电池材料等一批产业项目陆续建成投产，新材料产业占全部工业比重提高到 23.3%。

新兴产业集群快速崛起：精细化工产业集群集聚，甲醇、烯烃、煤焦油等大宗化工原料产业链拉长延伸，形成精细化、高端化、集群化发展态势。

清洁能源产业异军突起：宁东光伏产业园区加快建设，新增光伏装机容量 186 万 kW，开工建设一批可再生能源电解水制氢项目。

电子材料及专用化学品产业蓬勃兴起：完成产业区选址和规划，落地开工一批产业项目。

现代服务业齐头并进：建成国家级煤及煤化工检验检测中心、特种设备检验检测中心、宁东煤炭储运港等一批项目，宁东能源化工供应链管理平台上线运行。

3）加强综合治理，推进环境治理集中化

宁东国家能源基地高质量发展纳入国家《黄河流域生态保护和高质量发展规划纲要》，污染防治攻坚战取得重大成效，“蓝天、碧水、净土”三大行动纵深推进，“三废”治理成效明显。

持续打好大气污染防治攻坚战：出台实施《关于进一步强化细化大气污染防治管控措施》《大气污染综合治理攻坚行动方案》《宁东基地核心区重点行业挥发性有机物（VOCs）污染源排查工作方案》《宁东能源化工基地挥发性有机物污染整治方案》等政策文件，完成了宁东基地大气污染源清单建立，完成《环境空气质量限期达标规划（初稿）》，修编了《宁东基地重污染天气应急预案》，制定了应急减排清单及限产减产措施。污染防治攻坚战取得重大成效，蓝天碧水净土三大行动纵深推进，“三废”有效治理成果明显，$PM_{2.5}$、空气优良天数比率完成“十三五”目标任务，火电机组及 65 蒸吨以上燃煤锅炉在全区率先实现“超低排放”，焦化和电解铝行业烟气提标改造比“2+26”城市要求提前 1 年，主要污染源实现 24 小时连续动态监控和第三方专业运营管理，空气优良天数比率达到 87.4%、$PM_{2.5}$ 下降 22%。深入推进“减排放、降扬尘、控煤耗、强监测、优管理”等五项行动，实现“散乱污”企业全部清零。开展石油炼化、化学原料和化学制品制造、化学药品原料药制造等行业 VOCs 全面排查监测，建立 VOCs 综合管控平台，开展扬尘、VOCs 无组织排放专项执法。

持续打好水污染防治攻坚战：持续实施水污染治理工程，加大现有污水处理设施提标改造和系统治理力度；巩固“近零排放”成果，鼓励百万方以上耗水企业建设废水“近零排放”工程，确保了工业废水不外排、不入黄河；加快推进污水管网建设，继续实施雨污分流改造工程，实现工业废水全部集中处理利用；强化污水处理设施监管，完善在线监测系统，健全水环境风险三级防控体系；强化地表水生态环境质量目标管理，加大沟道生态系统保护和修复力度，实现水生态环境稳步向好；加快建设“智慧水务”，统筹推进水资源数据共享体系建设，实现水资源利用监控、水功能区管理监督、水环境预警预报与响应、河湖水生态环境保护一体化监管。

持续打好土壤污染防治攻坚战：实施土壤环境治理和修复保护工程，开展土壤污染现状详查，建设土壤环境质量与污染监控网络。加大工业固废处置，创建了国家工业资源综合利用基地，成立了固废综合利用产业联盟，创新工业固废资源化利用措施，工业固废首次实现跨省外运。目前，宁东基地建成运行了 1 号、2 号、3 号、4 号综合渣场，对粉煤灰、炉渣、脱硫石膏、气化渣和煤矸石进行集中分类贮存，满足了宁东基地工业固体废物治理要求。建成了宁夏清大国华凯鸿危险废物处置项目，实现了宁东基地危险废物不出园区安全处置。强化规范了工业固体废物产生、贮存、运输、利用和处置的全过程环境管理，并建成 79 个固体废物监控点位在线及视频系统，对基地工业固体废物实施全方位监管。

统筹推进生态环境保护、修复和建设：加强空间管控，强化生态治理，推动系统防控，加强山水林田湖草系统治理，构筑宁东生态安全屏障，促进生态环境好转，推动镇区、园区协同共生，高质量推进绿色和谐现代煤化工示范区建设。

4）加大资金投入，提升基础设施集约化

按照国际国内先进工业园区标准，不断完善园区基础配套设施，做好区域统筹规划，提升了基础设施共建共享、集成优化。建成宁东供水二期工程，连通长城供水工程，建立“双水源”供应保障系统，新增日供水能力 35 万 m^3，新建供水管网 150 km。建成 2 座 330 kV 变电站、10 座 110 kV 变电站，新建供电线路 686.6 km，开工建设青山 750 kV 变电站，形成灵州、银川东和青山 750 kV 主干网和 330 kV 及以下输电网的坚强电网网架，供电可靠率达到 99.87%。宁东铁路运营里程达到 300 km，货运量达到 5000 万 t 以上，较 2015 年翻一番以上，建成东来、焜龙等铁路专用线 43 km。青银高速（宁东段）改扩建、银百高速（宁东段）建成通车；园区基础配套设施基本实现“九通一平”，修建道路 63.1 km、给水管网 62.4 km、排（雨）水管网 69.6 km、工业管廊 31.5 km、天然气管线 215 km，光纤接入及 IPTV 综合覆盖率达到 100%，固定宽带和移动宽带普及率达到 92%，5G 信号覆盖率达到 3% 左右，形成四通八达、互联互通的综合配套服务体系。建成化工新材料园区动力岛一期工程，对现有燃煤火电机组实施供热升级改造，实现园区蒸汽集中供应和统筹保障。

5）提升服务管理，形成园区管理规范化

纵深推进“放管服”改革，率先推行“多评合一”“区域评”“全程代办”“预审代办”等服务新模式，承接“四级四同”政务服务事项 1080 项，审批总时限减少 51.7%，涉事环节压缩 21.5%，可不见面办理率达到 83.1%。坚持“投资有效益、企业有钱赚、安全有保障”服务理念，组建企业生产、金融、生活三条服务线，新设立担保、科创、市政建设三大平台公司，累计减税降费 21 亿元、融资贷款 53 亿元、担保贷款 21.5 亿元。水权交易改革试点成效明显，通过跨区域、跨市县（区）市场化交易黄河水权指标 3484.8 万 m^3，中小型建设项目水权转换费用实行按月随水费一并征收。宁东基地增量配电业务改革试点取得重大突破，项目业主基本确定，实施方案获得批复。空间布局和开发模式得到优化整合，“一区三园”控制面积调整至 86.7 km^2。社会信用体系平台和能耗在线监测平台建成运行。经济技术合作不断加强，获批国家外贸转型升级基地，与京津冀、长三角、粤港澳等区域交流合作持续深化，全方位、多层次、宽领域开放格局基本形成，尤其是引进首个外资独资企业，累计完成招商引资实际到位资金 986 亿元。

（3）效果及效益分析

经济效益：到 2020 年，宁东基地地区生产总值年均增长 9.5%，实现再造一个宁夏经济总量目标任务。工业总产值达到 1300 亿元，是西部第一个产值过千亿元的化工园区。工业增加值年均增长 11.3%，占宁夏的 34%。产业结构不断优化，煤炭、电力、化工占全部工业增加值比重由 2015 年的 32:28.7:32.8 调整到 21.2:16.1:46.4；制造业占全部工业比重提高到 50.7%，新材料产业占全部工业比重提高至 23.3%。甲醇、烯烃、煤焦油等大宗化工原料产业链拉长延伸，形成精细化、高端化、集群化发展态势。构建了煤电、煤电铝、煤气化、煤液化、煤焦化、煤热解及精细化工、新材料、新能源、装备制造、节能环保、现代物流等多个产业体系和集群。

资源环境效益：纵深推进蓝天碧水净土三大行动，“三废”有效治理成果明显，万元工业增加值用水量和 $PM_{2.5}$、空气优良天数比率完成“十三五”目标任务，火电机组及 65 蒸吨以上燃煤锅炉在全区率先实现“超低排放”，焦化和电解铝行业烟气提标改造比“2+26”城市要求提前 1 年，主要污染源实现 24 小时连续动态监控和第三方专业运营管理，2020 年污染物排放较 2014 年相比，氨氮（NH_3-N）削减 358 t、二氧化硫（SO_2）削减 24120 t；组建固废综合利用产业推进联盟，工业固体废弃物实现科学分类、安全处置、综合利用，固废综合利用率较 2014 年提高 8.97 个百分点；水资源节约集约利用，建成日处理能力 4.5 万 m^3 鸳鸯湖和化工新材料园区污水处理厂及日处理能力 5 万 m^3 南湖中水厂，以及国能宁煤、中石化、和宁化学、泰和产业园等一批“近零排放”工程，工业用水重复利用率达到 97.95%，矿井水利用率达到 35.2%，实现工业废水不出园区、不入黄河；国控地表水断面水质稳定达到Ⅲ类。

节能效果：宁东基地强化能源节约集约管理，严格落实节能审查制度，通过建设运行园区能耗在线监测系统和企业电力需求侧管理，事中事后监管得到进一步强化；有效推进企业能效对标和节能诊断工作，强制企业开展能源审计；大力实施低压蒸汽回收利用等节能技术改造，实现能源的合理梯级利用。制定了《宁东基地工业企业“十三五”节能降耗目标责任考核办法》，持续强化能耗“双控”指标。“十三五”期间，宁东基地万元工业增加值能耗呈整体下降趋势（扣除国家布局建设的重大项目单列项目能耗），年均下降 4.63%。节能效果显著。

3.4 油气化工产业主导类园区

3.4.1 大连经济技术开发区

（1）园区概况

大连经济技术开发区是东北重要的对外开放先导区和现代产业集聚地，发展战略定位为“一地、一极、三区、两中心”，即：我国面向东北亚区域开放合作的战略高地，引领东北地区全面振兴的重要增长极，老工业基地转变发展方式的先导区、体制机制创新与自主创新的示范区、新型城镇化和城乡统筹的先行区，东北亚重要的国际航运中心和物流中心。园区主要的产业为石油化工、先进制造、电子信息三个千亿级产业集群，此外，汽车及零部件、现代冶金、生物医药、食品加工等百亿级产业集群也在稳步增长。

（2）改造主要措施

1）优化空间布局

园区以原有的七大功能区为载体，在原有企业基础上增加关键补链项目和引进补链企业，促进产业集群内的企业和项目实行关联配套互补。对建成区土地进行综合整治，提升单位土地的投入产出率和开发质量，使企业产品升级和扩大生产与产业集约、基础设施合理配置相结合，并通过战略性新兴产业带动传统产业优化升级。

2）构建循环经济产业链

园区率先对石化、装备制造和冶金新材料等产业构建循环经济产业链，实施对循环经济产业链的延伸和补链，完善了现有主导产业。同时在原有企业基础上，加快生产性服务业发展，以制造业为依托，向低能耗、高附加值的生产性服务业发展，逐步提高第三产业的占比。发展循环绿色低碳服务业，构建了以企业为主体、大学院所为支撑的服务主体机构，完善开发区创新服务体系，推动开发区技术创新和业态创新；并大力发展专业服务业、绿色金融服务业以及绿色物流服务业。

石化产业链：完成了大孤山石化园区构建炼化一体化，并完善了以石油炼制为源头，以 PTA、PX、合成纤维、合成树脂为中间产品，重点完成下游段的延长链和补链项目，促进了石化园区内各企业之间的副产物和废物的交换、能量和废水的梯级利用。

装备制造业产业链：开发区目前已形成以高端数控机床、自动化主控系统、制冷等重大成套装备、高端轴承等为主导的细分行业，全力打造以智能机床、机器人、智能生产线集成为主的智能装备产业链条。

汽车行业产业链：引进新型汽车项目，丰富产品类型，加强汽车行业生态设计；积极引进关键零部件生产企业，强化汽车产业与动力电池、光微电子信息等产业的联系，使产业链向上下游进一步拓展，完善绿色汽车制造循环经济产业链。

数控机床产业链：形成高端机床产业集群，并提高数控机床所必需的数控系统、监测系统、伺服驱动、关键执行部件的产业基础和技术，构建数控产业完整的技术链和产业链。

光微电子产业链：将重装备制造业与 LED 芯片设计制造结合，完成德豪光电 LED 芯片产业化项目；在半导体芯片制造方面，英特尔升级了大连工厂，优化产业结构的步伐，改善了工业结构头重脚轻的局面。

冶金新材料产业链：形成以东北特钢、汇程高精铝业为龙头，世杰航空锻造和光大冶金（中储能）、盛辉钛业为延伸和补链的冶金行业产业链条，为航空、装备制造、舰船、海洋工程等领域使用的冶金新材料提供了较为完整的资源整合产业链。同时，推进节能环保技术，对高炉渣、钢渣、粉煤灰和尾矿等固体废物回收再利用，并对余热、废水、废气回收再利用。

3）构建能源梯级利用链

完成“上大压小”热电联产转换工作：拆除马桥子热电厂以及区内小锅炉房，以开发区电厂为核心，建立以热电联产为主的集中供热体系，建成供热高温水管网工程，并网面积 170 多万 m^2。同时，区内的热电厂采用清洁生产技术，在源头降低污染物排放水平和资源能源消耗量，促进能量、物质的循环利用。

推行企业清洁生产，提高能源利用效率：实施落后产能退出机制，并建立项目招商与符合产业政策等方面的联审制，坚持清洁生产审核，推动了企业节能减排、循环经济、低碳发展的效果。

提高清洁能源和可再生资源使用比例：完成大孤山 LNG 天然气港口、国内天然气供应商进入开发区的项目，并完成天然气使用的基础设施和管网的建设，提升了开发区天然气的使用比例。同时，鼓励太阳能光伏发电项目建设，为逐步建立节能、环保、高效的城市供电打下基础。

水资源替代：开发区完成了污水处理厂达到一级 A 标准的改造工程，已经作为城市第二水源，建设再生水管网，向用水大户输送。

4）加强运行管理

创新管理体制：由原来的政府主导型的资源节约与环境保护管理逐渐转变为“政府引导、企业为主、全社会参与”的体制和机制；从原来的单一管理逐渐向一体化管理过渡；从原来强调资源能源的过程和末端节约利用、污染的末端治理，逐渐转向强调源头的资源能源减量化为先和污染预防；由原来的各部门、各企业进行独立行动，转向注重加强各部门、各企业、相关区域与国际的联动和合作。此外，有针对性地对排污的重点行业引入自愿性资源节约与环境保护协议措施。

建立平台等公共服务设施：开发区构建了循环经济信息化管理平台，同时建立了涵盖全区主要废水、废气等污染源及重要环境敏感地区的在线监测、视频监控系统为一体的综合性平台，满足了污染减排监测体系建设以及环境管理需要，提高了环境业务管理能力、应急处理能力和执法能力。此外，建立了开发区循环经济技术研发及孵化中心，吸引国内外研究机构和大学进入，并为循环经济企业提供创业种子资金和引导资金，为大连开发区的循环化改造提供了有力的支撑。

建立评价和考核制度：园区政府层面建立了考核体系，实现对产业聚集区、主导行业、重点企业等各层面的循环经济评价指标“可量化、可操作、可监测、可考核”。

制定激励政策：制定财政预算管理模式，建立专项资金对企业的循环化改造项目进行支持；鼓励金融单位加大对开发区的投入力度，建立若干开发和融资绿色平台，吸引更多的国内外基金和资本进入开发区，使企业循环经济产业项目具有较好的投资环境。

招商引资和监管制度：转变招商引观念，将招商引资与循环经济产业链接结合，以园区招商为主体，重点在石油化工产业、先进装备制造业和先进电子信息产业，促进区域产业结构升级，并构建主导产业上下游产品和废弃物再利用的合理链接和补链。

物质流分析和管理：建立园区循环经济信息统计及相关制度，督促企业建立包括设备自动采集、人工输入等采集模式及信息统计体系，结合循环经济信息平台的建立，对企业循环化改造的现状、问题、对策等进行综合评估。并构建循环经济发展绩效测度的指标与评估体系、循环经济发展趋势预测与预警体系，建立企业的节能环保、循环经济项目储备库。

动员和指导全社会开展循环绿色低碳事业：在开发区创建国家级循环经济教育基地，建立循环经济运行示范基地教育展示中心，组织宣传活动及系列公益活动，扩大绿色低碳循环发展和生态文明建设的社会影响。

（3）效果及效益分析

经济效益：园区通过循环化改造，使物质流动更趋合理，产业关联性和产业集聚度明显提升，产业结构也更趋合理；资源从源头减量，余热余压和废物得到了综合利用；污染物得到显著减排，专业化废物处理和资源化利用服务公司得到扶持和发展；优化了园区运营管理模式，技术创新交流平台得到发展，激励与监督相结合的循环经济政策体系得到完善，对园区能源成本、土地成本、物流成本和信息成本产生节约效益，减少污染治理成本。

资源环境效益：通过开展循环化改造工作，园区引入清洁能源、新设备新技术、水的循环使用、污染防治、固体废物的综合利用等项目，减少了园区生产和生活活动所产生的大量废热以及二氧化硫、氨氮、氮氧化物和二氧化碳等，从而减少对大气的污染，并改善局部气候。

社会效益：通过开展循环化改造工作，重点支撑项目直接安排社会就业，推动全区产业结构调整和产业链的构建。与此同时，循环化改造也带动了文化产业的发展，促进了全区居民生活质量的提高。

3.4.2 福建泉港石化工业园区

（1）园区概况

泉港石化工业园区位于泉港区东北部，是国家规划建设的湄洲湾石化基地先导区和海峡西岸经济区石化工业的龙头区域。园区内建有 10 万 t 级原油、0.5 万 t 和 0.1 万 t 级成品油以及 5 万 t、7 万 t 和 1 万 t 级杂货等 6 座码头共 11 个泊位。根据功能不同，泉港石化工业园区划分为仙境、南山、洋屿和氯碱四个片区。仙境片区重点发展炼化一体化一期及石化相关产业链；洋屿片区为码头和仓储区；氯碱片区为氯碱工业发展用地；南山片区重点布局福建炼化一体化二期及延伸产业链、仓储区、化纤产业、石化后加工及辅助设施。园区初步形成了以联合石化为龙头，以丙烯、烧碱等中游项目为延伸，以塑胶、塑料等下游项目为配套的石化产业链。

（2）改造主要措施

1）调整优化产业结构

发展壮大优势产业，实现规模效益：①石化产业：加快构筑石化产业集群，深入研究石化中下游项目的产业链、技术、市场、效益等方面情况，推动形成完整的产业链。②新能源产业：发展新能源和可再生能源，优化能源结构，推动能源生产和利用方式的变革，实现了能源综合梯度利用。③精细化工：通过对化学工业产业结构进行调整和优化升级，拓展了精细化工产品和产业链，目标是成为海西地区具有特色的、差异化的精细化工产业基地。④合成材料：对石化园区内相关企业的资源和科研优势进行整合，促进合成材料产业开发，形成较完善的高附加值、有竞争力的产业链。

培育发展化工新材料产业，提高园区经济竞争力：培植高新技术产业，扶持工业高新技术攻关和技术改造项目，重点发展石油化工、新型材料等产业。完成关于“循环经济技术研发孵化平台”的建设。

加快发展公共服务业：以物流配送中心和货物流通中心为依托，通过集中配送的方式，重点构筑港口、铁路和道路网络，物流枢纽、物流辅助设施、物流信息系统有机组成的物流支撑基础。依托南山片区、洋屿片区，加快建设石化园区物流仓储基地。

2）构建循环经济产业链

建立以炼化一体化为核心的循环经济产业链：重点体现在以下三个方面：一是园区内石化产业与园区外其他产业项目的循环与协调，加强与石化园区整体循环经济体系的衔接；二是炼化一体化项目与其配套项目之间的物质、能量和水的循环；三是各个核心产业项目的循环与协调，推进各化工项目之间物质的循环和综合利用。园区通过碳四综合利用、碳五分离及其下游项目回收利用碳四、碳五资源，建设丁二烯尾气回收、裂解碳五分离利用等项目；以联合石化副产的废气、废催化剂为原料，生产贵金属盐产品、燃料气产品、二氧化碳产品，并深入延伸碳酸二甲酯、聚碳酸酯项目的建设；以湄洲湾氯碱化工为重点，综合利用电石、工业盐，高效生产PBT、聚醚等产品；以加强炼化一体化项目和氯碱化工产业连接为目标，综合利用乙烯、丙烯、催化油浆，发展减水剂聚醚、环己酮等项目；以工业企业为服务对象，加强公共服务平台和基础工程建设，推进热电联供、污水处理厂、天然气利用工程、石油化工学院、一般工业固体废物处理中心等项目的实施。通过循环经济产业链的延伸与构建，实现项目间、企业间、产业间的物料闭路循环，促进原料投入和废物排放的减量化、再利用和资源化。

建立以炼化一体化为龙头的绿色石化产业链：按照“油头化尾”的发展模式，自上而下延伸产业链，重点发展乙烯、丙烯、苯及碳四、碳五综合利用产业链，带动合成树脂、合成橡胶和合成纤维等合成材料产业发展，构建以炼化一体化项目为龙头和石化上中下游产品配套发展的绿色石化产业链。

建立集物质流、能量流、信息流于一体的生态共生网络：①推进物质循环利用：全面收集非有机溶液、废矿物油等工业废弃物，经过资源化处理系统生产出有机溶液等产品，进而回用到石化企业中。加强园区内石化企业副产的废催化剂、火炬气等废弃物资源综合利用，推进石化下游产品项目的延伸。加强工业固体废物资源化处理过程中无法深加工的危险废物、固体废物的处置，无法处理的则进行垃圾填埋；而工业废弃物资源化过程中排放的污水，则会同园区内工业企业产生的工业废水，传输至污水处理厂进行处理后实现中水回用。热电联供系统在为园区企业提供热电联供的同时，还能以石化企业副产的脱硫物为生产原料。②构建生态共生网络：以企业生产、信息共享和能量循环为核心元素，通过各企业成员之间，以及企业成员与政府管理机构、科技服务机构、高校、中介组织、固体废物回收中心、公共设施之间的物质、能量（包括水）和信息交换，形成一个完整的生态共生网络系统，从而实现全面、协调和可持续发展。在物质流方面，通过对水、电、气等多种能源综合利用，灰渣、废催化剂等工业废弃物的回收处理，实现物质向下游产业链的进一步流动，提升石化园区循环经济发展能力。在能量流方面，园区内火电厂为企业提供可靠的能源保障；污水处理厂回收处理废水后，回用于企业生产或园区绿化浇灌、道路清洗等；企业生产所排放的固体废物由园区固体废物处理中心统一收集，经技术处理后，部分可生成 RDF 燃料，用于园区企业生产。在信息流方面，政府、企业、高校及科研院所密切合作，实现信息特别是在科技成果及技术需要方面信息的分享沟通，通过信息的有效流动，强化企业技术创新能力，提升资源利用效率。

3）强化资源能源高效利用

工业园区以节约集约用地为原则，从严审核工业园区，严格管理工业园区土地，提高土地资源利用的经济、社会和生态效益，实现土地资源的永续利用。同时，园区专门针对各个片区产业布局进行规划建设，以提高泉港石化工业园区的土地利用率。

园区内各企业加大冷却用水、工艺用水等废水的重复利用率，将冷却水、热力和工艺用水、洗涤用水三部分转变为循环冷却用水系统、串联用水和回用水系统，淘汰一次用水系统。并对污水集中处理厂进行升级改造，提高了水资源的利用率。

园区加强对废物资源回收利用；建立污水回用系统，集中回收废水资源；对废气进行脱硫处理，加大回收硫化氢制取硫黄的力度；加强利用废气供暖和废气发电，减少环境污染，回收资源，提高废气回收利用率；从废渣中提取纯碱、烧碱、硫酸、磷酸、硫黄、复合硫酸铁、铬铁等，并利用废渣生产水泥、砖等建材产品及肥料等，使废渣利用率达 70%。

（3）效果及效益分析

经济效益：通过引入一批产业链接项目、资源综合利用项目、公共基础设施建设项目，园区石化产值占泉港区工业总产值的 55.2%，石化龙头地位和规模优势日益凸显。

环境效益：园区的循环化改造对保护水、大气环境和减少污染物排放起到重要作用。通过推进区内企业使用清洁能源天然气，以及对废水、废气和废渣的回收利用，园区企业减排效果显著。

3.4.3 惠州大亚湾石化产业园区

（1）园区概况

惠州大亚湾石化产业园区地处大亚湾经济技术开发区东部，南临南海大亚湾，于 2006 年列入国家审核公告的开发区名单，是全国七个重点发展的化工园区之一，是广东省五个重点发展的石油化工基地之一，也是珠三角东岸地区唯一的石油化工基地。2017 年 4 月，园区编制完成《惠州大亚湾石化产业园区循环化改造实施方案（2017—2021 年）》，于同年 6 月经国家发展改革委批复同意其开展园区循环化改造工作。

(2)改造主要措施

1)优化空间布局

园区按照“产业集群、要素集聚、资源集约”的要求，以产业链建设和项目为要素，做到优化配置、科学规划、合理调整布局。石化区现已形成“一核心三集群”的空间布局，“一核心”为石化核心区，“三集群”即三个产业集群区(石化下游深加工区、高端化学品与化工新材料区、公用工程配套及仓储物流区)，此外还包括北部生态防护绿地区承担园区的生态防护功能。

2)调整产业结构

园区坚持“园区规模化、产业集群化、装置大型化、炼化一体化、产品高端化”的发展理念，持续引进优质大型项目，石化产业实力日益剧增，石化区现有炼油规模2200万t/a、乙烯220万t/a，炼化一体化规模居全国第一，同时加快推进美孚、恒力、中海油三期等项目落地，持续提升石化区产业实力。园区加快“一体化”建设步伐，已逐步实现物流运输一体化、安全环保一体化、公共工程一体化等，配套发展园区港口物流业。园区高度重视人才科技研发实力，加快发展现代服务业，积极推动中大惠院、大亚湾科创园、金百泽云创工厂等多家科技创新平台和孵化器发展。园区利用信息科技优势，采用“互联网+”手段，打造“智慧园区”，在整个石化区范围内实现“一图通视、一库通存”，实现多部门多领域信息共享传递，提升园区管理效率的同时实现对园区的动态监测。

3)完善循环经济产业链

园区坚持循环发展理念，园区以2200万t/a炼油、220万t/a乙烯为龙头，通过“隔墙供应”“就地消化”的方式，实施“图谱”招商策略，打造“优等生俱乐部”，不断做大做强做深做细石化产业链。目前，园区以2200万t/a炼油和220万t/a乙烯裂解为核心，构建碳二、碳三、碳四、碳五、碳九、芳烃产业链，通过“榕树效应”大力发展基础化工产品产业链；以“丁二烯、苯乙烯”为核心，不断壮大碳四、碳五、碳九、芳烃产业链，构建园区化工新材料循环经 济产业链；以“环氧乙烷、环氧丙烷”为基础，依托碳二、碳三产业链，构建精细化工循环经济产业链。目前，园区循环经济产业链关联度高达94.1%。

4)提高资源能源利用效率

循环化改造期间，园区积极开展清洁生产审核工作，鼓励企业实施清洁生产工作，目前，园区重点行业企业清洁生产审核比例达到100%。对重点用能企业加强能源消耗监督管理，目前全区共12家市重点用能单位完成能耗在线监测系统建设，实现能耗数据在线监控。推进园区集中供热、供冷和能量梯级利用，推进余热余压发电。依托国华惠电和惠州液化天然气LNG电厂为园区企业集中供应电力和高压蒸汽，提高园区能源利用效率。推动重点用能单位开展节能工作，印发实施《大亚湾区节能监察行动计划》。

5）提高污染物集中治理水平

园区严格环境准入，落实总量控制。不断加强废水、废气、固体废物等污染物治理和监控力度。在废水方面，园区污水实现集中控制，园区企业除中海壳牌、中海油外，其他中下游企业的废水均由清源污水处理厂（石化区综合污水处理厂）实行集中处理和集中排放。园区所有废水处理达标后统一通过公共排海泵站经 42km 海底管线实现深海排放。在废气方面，园区企业都采用清洁生产工艺，废气处理达标后排放；各重点企业废气排放口均配套安装在线监测及视频监控系统，并对其实行 24 小时实时监控。在固体废物方面，园区固体废物均交由惠州东江威立雅环境服务有限公司（广东省危险废物综合处理示范中心）统一处置，同时加强园区危险废物的收集、贮存、无害化处置环境监管，建立危险废物风险分级管理机制，实行绿、黄、红色三级风险管控制度。

（3）效果及效益分析

经济效益：园区坚持“大项目带动大发展”的理念，大力推动中海油二期、壳牌二期等大型龙头项目落地，园区石化产业规模位居全国前列。通过园区循环化改造，涉及改造的项目总投资达 247.93 亿元。通过园区循环化改造，循环经济产业链关联度达 94.1%，较 2016 年提高 9.1 个百分点，为园区物质减量和循环利用提供了有力的支撑，使园区通过节能降耗、资源循环利用，实现成本节省和经济收益增加。促进园区形成独立完整的现代工业循环经济体系，有效提升石化区经济规模，可以提高石化区综合竞争能力，增加石化区资源能源产出水平。

环境效益：2020 年园区一般工业固体废物综合利用率达到 97.2%，规模以上工业企业重复用水率达到 98.2%，2019 年园区主要污染物排放总量控制在市下达的任务要求内，其中：二氧化硫排放量 3731 t，化学需氧量排放量 411 t，氨氮排放量 10 t，氮氧化物排放量 9292 t。

社会效益：园区循环化改造期间，众多项目落地投产，提供了大量的就业机会，提高了居民收入水平。通过循环化改造，推动当地循环经济的发展，使完全依赖外部资源能源输入的园区经济增加资源能源产出效率，减少资源能源消耗强度，为国家经济发展的减物质化和可持续性做出示范作用。进一步提升地区基础设施和投资建设，加快地区城市化进程，使当地居民生活水平和质量得到提高。

3.5 盐化工产业主导类园区

3.5.1 青海柴达木德令哈工业园区

（1）园区概况

德令哈工业园区位于德令哈市东南部，规划面积 56 km^2，位于柴达木循环经济试验区“一区四园”的中心，东邻乌兰焦化工业园，西接大柴旦和格尔木工业园，区位优势突出。德令哈市境内有丰富的自然资源，其中石灰岩、石英岩、白云岩及煤等非金属矿产资源为优质工业原料；氯化钠、镁盐、氯化钾、芒硝、锂矿、锶矿等盐湖资源储量居全国首位，是工业园利用的重点资源；丰富的煤炭资源、水资源和天然气资源为园区发展提供了良好的基础；此外，还拥有良好的土地资源和农牧业资源。工业园区利用当地丰富的资源，构建了以“两碱”、镁、硅产业为主导，建材及装备制造加工并举的产业体系。

（2）改造主要措施

1）优化空间布局

德令哈工业园区循环化改造在以发展纯碱、烧碱、电石、PVC、氯化钙、镁系列、硅系列等产品为主的基础上，通过促进优势产业集群化和适度重型化，由原来单一的综合产业区发展为“一园三区”的空间优化格局，形成以重点发展盐碱化工、新能源、新材料、特色生物、装备制造等为主导产业的综合产业区，由绿色产业一区和绿色产业二区组成的绿色产业区，以及由光伏（热）发电产业区和风电产业区构成的新能源产业区，辐射带动周边地区工业发展。通过优化，增大了园区规划面积，扩大了绿色低碳产业空间，提高了新能源、新材料、装备制造、生物加工等产业项目空间的用地比例，从而优化了产业空间布局。

2）调整产业结构，形成循环产业体系

园区产业按照循环经济发展理念，加强了产业的纵向延伸与产业之间的横向耦合，把原有的盐碱化工等特色优势产业向精细化、高附加值化、高技术化方向发展，并将产业结构向新能源、新材料、特色生物、装备制造等方向调整。此外，依托于园区现有物流、金融、科技等服务业发展基础，重点推进现代金融、信息服务、物流等生产性服务业。

盐碱化工产业循环经济产业链：园区以德令哈 20 亿 t 储量的优势石灰石资源为依托，结合盐湖资源开发中的主要副产物氯化钠，生产纯碱，打造国家级纯碱生产基地，并以纯碱主要废弃物综合利用为主线，以纯碱生产蒸氨废液生产特色产品氯化钙，以纯碱生产碎石灰、粉煤灰生产水泥、加气块砖等建材产品，形成了突出资源循环利用的盐碱化工产业链。

新能源产业循环经济产业链：园区着力发展新能源产业，建设光伏、风力、光热发电产业等项目，构建了技术研发—装备制造—电站建设—运营维护—电能输送于一体的大规模、全产业链整体协同发展产业集群。

新材料产业循环经济产业链：构建镁系阻燃剂及其下游综合开发项目，形成以盐湖提钾副产的水氯镁石为原料，氢氧化镁为主产品，高纯镁砂、超细氢氧化镁、高纯氧化镁等延伸产品为辅的镁产业链；构建了以石英石为原料，金属硅为初级产品，向太阳能电池材料、有机硅延伸的硅产业链。

特色生物产业循环经济产业链：建立了以“种养殖—加工—综合利用”为特征的一体化工农业复合型循环经济发展模式。重点培育有机食品产业，有针对性地开发枸杞黄酮、枸杞籽油、枸杞软胶囊等高附加值产品，形成独具高原特色的生物产业基地。构建了“锁阳、肉苁蓉等—中药”“枸杞—枸杞叶、枸杞芽、枸杞鲜果—深加工—保健品、饮料”“黑枸杞—深加工—保健品、饮料、化妆品”“藜麦—功能保健品”“特色畜牧养殖—保健品、纺织制品”“高原水产养殖—鱼油、卤虫蛋白、鲟鱼籽酱”等循环经济产业链。

3）优化产业结构，提高能源资源利用效率

通过产业结构调整和优化，实现了产业的纵向延伸与产业之间的横向耦合；淘汰落后工艺、技术和设备，以高新技术和先进适用技术促进传统产业升级。①推进资源能源高效化利用：针对各产业园区的特点，开展节能降耗工作，推广节能技术，采用先进设备，降低能源消耗，重点提高热、电效率，改善原有设备生产能力和技术经济指标，降低企业能源消耗和生产成本。②清洁能源、可再生能源替代改造：发展太阳能光伏、光热产业、风电产业，推进清洁能源、可再生能源的产业化运行及并网，改变园区的用能结构，提高可再生及清洁能源的比重。③水资源替代和循环利用：加大对企业节水的监管，增加节水的投入，提高水的重复利用率。积极推行清洁生产，实现废水减量化；促进废水循环利用和综合利用，实现废水资源化；建设废水资源化和处理设施，推行污染治理设施社会化运营管理，并加强运行监管，充分发挥已建设施的作用；制定工业废水治理规划，采取工业废水分散治理和集中治理相结合的方式，确保工业废水完成排放。④余热、余压利用：开展企业用能设备改造，采用先进的工艺设备，充分利用生产流程中的余热、余压，实现能源循环利用最大化，并对产生的废气、余热、余压、中水等实施回收利用。

4）完善环境保护防治措施

环境保护管理措施方面：一是编制完成了德令哈工业园总体规划环境影响评价工作；二是建立了德令哈工业园负面清单制度，严格限制高污染项目入园；三是完成了《德令哈工业园环境突发事件应急预案》，成立工业园突发环境事件应急指挥小组，负责领导和组织协调工业园突发环境事件应急工作，应对突发环境事件，保障公众生命健康和财产安全。

污染防治措施方面：建成日处理能力 5 万 t 工业污水处理厂 1 座；建设Ⅱ类固体废弃物处置场 1 座；建成工业园环境质量监测中心 1 座等项目。

生态环境建设方面：一是全面推进了强制性清洁生产审核，削减污染负荷。二是严格执行环境影响评价制度和“三同时”制度。三是强化污水、垃圾处理设施建设，严格执行排污许可证制度，强化固体废物环境管理，控制和削减污染物排放总量。

（3）效果及效益分析

经济效益：通过循环化改造，园区主要产业规模不断扩大。同时，园区产业发展由粗加工型向综合开发、精深加工、循环利用型转变，资源综合利用水平和经济运行质量稳步提高，建立了区域循环经济发展模式。给园区第一产业、第三产业发展带来了良好的发展机遇，园区的资源综合加工产业，以及特色产业得到快速发展，轻工业比重不断提高，经济效益显著提升。

资源环境效益：随着产业转型升级、落后产能不断被淘汰，园区万元产值能耗、水耗总体呈下降趋势。此外，园区循环化改造以来，环境质量保持良好。虽排放总量有所上升，但随着园区规模的扩大，单位产值的污染物排放量均有明显下降。

社会效益：通过循环化改造，带动了相关产业的发展，为园区直接提供企业管理人员、技术人员、操作工人等就业岗位，增加了就业人数。

3.5.2　湖南衡阳松木工业园区

（1）园区概况

湖南衡阳松木工业园区位于衡阳市北郊，沿湘江布局，核心区用地总面积 18.7 km^2。衡阳市具有得天独厚的区位交通优势，公路、铁路、水运发达，是我国重要的铁路枢纽和全国 45 个公路枢纽城市之一。衡阳地区资源丰富、物产众多，是中国重要的“有色金属”和“非金属”之乡，园区周边 150 km 范围内已探明的主要矿藏有岩盐、芒硝、高岭土、钠长石、萤石、煤、金、银、铅、锌、铁、硼、重晶石、汉白玉、煤等 60 多种，已探明的矿产资源潜在经济价值 3511 亿元。

园区的主导产业是盐化工，已经初步形成了盐卤化工向精细化工延伸的产业链，产业聚集效应较好。功能划分为产业区、物流区、综合配套区和管理服务区等 4 种类型，其中，产业区按用地性质，划分为盐卤化工产业区、硅氟化工产业区、精细化工产业区和战略性新兴产业区。

（2）改造主要措施

1）调整产业结构

一是提升发展盐卤化工及精细化工产业，以建滔化工、新澧化工等为龙头，带动了 30 多家下游企业的发展，解决了建滔化工氯碱平衡问题，实现了互利互惠。二是培育发展新材料产业，引进了大合新材、中航集团、志远新材料、凌云特种材料和中民筑友等 20 多家企业。三是大力发展新能源产业，引进了瑞达电源、力赛储能、电科电源、鑫晟新能源和理昂电力等 10 多家企业，形成储能、太阳能、生物质能、新能源汽车等四大板块。四是着力发展装备制造产业，以比亚迪（衡阳）轨道交通智能制造产业园项目为龙头，引进相关配套企业，带动先进装备制造产业的发展。此外，园区淘汰规模小、能耗高、污染大、效益低的落后产能企业，关停了三家冶炼公司，使产业结构进一步优化。

2）构建循环经济产业链

园区按照“横向耦合、纵向延伸、循环链接”原则，构建以盐卤化工为主体，其他化工产品产业链相互链接、相互支撑的产业格局，形成了三条完整的循环经济产业链条。

盐卤及精细化工循环经济产业链：园区以建滔化工的各种产品、副产品和废弃物为基础原料，围绕“平衡氯气”，完成了盐卤化工循环经济产业链的建设。建设完成了建滔化工废水回用工程、建滔化工年产 20 万 t 离子膜烧碱扩建工程项目、衡阳鸿宇化工利用氯气、液碱生产 1 万 t/a 三氯化铝项目等 12 个项目，形成完善的盐卤及精细化工循环经济产业链（图 3-4）。

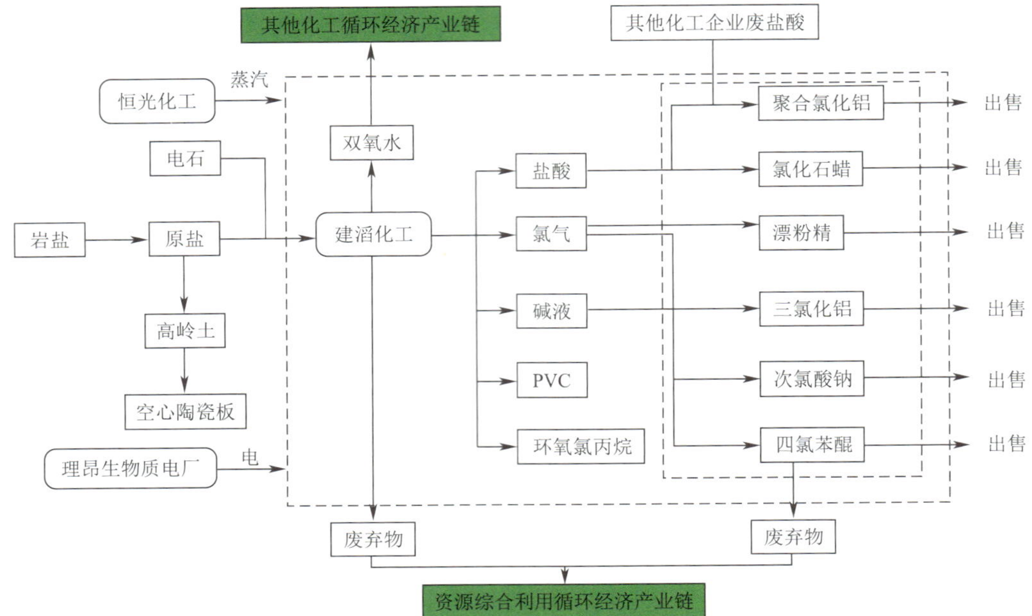

图 3-4 盐卤及精细化工循环经济产业链

其他化工循环经济产业链：园区从加强废弃物的综合利用、延伸产业链以及加强与其他产业的耦合发展三个方面对其他化工产业链进行循环化改造，打造其他化工循环经济产业链。通过建设化工管廊一期工程、屹顺化工甲酸树脂项目、旭光锌锗一水硫酸锌及综合利用项目等 10 个项目，形成了完整的其他化工循环经济产业链。其他化工循环经济产业链是以恒光化工生产的硫酸、屹顺化工、湘硕化工生产的甲酸等基础化工材料为基础，结合建滔化工的双氧水、水口山的铅锌资源，主要生产三氮唑、氧化锌、硫酸锌、铅酸蓄电池等产品（图 3-5）。

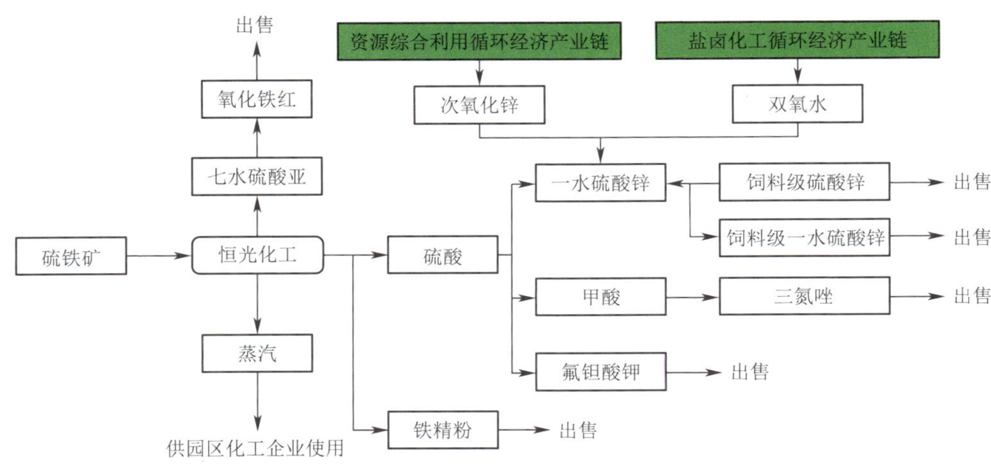

图 3-5 其他化工循环经济产业链

资源综合利用循环经济产业链：一是推行节能减排措施，如在水泥等高能耗企业推行余热发电、脱硫脱硝、电机变频节能等节能减排措施；二是让园区产业链延伸至与周边地区循环链接，重点建设完成了衡阳理昂生物质发电工程、中民筑友绿色建筑科技园项目、铖昱锌品次氧化锌及纳米氧化锌项目等 11 个项目，形成了完整的资源综合利用循环经济产业链。资源综合利用循环经济产业链一是利用化工产品产生的固体废物通过金山水泥生产出水泥，再由中民筑友生产绿色建材；二是外购周边地区的冶炼废渣，通过仁发科技、黎达化工等企业提炼、加工，生产出有价金属，实现变废为宝。

3）完善配套设施

打造大物流平台：在园区建成主干路网 48 km，在区内规划设立火车站，建立了千吨码头——衡阳港松木港区，拟把衡阳港松木港区打造成集铁、公、水等多式联运为一体的物流集散基地。并引入鸿胜物流、盛泰物流、雁城物流等大型物流公司落户园区，为危险化学品、液体、零担等各种货物提供物流配送服务。

打造产业承接平台：园区建设了 31.89 万 m^2 的标准厂房，在建和拟建标准厂房 10 多万 m^2，配套建设了 46.5 万 m^2 的安置房、18.05 万 m^2 的公租房和 5 万 m^2 的廉租房，建成日供水 6 万 t 水厂 1 座、日处理 1 万 t 工业污水处理厂 1 座、日处理 3500 t 电镀废水处理站 1 座、220 kV 变电站 1 座、110 kV 变电站 2 座、天然气调压站 1 座、消防站 1 座，并完善了水、电、气、通信等配套设施，提升了园区承接沿海产业转移的能力。

打造公共服务平台：为做好承接产业转移的特色服务，园区引进电镀中心项目，实现电镀业务的统一管理、产业集群和规模生产。并沿着园区的路网配套建设了雨水和污水管网，实现雨水、污水分流。建成松木污水处理厂，既满足了入区企业集中处理工业废水的需要，又减少了入区企业的环保投入。园区路网，采用园区自建和企业自建模式，共计新建了 7860 m 化工管廊，方便企业之间的物质交换，大大降低了企业物流成本。

打造循环经济管理平台：对园区环保监测、安全生产、交通管理、治安监控、应急处理、防灾减灾等进行统一管理，采用先进的信息化管理系统，提高了服务效率。

4）实施创新驱动

鼓励辖区内企业重视科研投入，设立研发中心，加强与高校的产学研合作，以技术研发来驱动创新。在园区内设立博士后流动工作站协助研发中心，而且区内大多数企业也都设立了研发中心，并与多家高校建立了高新技术研发平台和新产品技术研发平台。

（3）效果及效益分析

经济效益：园区技工贸总收入增长，规模工业总产值增长，固定资产投资增长，形成了以盐卤化工及精细化工、新材料、新能源、装备制造为主的四大支柱产业。

资源环境效益：二氧化硫排放量、化学需氧量、氮氧化物排放量、单位生产总值二氧化碳排放量显著下降，工业固体废物处置率为 100%，工业废水达标排放率为 100%。

社会效益：通过循环化改造试点建设，园区的生产、生活环境得到改善，经济稳定增长，新增就业人数 5000 余人。松木工业园区成为中南地区最大的氯碱化工基地，带动了当地区域经济发展。此外，通过循环化改造基础设施的建设，园区配套区域的市政基础设施也得到进一步完善。

3.5.3 淮安经济技术开发区

（1）园区概况

淮安经济技术开发区位于江苏省中北部，淮安市区东侧，地处长江三角洲边缘，交通便捷，已形成以高等级公路和铁路为主骨架、水陆并举、内延外联、四通八达的交通网络。淮安具有丰富的土地资源、水资源，以及凹凸棒石黏土、玄武岩、白云岩、岩盐和芒硝等非金属矿产资源。

“十一五”以来，开发区的第一、第二、第三产业结构不断调整，第三产业比重基本保持稳定，以第二产业为主导的产业格局逐年加强。园区在建设和发展过程中，形成了盐化工新材料、电子信息产业以及机械装备制造产业等主导产业集群，初步形成“台资集聚高地”和“IT 产业领地”。其中，盐化工新材料产业是淮安的特色产业和支柱产业。

（2）改造主要措施

1）调整产业结构

开发区积极推动盐化工等传统优势产业循环化改造与发展战略性新兴产业相结合，同时加速电子信息等高新技术产业和高端服务业的发展。

打造优势产业集群：开发区以纯碱、烧碱深加工等盐化工产业为核心，重点发展纯碱、烧碱等产品后加工和综合利用领域，积极延长产业链，扩展发展氢系、氯系有机化工、精细化工和新材料等领域，通过一系列补链项目，完善盐化工产业链条，促进产业集群发展。

培育发展战略性新兴产业：开发区以发展新能源、新材料等先进制造业为核心，通过建设一批太阳能电池板生产、配套和系统集成等项目，提升了园区新能源产业的比重。依托南瑞淮胜电缆智能导线基地和达方电子等龙头企业，重点发展了电子元器件、汽车电子、仪器仪表、线缆组件等四大领域，打造了接插件、连接器、线缆组件等配套产业园，形成国内知名的电子配件生产基地。通过建设新型防火环保建材生产项目、鸡蛋膜纳米级多肽制备产业化项目，引进各类微电子材料、合金材料、高性能复合材料项目，聚集形成了新材料产业集群。

发展绿色现代服务业：开发区在新港片区建设了现代物流区，发展多式联运物流、保税物流、供应链物流、国际商贸物流以及城乡配送物流，形成了绿色物流，建立了节约型物流体系，加强了物流产业与生产企业的链接。同时，依托淮安高新技术创新中心，打造了循环经济改造信息共享平台，收集整理循环经济数据信息，建立完善了盐化工等行业资源的技术数据库、废旧物资数据库、循环经济政策法规和标准规范数据库等，为开发区循环化改造提供了技术和数据信息支撑。

通过产业结构的调整，开发区由以盐化工、传统机器制造工为主导的园区，逐步调整为盐化工、电子信息、新能源、新材料和现代服务业等协调发展的局面。

2）构建循环经济产业链

盐化工循环产业链：依托实联化工投产的纯碱生产项目，为开发区内企业提供纯碱作为生产原材料，并利用纯碱生产过程中含氨废液作为实联化工厂区热电装置脱硫的主要原料，生成硫酸铵可以作为实联化工复合肥生产项目的原材料，纯碱生产过程中的副产品氯化铵也可作为复合肥生产的原材料，利用纯碱项目副产品氨可制作硝酸，为复合肥项目提供硝酸原料；另外纯碱生产过程中产生的液体纯碱可为实联化工厂区污水处理设施提供原料，进一步提高了废弃物重复利用率。

以离子膜烧碱项目为烧碱产业链龙头，打造氯气、烧碱等盐化工产品代谢循环链。其中副产品氯气可为三氯化磷项目、乙烯利生产项目和农药生产项目提供原材料，同时麦道农化的副产物盐酸可为氯化锰项目提供原料，三氯化磷项目在该产业链中起到关键补链作用。同时氯气还可为光气生产项目提供原料，光气则为安邦电化异氰酸酯生产项目提供原材料，在企业内部延长产业链，形成良好的物料闭路循环链。

宝利化学利用安邦电化的副产品氯气生产氯乙酸，进而作为宝利化学生产甘氨酸的原料，甘氨酸为开发区内饲料企业提供原材料，另外宝利化学的副产物盐酸也可为生产氯化锰和生产环氧氯丙烷提供原料，同样氯化锰也为开发区内饲料企业提供原材料，形成良好的产品代谢物质流。盐化工产业产生的危险废物则通过自主实施的蓝天固体废物处理项目得到有效处理。

电子信息循环产业链：重点依托富士康（淮安）科技城、南瑞淮胜电缆智能导线基地和达方电子等龙头企业，打造接插件、连接器、线缆组件等配套产业园，形成国内知名的连接器生产基地，拉长了产业链，完善了电子信息产业结构。同时，推进电子信息产业末端废弃物资源化利用，建立资源回收中心，从含铜污泥、电镀金属废液等电镀废弃物中回收金、银、镍、铜等贵金属，在减少电子信息产业危险废弃物排放的同时实现资源回收利用。

机械装备制造循环产业链：以集成电路制造、自动化生产装备、包装印刷装备为重点，在装备制造产业园招引培育了一批具有一定规模和品牌影响力的装备制造企业，实现装备制造业从低端到高端，从零部件到整机，形成装备制造业上下游产业链。循环化改造过程中，在机械基础零部件方面，重点招引了关键机械配件、关键功能部件、紧固件、模具标准件、数控机床及元件、气动工具等零部件；在自动化生产装备方面，重点招引了各类机械及自动化生产设备；在推进机械装备产业废弃物综合利用方面，招引了废钢铁边角料综合利用项目和切削液再生利用项目，实现机械装备产业末端的循环利用。

新型建材闭路循环产业链：实施新型防火环保建材生产项目，利用安邦电化厂区热电厂、开发区热电厂的粉煤灰、钢铁冶炼厂的矿渣、农业废弃物秸秆等各类固体废物，生产环保防火新型建材，延伸产业链，对废弃物进行充分的资源化利用。

能源、资源高效利用循环产业链：依托国信淮安盐碱科技产业园热电联产工程，为开发区企业统一提供蒸汽热源，减少分散热源使用，提高热能使用效率。开发区热电有限公司通过配套脱硫、脱硝和电袋除尘等环保设备，降低了二氧化硫、氮氧化物的排放。通过利用区内厂房建筑屋顶建设太阳能光伏电站，有效促进了开发区新能源的利用。实施了路灯节能改造项目，共对开发区道路路灯进行节能改造，并采用无线监控，提高了节电率，降低了电费和维护费用；同时推进开发区污水处理厂尾水深度处置，开展了中水回用工程，大大提高了开发区水的循环使用率。

3）优化管理体制

构建开发区循环经济信息共享平台：依托淮安高新技术创新中心，建立循环化改造信息平台，形成开发区循环经济发展的基础数据平台、工作管理平台、决策支持平台、产业链发展平台，为开发区循环经济发展及整体可持续发展提供决策支持。

构建开发区循环化发展咨询服务体系：建立了循环化改造信息平台公共服务系统，充分利用现有科研院所，开展循环经济信息咨询、技术推广、宣传培训等。与南京大学合作对全区 80 余家涉及排污重点企业进行摸底排查工作，完成开发区污水处理厂污泥定性检测工作，为开展污泥综合利用提供技术支撑。

构建补链招商项目入驻快速通道：实行重大项目“保姆制”，健全重点项目动态管理机制，对进区项目从立项报批、开工建设、设备购置到竣工投产、开票纳税等开展全程帮办。加快行政审批制度改革，推行限时限次办结机制，打通审批快速通道，提升服务质效。加强对循环化改造补链项目的引进，有效推动关联企业集群发展，使补链项目取得实质性的进展。

构建跨地区循环化经验交流平台：连续举办台商论坛，提升了淮安的开放度和美誉度。

通过以上措施，规范了开发区循环改造工作运行管理，为开发区循环化改造提供了良好的体制机制保障。

（3）效果及效益分析

经济效益：开发区实施循环化改造关键补链项目共计 15 项，关键补链项目的建设可有效利用开发区企业的副产品，如氯气、盐酸、氨气等，按照化工废弃物处置平均值成本 3000 元 /m^3 计算，年节约处置费 2700 万元。

资源环境效益：通过关键补链项目的建设，提高了化工行业副产物的利用。完善了盐化工产业链，降低了资源需求。通过开发区中水回用项目的建设和投产，工业用水重复利用率达到 91.8%，开发区水资源产出率达到 520 元 /t，缓解了全区的水资源供给压力。开发区通过发展高附加值的盐化工下游产业，实施清洁生产，发展循环经济，使能耗水平显著降低。另外，通过技术改造、集中供热、光伏发电等项目的实施，化学需氧量下降、氨氮排放量下降，实现节能减排、生态环境改善。

社会效益：增加了社会就业机会，提高居民收入水平。其中盐化工、电子信息、新能源等主导产业直接就业人口增加约 5000 人，同时带动物流、交通运输、金融等服务业发展，配套服务业就业人口可达 1 万人以上，促进社会安定和谐。促进了淮安经济发展及产业结构调整、提高生产技术水平、改善投资环境，并带动服务业发展。此外，还促进地区基础设施和投资建设，加快地区城市化进程。

3.6　精细化工与医药化工主导类园区

3.6.1　湖北潜江经济开发区

（1）园区概况

潜江经济开发区位于潜江市中心城区北部，成立于 1991 年，是湖北省首批 17 家重点省级开发区之一。潜江境内物产丰富，矿产资源以油气资源、盐卤资源为主。此外，潜江境内盐岩地质储量为 7900 亿 t、卤水地质储量 227 亿 m^3、含盐类资源量为 51 亿 t，卤水中富含锂、铯、铷、溴、钾、镁等 18 种稀有微量元素。由于西气东输忠武输气管线、川气东送管线、新粤浙输气管线等三条国家战略输气管线交会于潜江，江汉盐化工业园被列入国家天然气战略储备库。

潜江经济开发区紧邻汉宜高速和高铁汉宜线，背靠汉江，区内有泽口港，构成了公路、铁路、水路三位一体的运输网络。开发区依托潜江盐卤油气资源和产业基础，定位重点发展化工产业，形成了门类较为齐全的化工产业体系，包括盐化工、石油化工、煤化工、基础化工四大化工产业。

（2）改造主要措施

1）优化空间布局

形成多元化循环化工产业发展集群：围绕盐化工产业氯、碱、氢资源平衡，在江汉盐化工业园引进了长飞潜江科技产业园，构建光信息电子产业集群；推进一系列耗氯项目的招商落户，推动新硅科技—光纤级高纯四氯化硅项目实施，进一步完善了盐化工产业链条。围绕石化产品、煤化工产品的高值化利用，在园区南部和东部，推动石脑油芳构化、油品升级深加工、尿素生产新型专用肥、合成氨尾气回收等项目建设，发展石油化工、煤化工、精细化工产业集群。初步建成盐化工、精细化工、石油化工、化工新材料、光信息电子等产业发展基地。

完善基础设施空间布局：园区建设化学品输送管廊，连接覆盖区内 8 家节点企业 21 种工艺物料；推动工业污水处理厂项目建设，促进周边化工企业污水的集中处理；积极推动园区热电联产集中供热项目实施，服务范围覆盖化工园区集中供热；推动甲酸钠尾气提氢、合成氨改制氢气、专业气体供应中心等项目部署，在园区内形成了氢气集中供应基地，实现园区土地集约利用与物质能量流优化。

组织开展园区内搬迁与改造：园区加快组织区内搬迁，完成 14 家单位棚户区搬迁，并对金澳科技、金华润化肥、可赛化工、径河化工等企业防护范围内 300 余户居民进行搬迁，缓解了民企混居的状况，确保了未来及在建项目建设与民众的安全防护距离。

2）构建循环产业链

盐化工产品综合利用与精细化工产业链：园区在原有盐化工产业基础上，利用盐化工副产品氯气生产氯化苄、三氯氢硅、高纯四氯化硅等产品；利用盐化工副产氢气用作高纯石英锭生产燃料。然后再把三氯氢硅、高纯四氯化硅、高纯石英锭等再用于生产光纤预制棒和硅烷偶联剂系列产品，形成了盐化工—精细化工—光纤新材料产业链。

石油化工产品精细化利用产业链：依托金澳科技、径河化工等骨干企业，通过金澳科技公司对原油进行炼化，生产汽油柴油等，同时建立原油—分离石脑油—重整芳构化—氢气回收产业链，以及汽油柴油加氢脱硫—硫黄回收—橡胶助剂产品产业链。

煤化工精细化利用产业链：基于合成氨、尿素等传统煤化工产品，通过推进新型作物专用肥、合成氨尾气回收生产液化天然气，以及落后合成氨产能改产氢气循环化改造等项目，拓展形成了“煤—合成氨—尿素—新型作物专用肥”以及配套的“合成氨尾气回收—提取氢气—提取液化天然气”产业链。通过推动金华润化肥与金澳科技公司合作，形成“煤炭—煤制气提氢—石油制品加氢”的煤油复合产业链。通过发展橡胶助剂、海因环氧树脂、牛磺酸等精细化工产品，进一步促进了园区“传统煤化工—精细化工”一体化发展产业链构建。

基础化工循环利用产业链：依托硫化工、钛白生产等基础化工产业，形成了“硫酸生产钛白—硫酸亚铁配合硫铁矿生产硫酸—铁精矿渣提铁精矿”硫、铁资源循环利用产业链。此外，远达化工以现有产品硫酸与金华润化肥尿素作为原料，生产氨基磺酸，实现了发烟硫酸与尿素产品的就近消化，延伸了硫酸下游产业链，提高了产品附加值；并形成了远达化工余热蒸汽跨企业梯级利用产业链，供汽范围可覆盖方圆钛白、可赛化工、凌安科技等周边企业。

初步形成较为完整的化工产业网络：依托循环化改造过程中形成的硫化工、盐化工等较为完整的化工产业网络，园区企业产业关联度达到 94.8%，园区内多家企业的产品实现了相互链接，相互链接产品已达 20 多个，具体如图 3-6 所示。

3）污染防控与集中治理

构建园区、企业、项目多层次的环境治理和管理体系：在园区层面，建立了重点环境问题及其责任清单，制定了整改机制，成立环境问题整治领导小组，督查整改效果；在企业层面，深入推进企业环保问题整治，建立环保整治长效机制，引导企业增强安全与环保投入，提高企业污染安全防控能力；在项目层面，严把环保准入关，劝退不合环保要求、与循环发展关联度不高的项目。

加强“三废”集中治理：建设园区工业污水处理厂，对化工园区污水集中处理。建设危险废物处理项目，增强废酸废碱、工业固体废物等处理能力，提升危险废物处置过程的安全性，降低潜在的环境影响。

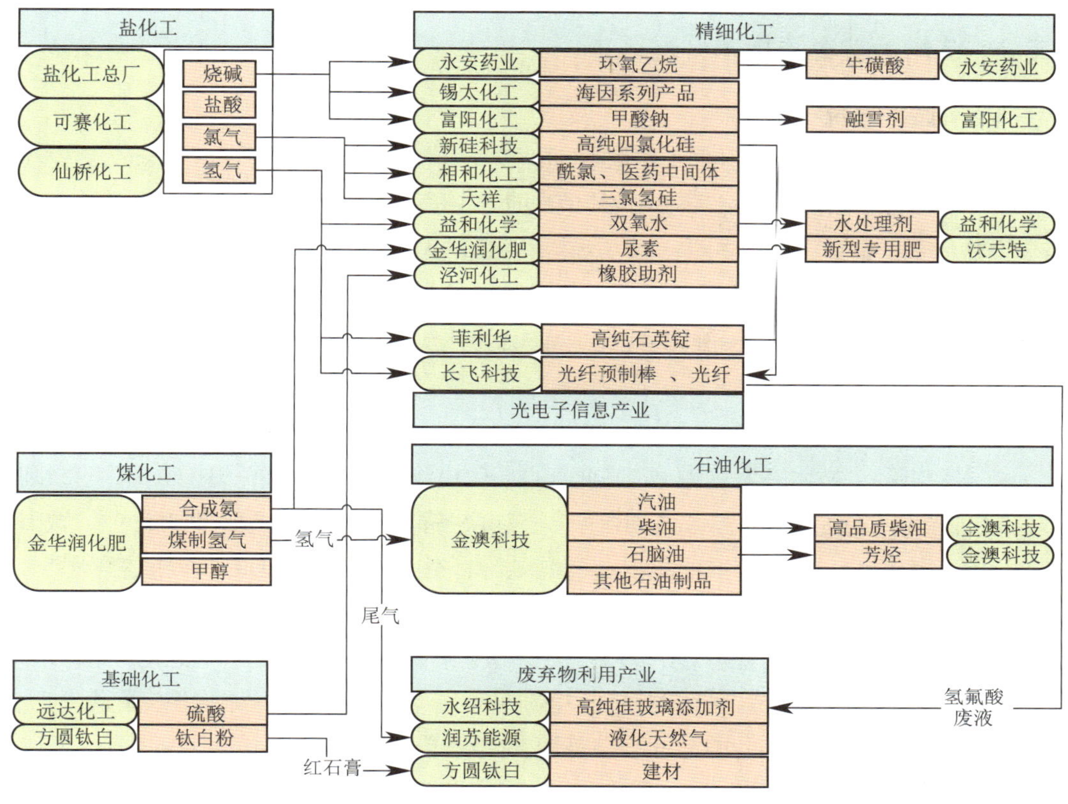

图 3-6　潜江园区化工产业网络

加强园区环境管理与监督：建立环保、建设、公安、水电、农业、畜牧等多部门的协作监督，加强了对企业偷排、漏排行为的管控力度，制定了最严格的监管标准，严格执行环保“三同时”制度与环境影响评价制度。

加强园区生态建设：对影响园区生态建设的企业实行关停或整改，实施汉南河生态调水罗潭河引水工程以及汉南河沿线畜禽养殖企业搬迁工程，有效提升辖区水域水质，并推进 318 国道复线以南潜江经济开发区生态景观带建设。

加快基础设施建设：建设园区物流的主通道——王周线、工业污水处理厂，以及园区区综合管廊等项目；设计园区循环经济统计信息化及产业服务平台；筹备建设园区热力梯级综合利用的热电联产项目。

（3）效益及效果分析

通过循环化改造，提升了资源能源利用效率、完善了循环产业链网。2016 年园水资源产出率达到 208 元 /m^3，工业用水重复利用率达到 97.3%，工业废水排放达标率高于 95%，工业烟尘排放达标率达到 95%。

3.6.2 杭州余杭经济技术开发区

（1）园区概况

杭州余杭经济技术开发区位于杭州市，园区循环化改造空间范围为 76.94 km^2，开发区已形成以高端装备制造和生物医药两大特色产业为主导、家纺布艺产业提升发展的“2+1”特色产业体系，集聚了老板电器、运达风电、春风动力、西奥电梯、贝达药业、众望股份等实体经济头部企业。开发区地理位置优越、交通便利，市场纵深广阔，产业基础深厚，土地和人力资源丰富、配套设施完善、政策法规透明，具有高效优质的服务环境。

（2）改造主要措施

1）空间布局优化调整

杭州余杭经济技术开发区遵循“产业集群、产城融合、空间集约、设施共享”的原则，着力推进空间布局优化。坚持“多规合一”，加快各类规划修编，融合推进产业、城市、生态以及用地规划。根据“产业集群、产城融合、空间集约、设施共享”的主导思想，努力构建“一园五区”的空间发展结构。高端装备制造产业区分两块布置在开发区中部和北部区块，成为园区产业发展的重中之重。医药健康产业区布置在开发区东侧，东湖北路以西区块。新能源产业区布置在开发区中部，宁桥大道以北、康泰路以南区块，成了风电设备制造、环保动力电池的制造基地。家纺布艺产业区主要布置在开发区中部，荷禹路以东、东湖北路以西区块。现代服务区主要布置在开发区西部和南部，科技平台、中心公园等有序建设，成为园区发展的重要支撑。

2）园区产业转型升级

园区实施循环化改造以来，依托现有的产业基础，充分发挥园区的区位优势，对产业进行补链引进和优化整合，推进园区产业的存量改造和增量优化。重点改造和提升现有的纺织服装和传统装备制造业，引导向高端家纺布艺和高端装备制造等方向发展。推动绿色循环理念融入高端装备等产业，加强生态设计和绿色产品研发应用，推广绿色循环生产工艺。加快培育节能环保产业等支撑循环经济发展的新兴产业。推进工业与互联网的深度融合，重点引导“互联网＋协同制造、智能制造”等新模式。

3）循环型产业链不断完善

园区循环化改造重点是推进家纺布艺、生物医药产业、装备制造等产业的转型升级。以构建“横向耦合、纵向链接”的工业生态链网为中心目标，根据行业特点，完善各个行业内部及行业之间的生态产业链，提高其稳定性。同时，积极培育园区高端装备制造、新能源等新兴产业链。结合园区循环经济发展方向，构建企业内部小循环、园区层面中循环和大循环产业链。

4）能源资源高效利用，污染防治有效强化

园区按照循环经济减量化优先的原则，推行清洁生产，促进源头减量。优化能源结构、提高能源利用效率，积极鼓励企业开展节能技术研发和推广应用，加快推进企业屋顶分布式光伏的开发利用。关停海联热电和燃煤小锅炉，实现开发区煤炭清零。推动余热余压利用、中水循环利用，有效提高能源利用效率。自实施循环化改造以来，杭州余杭经济技术开发区围绕环境质量改善这一核心，关停整治高污染行业，加大环保基础设施投入，提升环保标准，持续攻坚碧水、蓝天、净土、清废行动，全力开展污染防治工作，努力提升区域环境质量。

5）基础设施网络持续完善

循环化改造期间，园区完成荷禹路大道供水管线工程、振兴路泵站综合楼工程、4 号泵站物资仓库工程等供水基础设施项目。根据园区道路建设计划同步跟进配套供水管道建设。完善供电基础设施建设，供气基础设施建设，污水处理基础设施建设。循环化改造期间，园区不断完善污染源监控基础设施，开发区内主要排污企业（包括污水处理、集中供热等基础设施项目）基本均已按要求安装废水、废气在线监控系统，实时监控企业排污情况。

（3）效果及效益分析

经济效益：开发区以园区循环化改造为契机，加大力度实施传统产业提升改造及新兴产业做优做强。积极加强企业培育，深入推进“扎根计划”、扎实推进“冠军计划”、持续推进“凤凰计划”，针对不同类型企业细化分类，招引优质项目、培育本土生力军、壮大龙头企业多措并举，做强做优制造业主体。通过企业回收和综合利用工艺废水、推进中水回用，实施节能改造，大幅度节能减排，降低生产成本。积极延伸产业链，提升价值链，全面推进“创智计划”，成功创建以“未来工厂—数字化车间—数字化产线”为主线的省级新智造区域示范，全面开展机器换人、工厂物联网、“互联网 +”“企业上云”建设，提高企业的自动化管理水平，提高产品附加值。

环境效益：经过循环化改造，开发区内分散小锅炉全部关停，改由新奥集团建设天然气泛能大网，实施集中供热，项目一次能源综合利用率达到 84% 以上，相对于传统的供能方式，项目每年节能折合标煤 2.4 万 t，节能率达 28.6% 以上，减少 CO_2 排放 13.38 万 t，减少 SO_2 排放 3135 t，减少 NO_x 排放 958t，节能减排综合效益明显，能源产出率由 1.36 万元 /t 标煤增至 6.6 万元 /t 标煤。通过推广清洁生产、“未来工厂”、绿色工厂等建设，实行环境质量管理，采用先进的工艺技术与管理技术，可从源头上减少资源消耗量，在生产过程中减少废弃物排放量。

社会效益：通过开展园区循环化改造，加强服装、印染等传统产业的污染物治理、废弃物综合利用、能源节约集约利用等，大力发展高端装备制造、生物医药等，铁腕治理环境污染，关停淘汰落后产能，显著提高区域的大气、水、土壤等环境质量，保障周边居民的生活质量和生命安全。将公众环境满意度纳入政府考核体系，民众的满意度逐年上升。通过实施荣能环境装修垃圾无害化处理、资源化利用项目，医智捷建设的医疗物流行业去中间环节及耗材循环使用等基础设施项目，进一步完善园区固体废物消纳和处理能力，加大辐射范围，实现与周边区域的基础设施共建共享。

3.6.3 衢州高新技术产业园区

（1）园区概况

衢州高新技术产业园区位于闽浙赣皖四省边际中心城市——衢州市，陆、水、空交通网四通八达。衢州矿产赋存种类多，石煤、石灰岩、黄铁矿、叶蜡石、大理岩、耐火黏土、铀矿等居全省前列，石煤、石灰岩矿位居全国前十位，此外，衢州及周边地区萤石矿储量约占全国总量的60%。

衢州高新技术产业园区依托巨化集团，形成了以氟硅化工为主导，特色材料、精细化工、生物化工、装备制造等同步发展的产业格局。尤其在氟化工行业，其是国内综合规模最大、产业链优势最为明显、整体装备和技术水平较高的全国性氟化工生产基地。

（2）改造主要措施

1）完善产业结构

园区围绕氟、硅、钴三大特色产业，完善了招商体系，促进特色产业的发展。针对氟产业,依托巨化集团,实施了一批提升氟材料产业发展的项目,发展了新一代氟制冷剂、高端含氟聚合物、高端含氟精细化学品等产品，持续打造国家级氟硅新材料产业基地；在硅产业方面，园区延伸和拓展了有机硅和无机硅产业链，重点发展了苯基、乙烯基等特种有机单体、高档硅油、生物型硅橡胶、特种硅烷偶联剂等有机硅深度开发产品，完善了硅材料产业链；同时，高新园区发展锂离子电池正极材料、航空航天高温合金、硬质合金、色釉料、磁性材料、橡胶黏合剂和石化催化剂等领域用的四氧化三钴、氧化钴、碳酸钴、氢氧化钴、草酸钴、硫酸钴、氧化亚钴等产品，构建了功能新材料产业群。

2）构建循环经济产业链

完善氟化工循环产业链：通过延伸拓展氟化工产业链、开展产业链节点补链和强化废弃物综合利用等途径，逐步完善“萤石→氢氟酸→含氟单体→含氟聚合物”氟化工循环产业链。

构建硅材料循环产业链：园区从延伸产业链、强化副产物综合利用、HCl闭路循环三方面构建硅材料产业循环产业链。一方面，延伸发展了硅橡胶、硅油、气相法白炭黑等硅材料系列产品，进一步拓展了硅橡胶、硅油制品等硅材料制品，延伸硅材料产业链。另一方面，实施了有机硅副产物——甲基三氯硅烷循环利用、以副产物高沸物生产高沸硅油与硅树脂、利用副产氯化硅烷及副产氢气生产白炭黑和利用副产氯化氢与液氯生产三氯氢硅等一批副产物综合利用项目，强化了副产物的综合利用。此外，实施了利用副产氯化氢与液氯生产三氯氢硅、利用副产盐酸生产环氧氯丙烷等项目，构建了HCl闭路循环。

构建钴等功能新材料循环产业链：园区结合现有氟化工等企业盐酸、硫酸、硫酸氢铵等副产品产生情况，从物料闭路循环、废弃物回收利用两方面考虑，通过专项企业、特定项目的招商引资，推动了华友钴业等一批企业项目落地，构建起钴等功能新材料循环产业链。

3）提高能源资源利用效率

加快技改淘汰落后设备：鼓励区内企业应用节能新技术、新工艺，对用能企业实施燃煤工业锅炉、电机系统、绿色照明等方面的节能技术改造。同时推动园区热电厂节能环保技改项目，建设了二期集中供热管网，提高了园区节能降耗水平。此外，园区推动企业淘汰落后产品、技术和工艺设备，淘汰和转移了一批不具有能源资源利用优势、产业附加值较低的相对落后产能。

推进资源综合利用：鼓励企业挖掘生产环节、生产要素的循环利用潜能，提高资源利用率。同时，园区通过充分挖掘企业内部节水潜力、推行水资源梯级利用、开展中水回用、雨水利用和推进建立分质供水系统等工作，有效推动水资源回收利用，大幅度减少了新鲜水用量、需处理或外排的废水总量和污染物总量。

推广使用清洁能源：推广太阳能发电工程，提高非化石能源利用量；推动用煤企业进行煤改天然气改造，推广使用天然气等清洁能源，提高天然气、电能在能源消费结构中的比例；推进园区电网线路建设，为园区发展提供稳定的电力保障。

（3）效果及效益分析

经济效益：通过产业链延伸、副产物交换利用等循环产业链关键节点的补链，提升了产品价值链，朝着低碳、绿色、高附加值的方向发展，既保证了经济总量的增长，也实现了产业结构的优化。在区内形成了完整的氟材料、有机硅、无机硅三大产业链以及国内最全的氟硅新材料产品体系。

环境效益：通过循环化改造，建成污水管网 11.83 km，对污水集中处理设施进行扩能改造，以及新建污泥综合利用生产线，实现了 2.88 万 t/d 的污水处理能力和 110 t/d 的污泥处置能力。园区氮氧化物、氨氮、二氧化硫、固体废物的排放量均有明显降低，同时，提高了工业固体废物综合利用率和工业用水重复利用率。

社会效益：通过循环化改造宣传和教育，提高了社会公众对循环经济认识，同时调动了企业积极主动性，为企业树立了社会责任感。

3.7　轻工产业主导类园区

3.7.1　辽宁法库经济开发区

（1）园区概况

辽宁法库经济开发区组建于 2001 年，2006 年 6 月被国家发展改革委批准为省级开发区，是东北地区最大的陶瓷生产、研发、销售基地。2013 年被国家发展改革委、财政部评为“国家园区循环化改造示范试点”，2017 年通过循环化改造验收工作。园区循环化改造期间，开发区共实施重点项目 11 项，总投资 18.8 亿元。2017 年园区地区生产总值为21.9亿元。

陶瓷产业是法库最具有代表性的新兴产业之一，经过十余年的发展，已经成为法库经济发展的支柱产业。依托资源优势，实现了从无到有、从小到大，从量变到质变的过程。现已累计引进陶瓷及相关配套企业300余家，产品已由单一的建筑陶瓷发展到日用陶瓷、艺术瓷、工业瓷、电瓷等12大类近千余个品牌，产品覆盖了东北三省及内蒙古东部，并远销美国、俄罗斯、韩国、日本等多个国家和我国台湾、香港等地区。

（2）改造主要措施

1）加快产业结构调整和升级，提高陶瓷产品附加值

开发区对内进行技术创新、环保升级两个改造，对外进行国内、国际两个市场的拓展。

以陶瓷产业供给侧结构性改革为抓手：降低传统建筑陶瓷项目招商比例，加快引进和培育泛家居产业、陶瓷新材料、陶瓷废料资源化利用以及创意陶瓷等高附加值产业，推动产业转型升级、提质增效。

以筹建和创建全国创意陶瓷知名品牌示范区为重要契机：进一步提高开发区陶瓷产品质量，塑造企业品牌和“法库陶瓷”区域品牌，增强“法库陶瓷”的品牌影响力和市场辐射能力。

积极参与国际市场竞争：面对陶瓷市场低迷、环保从严、产能过剩等多方面压力，开发区及时调整工作方向，将陶瓷出口摆在了更加突出重要的位置，确立了“紧盯俄罗斯，巩固蒙日韩，主打中东，开拓非洲，进军北美”的出口路线图，并在中东地区建立法库陶瓷中转物流基地——“迪拜海外仓”，在俄罗斯远东地区建立“伊尔库茨克海外仓”，切实帮扶园区企业真正走得出去，站得住脚。

2）构建循环产业发展模式

基于园区资源特征突出、主导产业关联度强的特性，园区通过循环化改造，构建了陶瓷废片、磨边泥浆（干粉）、炉灰渣—建材产品，集中煤制气—代替企业自建煤气发生炉、中水—代替新水等循环产业链，形成了建筑陶瓷产业循环发展的典型模式（图3-7）。

3）提高能源资源的利用效率，积极引入清洁能源

近年来，按照循环经济发展理念，开发区积极推进煤炭清洁能源的应用，鼓励企业使用清洁能源，优化能源结构。

引入科达燃气、沈法燃气等项目：逐步削减企业自有的水煤气发生炉的使用量，进而提高能源利用率，降低污染物排放量，目前园区内金名佳、大唐、泰一、新东方等4家陶瓷企业已经使用了科达生产的清洁煤制气，苏泊尔卫生洁具等公司已陆续开始使用天然气。

大力推行企业能源审计制度：强化企业能源制度化管理和内部节能降耗能力建设。

积极推进能源梯级利用：引入陶瓷生产线窑炉余热利用改造，将37家陶瓷企业的烧成窑高温烟气引入干燥窑，利用烟气余热作为干燥窑热源，以取代传统的利用干燥窑加热煤气的方式，并将高温余热烟气用于员工洗浴和冬季采暖。

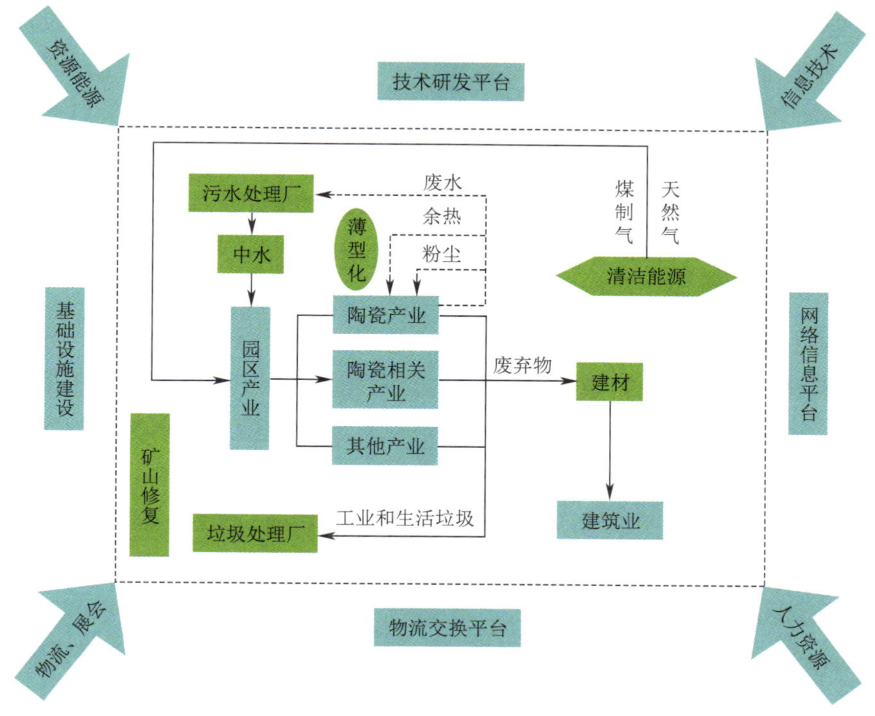

图 3-7　辽宁法库经济开发区园区循环化改造典型模式示意图

实施企业能耗在线监测：建立能耗在线监测系统，对 50 家重点陶瓷用能企业的能耗数据进行实时采集、汇总、分析，促进企业能源精细化节能管理，并准确把握和分析节能降耗发展趋势。

4）培育和发展战略性新兴产业

园区循环化改造以来，开发区积极实施创新驱动战略，加速科研成果转化，加快构建具有法库陶瓷产业园区特色的自主创新体系。

对现有企业进一步加大研发帮扶力度：不断提高产品科技含量，鼓励并支持有实力的陶瓷企业申请成为高新技术企业。

加快重点领域、关键技术和科研成果转化：目前累计开展新型绿色建材、呼吸砖、精密铸造用陶瓷浇口杯、精密铸造用泡沫陶瓷过滤器和地产原料替代广东黑泥等各类科研项目 20 余项，累计获得相关技术发明专利 33 项。

对新入驻企业优先鼓励，并支持战略性新兴产业项目：2017 年辽宁法库新材料产业技术创新大会暨新材料产业招商推介大会上，“新材料创新产业园”“辽宁法库陶瓷功能研究所”项目揭牌，签署了“沈阳建筑大学与法库县人民政府共建新型建筑材料研究所”“东北大学产学研实践基地”“辽宁省文化产业校企联盟”“沈阳天华新能源汽车及充电桩”“上海晶科光伏电力公司分布式屋顶光伏发电”等多个项目入园合作协议，标志着科研成果正在由实验室走向生产车间，实现了由科技成果向现实生产力的完美转化。

（3）效果及效益分析

经济效益：园区循环化改造的过程中，通过循环经济补链招商，扩大了开发区固定资产投入，带动了开发区生产总值增长，为开发区带来直接经济效益近10亿元，同时带动开发区配套设施建设以及相关产业经济发展，为开发区带来间接经济效益近5亿元。

资源环境效益：通过园区循环化改造的实施，开发区资源产出、能源产出等指标得到了提升。

社会效益：通过园区循环化改造，降低了企业能源消耗和污染物排放，提高了开发区资源能源整体产出水平和资源环境承载能力，为开发区的可持续发展提供了坚实基础，为区域传统产业转型升级和绿色发展提供了重要的实践经验。同时加深了政府、企业和公众对循环经济的认识，扩大了绿色发展的舆论基础。

3.7.2 新乡经济技术开发区

（1）园区概况

新乡经济技术开发区始建于2003年，2012年被国务院认定为国家级经济技术开发区，开发区位于新乡市区东部，距主城区8.5km，处于中原城市群郑州大都市区次级中心城市核心区和郑州航空港辐射核心区，是我国重要的化纤、机械装备生产基地。

新乡市的纺织服装产业基础雄厚，是全国36个纺织基地之一。新乡经济技术开发区现已入驻各类化纤纺织和服装生产企业数十家，年产值达50.5亿元以上。开发区以白鹭化纤集团为龙头，形成了高端人造丝制造和纺织、染整、制衣为一体的完整的纺织产业链条，纺织产业集群效应明显。

（2）改造主要措施

1）优化调整产业结构，实现化纤纺织产业绿色化改造

传统的纺织行业对棉毛、土地和油气资源的依赖性非常大，受资源、能源、环境等因素限制，化纤纺织行业逐渐向具有环境友好、资源节约、高附加值优势的差别化高性能纤维、再生纤维素纤维和产业用纺织品领域发展。园区在调整产业结构方面，主要采取了以下措施：

推进绿色纤维生产，优化升级化纤产品结构：在循环化改造实施期，通过实施技术先进、经济可行的国际高科技纤维制造技术——新溶剂法纤维素纤维制造技术，解决纤维行业长期积累的结构性矛盾和资源、环保约束问题，带动经开区再生纤维素纤维工业的整体水平和竞争能力的提高，并起到示范作用。

提升技术水平，构建高科技纺织服装产业集群：依托新乡白鹭化纤、新乡护神等化纤印染龙头企业，突破绿色纤维瓶颈，立足特色染整，重点发展品牌服装，加强政府在产业布局上的调控作用，推动优势企业和资源向产业园集中，积极推动纺织服装业向服装（成衣）制造延伸，走集群化发展道路，加大高新技术改造力度，发展技术先进、引

领时尚、吸纳就业能力强的现代纺织工业体系。

进一步对现有重点企业进行循环化改造：循环化改造前，尽管白鹭化纤等龙头企业节能水平较高，但开发区整体纺织产业能耗水耗仍较高，有较大的下降空间。因此，在循环化改造期间，主要化纤印染企业实施节能减排技术集成与科技创新，带动整个产业积极研发废水治理及各种废气、废料、废液利用技术，全面推行清洁生产，促进行业提升工艺装备水平，强化从原料、中间产品到废弃物全过程资源利用和处理。积极研发新型纤维等替代技术，推广利用可再生资源、生物质资源生产化纤原料等替代技术，大力推进蛋白纤维、聚乳酸纤维、溶剂法纤维素纤维的工业化应用。在企业内部生产中采用变性淀粉浆料、生物酶等零污染、少污染材料。

2）延长主导产业链，提高综合竞争力

循环化改造前，新乡纺织服装产业的各部分发展不平衡，整体架构呈现两头小、中间大的“橄榄形”格局。在两端的研发设计和服装生产、品牌营销环节能力相对薄弱。

循环化改造期间，开发区巩固化纤、棉纱等现有产业优势，着力加强新型化学纤维、护神公司功能面料等产品的研发，鼓励企业扩大生产有自主知识产权的各种化纤原料；大力发展织染后整理和制成品，延伸产业链条，提高产品档次。鼓励化纤、印染等大型企业联合其他大型企业投资于服装、装饰品等产业；积极承接东部地区产业转移的纺纱企业入园，鼓励本地及周边纺纱企业入园发展，积极开发高科技高附加值的高档面料、新型功能纤维、产业用纺织品和家纺产品。

开发区已形成以具有自主知识产权的产品为核心，从纤维到纱线，从纱线到面料，从面料到成衣、成品的产业链即“化纤—纺纱—织造—印染—终端纺织品”的纺织服装产业链，具体包括“印染—废液—碱”“化纤生产—废气—制酸”“纺织—废水、废气—热能—纺织”“纺织—边角料—纺织”“纺织品—废旧纺织品—再利用产成品—纺织品”“纺织品—废旧纺织品—保温材料”“废弃聚酯—化纤—纺织品”等循环经济产业链，具体如图 3-8 所示。

3）积极开发非常规水，加强水资源循环利用

循环化改造前，开发区企业产生废水经污水处理达标后主要排往附近东孟姜河，中水回用率低；污水管网未全面覆盖，存在污水未经处理直排现象，对区域地表水环境产生影响；部分企业内部存在自备井，通过抽采地下水作为企业生产用水，地下水开采较为严重等。

结合开发区的水资源情况，通过完善分质供水和分级用水机制，建设中水回用系统，并对雨水、微污染水等进行分流和分级综合利用；配套相应污水收集管网及中水回用管网；推进重点企业污水回用；实施开发区工业和生活节水，强力推进工业节水，从项目引进上把关，严格控制耗水量大和对水环境污染严重的企业落户。重点推进开发区用水器具改造项目，推广应用节水型设施、设备、器具。推广节水技术等措施，最终打造“工

业生产—废水—集中处理—中水回用”的水资源循环利用链，提高水资源利用效率。

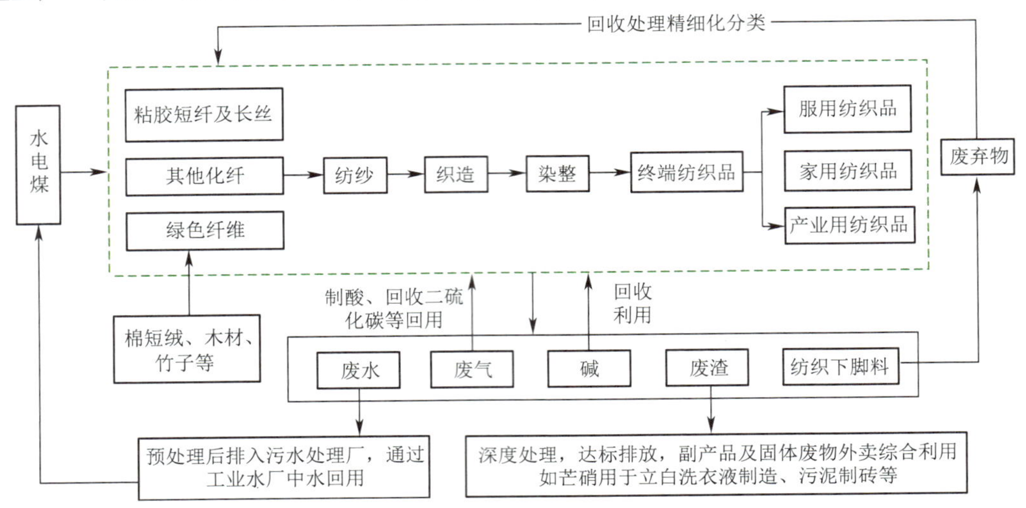

图 3-8 开发区纺织循环经济产业链

实施污水处理厂一期中水回用项目： 完善配套中水管网 20 km，全面利用中水，实现经开区废水“零排放”。

实施开发区工业水厂项目： 以中水为水源，与引黄水、南水北调水源共同作为工业水厂水源，全面实现企业集中供水，在集中供水覆盖区域，关停企业自备井。

4）建立循环经济激励机制

严格执行项目准入标准： 执行严格的项目准入标准，建立节能绿色屏障。在项目引进中始终坚持“招大、引强、选优”的招商思路，对新进项目在企业技术水平、能源及资源利用效率方面进行约束，严格实施固定资产投资项目节能评审。在符合园区产业规划、保障新兴产业优先发展的前提下，设立两条红线：①单位产值能耗不高于行业或产品能耗标准；②项目用能不对园区总用能额度产生较大影响。利用准入门槛把高能耗、高污染的“双高”项目挡在区外。

完善财税支持政策： 建立循环化改造企业动态管理机制，设立新乡市经开区循环化改造企业信息库。对重点企业循环化改造项目用地，按缴纳土地使用税的 50％奖励企业。对于进入循环化改造企业信息库中的企业，按以下标准进行奖励：对年入库税金 3000 万元以上且增幅达到 6％以上的企业，按当年入库税金地方所得增长部分的 12% 奖励；对年入库税金 1000 万元以上且增幅达到 8％以上的企业，按当年入库税金地方所得增长部分的 11％奖励。对当年入库税金达到 50 万元以上的新办企业，按当年入库税金地方所得部分的 5％给予奖励。

健全投资鼓励政策： 投资者投资与循环化改造相关的项目时，可以免交城市公用基础设施配套费、自来水增容费，并减免在权限范围内的其他各种规费。外来投资与合作的企业，投资者可按投资比例（股份）享受分产值、分利润、分地方所得税留成返还部分的“三分”优惠政策。按期建成投产，并建设标准厂房、多层厂房的企业用地，投资密度和投资强度达到国家规定标准的，按缴纳土地使用税的 100% 奖励企业 3 年，按 50% 再奖励 2 年；免收行政规费。

完善价格激励政策：贯彻落实国家和省促进循环经济发展的各项价格政策。对于循环化改造项目用水，实施财政补贴水价；合理确定再生水价格，提高水资源重复利用水平；合理调整污水和垃圾处理费、排污费征收标准，鼓励企业实现“零排放”。对开发区规划的淘汰项目和国家限制类项目实行差别电价，限制高耗能高污染产业盲目发展，引导集约节约利用资源。安排专项资金，推动节能减排技术研究、产品开发和推广应用。

拓宽融资渠道：开发区循环化改造的重点企业和循环化改造的重点项目，金融机构要积极给予信贷支持，并做好相应的金融服务。发挥财政资金的引导作用，省、市财政资金加大对循环化改造项目支持力度，鼓励和引导社会投资支持开发区循环经济发展和重点项目建设。

（3）效果及效益分析

方案实施后，通过对开发区进行循环化改造，可以基本建立起较为完善的循环经济体系。通过绿色纤维生产、高科技纺织产业集群的建立，促进纺织产业绿色化发展；通过推行绿色制造、智能制造和服务型制造，提高产品附加值，着力推动传统产业向中高端迈进；通过延长两大主导产业链即“化纤—纺纱—织造—染整—终端纺织品”产业链、“配套件、零部件—机械装备制造—物流、销售、维修、检测研发服务和再制造”产业链强化静脉产业链构建，提高开发区综合竞争力。

实现开发区燃煤废气“零排放”，大大降低新鲜水用量，有效提升开发区中水回用、集中供气等基础设施服务功能，提升物流、金融、法律等公共平台的服务功能，强化开发区循环化发展的支撑能力。在企业实施节能减排技术集成与科技创新，带动企业积极研发废水治理及各种废气、废料、废液利用技术，全面推行清洁生产，促进行业提升工艺装备及从原料、中间产品、废弃物全过程的资源利用和废弃物处理水平。

3.7.3 浙江吴兴工业园区

（1）园区概况

浙江吴兴工业园区位于吴兴区东部，西与湖州市主城区相连，北依太湖，是浙北地区重要的经济发展平台，也是湖州市南太湖滨湖城市带的重要组成部分。园区四至范围为：北至申苏浙皖高速南侧规划外环北路，南至 318 国道，东至珍贝路，西至大钱港、戴山路、黑龙塘，总面积 47.7km^2。经过十几年的精心培育，园区经济发展水平逐步上升，产业不断壮大，已成为湖州市经济发展主引擎之一。2016 年以来，园区经济水平稳步提升，2021 年园区地区生产总值为 390.14 亿元，较 2016 年增长 76.4%。

（2）改造主要措施

1）优化空间布局

园区以循环化改造为契机，以物质流和产业关联性为导向，进行总体布局优化，不断调整优化“一园五区”园区空间布局，促进产业集聚、循环链接、土地集约高效利用，园区产业空间布局不断优化。园区通过区内绿地、河道、交通系统等建设和治理，着力构建“一心四轴多节点”的绿色生态系统，优化园区生态环境质量。近年来，园区建设了一批品质高、景观优的公园项目，完成公园绿地 4 hm^2，为民众憩息休闲活动提供活动空间；园区沿主要交通干线建设绿色廊道，采用多品种、多层次、立体化的新型绿化组合模式取代传统的公路绿化模式，将交通要道变成绿色生态长廊，建成省级绿道长度 9 km。

2）促进产业结构调整

改造提升传统优势产业：大力促进服装行业工艺升级、产品升级、功能升级，推进传统纺织工艺技术升级改造，推进传统纺织服装产业做强做大、健康持续发展。园区大力发展物流机械、汽车零部件、工程机械、环保设备、数控机床等装备制造产业，提升装备制造产业化、集聚化水平，打造装备制造及大型零部件省级产业示范基地。园区以久立特材等新材料龙头企业为依托，重点发展不锈钢管材、新型铝材、新型环保建材三大领域，实施浙江大东吴建设新材料有限公司的利用污泥制陶扩建陶粒砌块生产线项目、浙江久立特材科技股份有限公司的年产 2200km 高端精密管及快堆包壳管项目、生产工艺及管理系统更新改造等技术升级改造项目、新建 20 t/d 不锈钢重金属污泥无害化处理和资源综合利用生产线项目，提升上游压延产品，扩展下游金属制品，不断拓展产业链、价值链，打造全国一流的工业管道生产基地、全省领先的不锈钢管材和新型铝材加工基地。

大力培育战略性新兴产业：循环化改造期间，园区重点发展光伏新能源、电子信息、物联网设备等产业，优化产业布局，加强技术研发，提升创新能力。园区成功实施中节能（湖州）节能环保产业园（一期南区）建设项目、浙江晶日照明科技有限公司年产 300 万套 LED 灯具自动化节能改造项目、湖州久鼎电子有限公司 Type-C 产品规划项目、华为集团智慧云计算产业园一期建设项目等，通过引进项目、加大科技投入、加强技术研发，吸引国内外先进的节能环保、电子信息项目落地，战略性新兴产业发展水平不断提升。

3）构建循环经济产业链

纺织服装循环产业链明显提升：湖州吴兴童装产业环境综合整治配套园工程项目、湖州吴兴童装产业环境综合整治配套园废水综合处理及中水回用项目、童装加工行业集聚整治提升工程（织里童装产业园一期工程）稳步推进，园区童装（服装）加工及配套企业集聚升级，实现了园区污染集中整治和资源集约利用。华祥高纤水煤浆锅炉超低排放改造项目、浙江大港印染有限公司印染废水综合利用集成技术示范项目、湖州通益环保纤维股份有限公司年产 1 万 t 再生仿羽绒技术改造项目等一批循环经济项目投入运行，形成“横向耦合、纵向延伸、循环链接”的、以化纤（天然纤维）—纺纱织造—印染（印花）—服装制造—再生纤维利用为核心的纺织印染循环经济产业链。

新材料循环产业链不断做强：依托久立特材、大东吴新材料等龙头企业，围绕钢材、铝材等金属材料的高效利用，新建 20 t/d 不锈钢重金属污泥无害化处理和资源综合利用生产线、年产 2200 km 高端精密管及快堆包壳管项目、年产 500 t 高耐腐蚀管件自动化改造项目、年产 3000 t 铝压铸汽车零配件项目等项目有序推进实施，且浙江大东吴建设新材料有限公司的利用污泥制陶扩建陶粒砌块生产线项目成功运行，形成以特色金属管材、金属型材、新型建筑材料为特色的新材料循环经济产业链。

装备制造循环产业链持续做优：依托三一铸造、大东吴电机、佳雪微特电机等装备制造企业，形成物流装备、工程装备、机电装备、节能环保装备为主导的装备制造业产业链，浙江佳雪微特电机集团有限责任公司年产 50 万台特种电机的节能及智能化搬迁改造提升项目、浙江三一铸造有限公司废钢再利用循环项目、浙江大东吴汽车电机有限公司年产 3000 t 铝压铸汽车零配件项目等项目有序实施，铁、铝等金属资源产出率稳步提高，形成装备制造业循环产业链。

循环经济静脉产业链不断完善：园区依托浙江大东吴建设新材料有限公司、浙江三一铸造有限公司、浙江米皇铝业股份有限公司、湖州通益环保纤维股份有限公司等资源循环企业，进行污泥、废金属、废水、废化纤面料、建筑垃圾、生活垃圾等的资源再生利用，以大东吴新材料为主体，利用污泥烧制陶粒骨料、生产陶粒加气混凝土砌块、陶粒混凝土板材、轻质混凝土以及陶粒混凝土预制构件等新型节能环保建材。以通益环保为主，回收利用服装加工废料（化纤废料）以及园区内和周边区域废塑料瓶生产再生纤维、人工毛片（毛领）。并带动欧汇、金洁等企业实施工业固废处置、包装回收等静脉产业项目，积极补全园区内部产业之间的循环经济静脉产业链。

园区循环经济产业链示意图具体见图 3-9。

4）提高能源资源利用效率

着力优化能源利用结构：循环化改造期间，园区抓好重点用能行业和企业节能新技术、新产品的推广应用力度，以余热余压利用、电机系统节能、绿色照明为重点，启动一批效果显著、示范效应强的节能项目。不断优化能源结构，结合行业综合整治行动，淘汰园区燃煤小锅炉，降低煤炭使用量；推动分布式光伏发电项目建设，新建装机容量 105 MW，不断提高园区内非化石能源利用比例，实现能源的梯级利用，实现单位产值能耗持续下降。

加快推进集中供热和余热利用：园区积极推动湖州织里长和热电有限公司 12 MW 热电机组节能改造项目、集中供热热网扩建项目建设，实施湖州新港环保生态园区经营管理有限公司湖州吴兴童装产业环境综合整治配套园工程项目，确保园区供热管网尽快实现全覆盖。

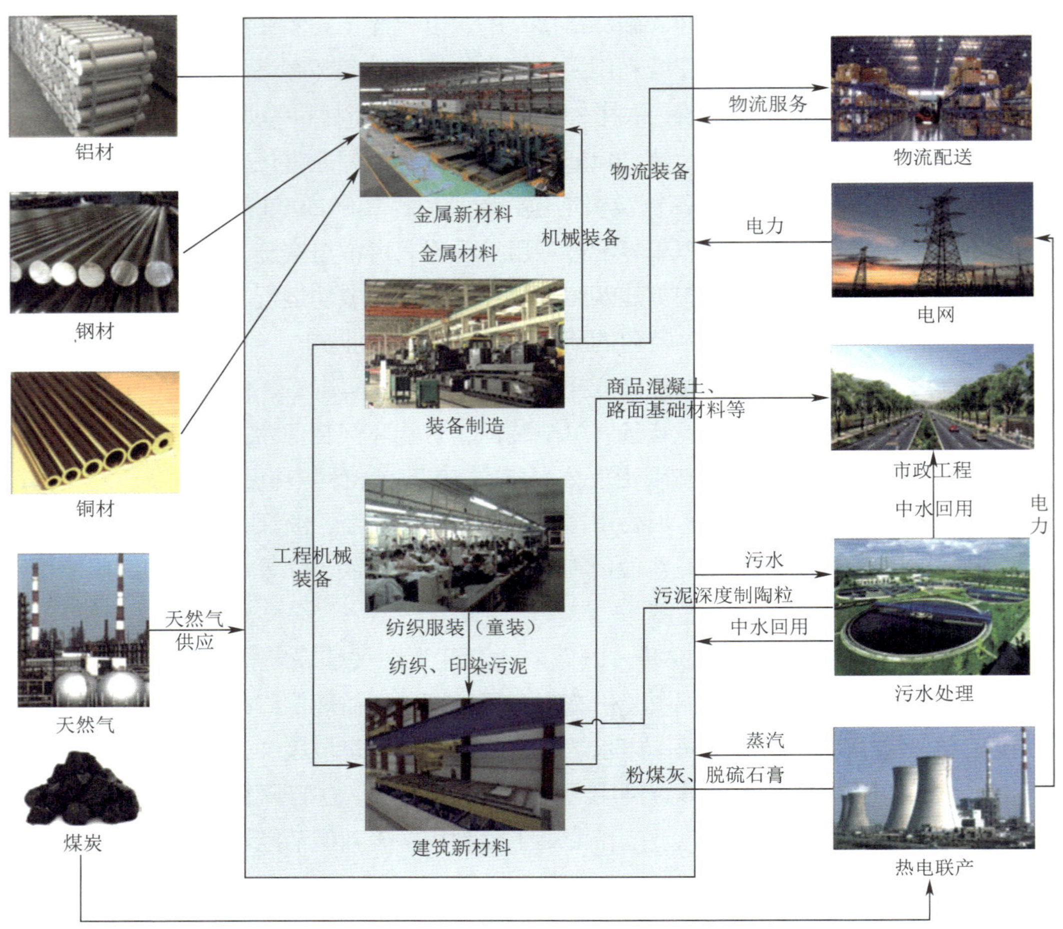

图 3-9　园区循环经济产业链示意图

鼓励节能技术的研发和推广应用：园区积极鼓励能耗较高的装备制造、化纤印染生产企业推广能源的梯级利用，以龙头企业为引导，带动行业节能技术改造，重点推进浙江创盛光能源有限公司年产 150 MW 高效晶体硅太阳能电池组件技术改造项目、湖州珍贝羊绒制品有限公司年产 300 MW 高效晶体硅太阳能电池组件项目。对企业的空压机、制冷机等高能耗设备进行节能改造，提高能源利用效率。合理布置企业生产工艺流程、建筑结构，合理设计生产流水线作业，减少物料中途的运输环节，鼓励热交换等梯级利用形式，有效降低产品的能耗。继续推广园区工业用水、生活用水的分质供给，鼓励企业建立水资源回收利用体系。

全面提升水资源利用效率：循环化改造期间，园区加快推进铝合金等传统产业生产工艺改进，鼓励采用中水回用、逆流漂洗等节水型清洁生产工艺，禁止采用直接冲洗等落后工艺，实现水资源节约利用。园区已建成湖州吴兴童装产业环境综合整治配套园污水处理改扩建工程、浙江天立新材有限公司清洁生产水平提升技术改造项目、浙江米皇铝业股份有限公司污水站环保技改及中水回用项目，进一步提升了工业水重复利用率和中水回用率。

5）加强污染集中治理

提高废水集中处理能力：围绕提高“三废”的集中治理水平，按照太湖水环境综合治理要求，加强湖州吴兴童装产业环境综合整治配套园废水综合处理及中水回用项目、童装加工行业集聚整治提升工程（织里童装产业园一期工程）、湖州吴兴童装产业环境综合整治配套园污水处理改扩建工程、多家企业的中水回用减排降耗综合技术改造以及园区污水管网建设提升工程等，实现废水综合利用、降污减排。

强化园区固体废物集中处置和利用：园区统筹考虑固体废物处置总体规划布局，科学合理筹划园区固体废物回收点，将有处置条件的固体废物按类别进行集中收集处置，对于具有可再生利用价值的金属边角料、包装固体废物等进行资源综合利用，成功实施了湖州欧汇再生资源科技有限公司工业固体废物资源化利用建设项目。全面推进园区企业清洁化生产，确保企业的污染物得到有效治理，浙江天立新材有限公司清洁生产水平提升技术改造项目顺利完工。

强化园区环境的综合管理：为了进一步提升园区环境管理水平，促进各项工作规范有序地开展，园区持续开展企业环境管理体系认证，引导企业建立健全环境管理制度，全面开展 ISO 14000 系列标准和推进环境管理体系认证工作。全面推进园区企业清洁化生产，确保企业的污染物得到有效治理，浙江天立新材有限公司清洁生产水平提升技术改造项目顺利完工，南太湖节能减排技术改造项目顺利完成，极大地减少了污染物排放。

（3）效果及效益分析

通过园区循环化改造，园区初步取得了良好的环境效益和经济效益，重点支撑项目包括产业链延伸、物料闭路循环、能量梯级利用等多个项目的实施，可实现销售收入 13 亿元 /a，产生利润 1.2 亿元 /a；同时还将产生减少排污费、节约能源消耗费等间接经济效益，经济效益良好；实现年节约节煤 10.6 万 t，节约用水 255 万 t，回收利用废钢、农林废弃物、工业固体废物等各类废弃物 33.3 万 t，减少化学需氧量排放 131 t/a，减排 SO_2 量为 149 t/a，项目的实施具有较好的资源环境效益；重点支撑项目的实施为地方提供大量的劳动就业岗位，提高当地人民群众的生活水平；有利于完善园区循环经济链条，推动园区内部企业之间形成上下游产业链，对促进地区环保事业的发展、更好地为改善人居环境质量服务具有重要意义。

3.8　装备制造产业主导类园区

3.8.1　长沙（浏阳、宁乡）再制造示范基地

（1）园区概况

长沙（浏阳、宁乡）再制造示范基地位于长沙市沿 319 国道的东西两厢，拥有得

天独厚的交通设施与市场区位优势：不仅紧邻中部地区重要的铁路枢纽中心——武广高铁与沪昆高铁交叉的枢纽站长沙南站和长沙西客站；而且紧邻国际空中航空枢纽——长沙黄花国际机场；同时周边分布10多条高速公路，可辐射周边20多个城市与7个省（区、市）。

长沙（浏阳、宁乡）再制造示范基地立足于再制造产业，探索“两型社会”建设，形成了“一体两翼”的再制造产业发展格局：“东翼”——浏阳再制造专区形成了工程机械整机、汽车零配件及再制造三大特色产业体系，“西翼”——宁乡专区形成了食品、机电、新材料和现代服务业等“3+1”产业集群。“两翼”在地理上各自独立，理念上相互依托，经营上互相融合，业务上差异化发展。

（2）改造主要措施

1）构建循环经济产业链

长沙（浏阳、宁乡）再制造示范基地立足于机电产品产业循环制造产业链、工程机械再制造产业链、汽车零部件再制造产业链、轨道交通设备再制造产业链、机床再制造产业链、大型工业设备产业链、电子通信设备产业链、仪器仪表办公设备产业链及其他专用设备产业链等九大产业链，对重点发展的工程机械进行“建链”，对缺失环节进行“补链”，并从科技、金融、信息化提升以及品牌引领等方面对优势产业链进行“强链”，使再制造产业链纵向延长，部分再生产品进入精深加工阶段。

浏阳专区改造了三大环保节能项目，建立了七大产业支撑平台，在每个技术环节设置产业的技术支撑平台，搭建了从旧件逆向物流回收、生产制造修复、销售交易再到旧件回收的闭环产业链，促进了区内整个产业链协调、良性发展，形成了再制造产业集群。

宁乡专区改造了环保节能公共共享设施，共建共享再制造服务平台，对产业链条的缺失环节进行“补链”；对优势产业链进行“强链”；重点形成以工程机械、矿山设备等两大再制造业为支撑的产业集群区，以再制造拆解与清洗、再制造表面处理、能源信息监控中心、再制造产业创业孵化、工程技术中心为依托的公共服务体系；并推进园区现有的机械制造企业进行再制造工艺技术改造升级。

2）推进清洁生产，实现资源高效利用

基地采用节能与智造相结合、线上监测与线下管理相结合的模式，推动园区资源的高效利用。

一方面，通过节能与智造相结合，两园区积极推行清洁生产，宁乡专区大力发展区域工业热电联产项目，节约标煤9万多t/a，减少二氧化碳、氮氧化物等气体排放2万多t/a；浏阳专区利用改烧工程，将园区内所有烧煤锅炉及燃煤气化炉全部改成燃气炉、生物质炉，减少了燃煤2.6万t/a，有效地减少了二氧化硫排放量370 t/a和氮氧化物排放量152t/a。

另一方面，通过线上监测与线下管理相结合，浏阳专区建成再制造信息跟踪服务中心，对信息进行跟踪，并提供再制造产品信息数据和交易服务，促进了工程机械再制造产品的成交；宁乡专区建成能源信息监测系统，通过智能化计量设备、信息化网络技术对专区内公共基础设施、企业能源消耗进行采集、统计、分析，提供能耗计划、能耗核算及定额管理，达到了科学管理、提高能源利用效率的目的，降低了能源消耗和运营成本，提高了园区的技术竞争力。

3）优化管理机制

构建再制造新型物流机制：浏阳、宁乡两专区鼓励企业提供集仓储、运输、加工、包装、配送等一体化的全程物流综合服务，完善了再制造现代物流服务功能，延伸了再制造产业链。

构建公共服务平台机制：浏阳、宁乡两专区搭建七大公共服务平台：拆解清洗中心、鉴定与检测中心、工程技术中心、融资服务中心、产业发展中心、产学研合作及成果转化中心、产业创业孵化中心等，为再制造产业提供资源、人才、技术、资金等方面的平台支撑。

构建科技创新机制：浏阳、宁乡两专区建立了再制造专家智库和再制造技术研发中心，完善了整个长沙市的再制造科技成果转化体制，从而降低研发试验成本、提高成果转化效率，促进企业积极开展再制造技术和产品研发，提升园区再制造企业的核心竞争力。

（3）效果及效益分析

经济效益：通过循环化改造，基地聚集了 58 家再制造企业，再制造直接总产值增加。在再制造间接效益方面，通过循环化改造减排的二氧化硫、化学需氧量带来的经济效益达每年 1.05 亿元；再制造产业将推动基地经济总量增长 42%，带动园区相关制造产业的发展和聚集，增加工程机械、汽车零部件产值平均达 25% 左右。

环境效益：至 2017 年底，基地工业固体废物综合利用率达到 91.79%，重点污染源达标率达 100%。二氧化硫排放量、化学需氧量、氨氮排放量减少；单位地区生产总值 CO_2 排放量减少，工业固体废弃物排放量减少，工业废水排放量减少；基地两大专区空气环境污染指数年平均值保持在 94 以内，水环境质量都达到 GB 3838—2002 中的Ⅲ类标准，建成区绿化覆盖率浏阳专区、宁乡专区分别达 42% 和 40%，取得明显的环境效益。

社会效益：通过循环化改造的实施，培育了以中大机械为代表的工程机械及零部件再制造产业的发展，实现了 2 万余人的长期就业，带动上下游产业链近 10 万人的临时就业。同时，基地再制造产业的发展，对长沙市经济发展发挥了带动作用。

3.8.2 张家港国家再制造产业示范基地

（1）园区概况

张家港国家再制造产业示范基地位于长江下游南岸，紧靠张家港市区，地理位置优越，水陆交通便捷，西距张家港港和中国唯一内河港型保税区——张家港保税区仅 15 km。示范基地规划面积为 4.3 km^2，以再制造企业、逆向物流、研发检测等公共服务平台建设为主导。再制造产业主要包括发动机及汽车零部件再制造、轮胎再制造、再制造物流和精密切削工具及光电设备再制造等，形成了以汽车关键零部件再制造为主，精密切削工具及光电设备再制造为辅的产品体系。

（2）改造主要措施

1）调整产业结构，构建循环经济产业链

基地以汽车零部件再制造为重点，通过加大产业招商力度，加快了汽车零部件、数控装备及光电设备等再制造项目的发展；同时，挖掘现有企业再制造需求，引导发展高炉、炼钢、轧钢等易磨损、破坏的生产备件再制造，以及精密加工工具的再制造；并完善了再制造产业配套，使再制造产业规模得到了有效的提升。此外，建立了再制造产业展示中心，加强对基地再制造产品质量和优势的宣传。

在构建和延伸再制造产业链方面，基地一是建设了逆向物流中心，支持基地内再制造生产企业与上游客户建立协作关系，争取获得相关企业的再制造授权，有针对性地回收客户所用旧件，进行再制造和性能升级后再送交客户使用。二是在再制造产业示范基地综合服务中心建设拆解清洗中心，对回收产品的初步拆解分类与储存，避免将无再制造价值的产品输送到再制造企业，减少不必要的运输，从而降低运输成本。三是建设了再制造电子商务和信息平台，包括仓储分拣中心和购置网站服务器等设备，为再制造企业提供信息发布、服务需求对接、产品销售等服务。

基地通过构建包括旧件回收逆向物流体系，在市场销售网络中再制造产品和旧件循环交易的商业体系，以及为再制造服务的专业服务体系，促使了区内整个产业链协调、良性发展。

2）污染集中治理和废弃物循环梯级利用

首先，基地针对各类行业的污水排放特征提供专业的污水处理技术改造，使各行业排放的污水在进入污水管网前得到有效的（预）处理。同时，基地在综合服务中心内建有污水处理站和固体废弃物处理中心，加强了固体废弃物综合回收利用。

其次，基地对废水处理采取分散与集中相结合的治理方式，各类废水分别进行预处理后，集中到污水处理站进行二次处理，符合污水处理厂接收标准后进入张家港市第三污水处理厂集中处理；对于废渣及一般工业垃圾，进行填埋处理，而对于含有机物的工业垃圾，则进行焚烧处置。

最后，基地加大了环境检测监管力度，实行污染排放联网监测，对主要废弃物实行统一管理，并采用先进技术进行治理，使再制造的全过程实现绿色清洁生产。

3）建设公共服务平台

为实现“组织网络化、功能社会化、服务产业化、手段现代化”的目标，基地构建了多个公共服务平台：

再制造检验检测中心：以汽车零部件再制造检测为主体，向装备再制造、再制造技术检测发展，为基地内再制造企业提供质量检测服务，协助再制造企业全面建设质量管理体系，推动基地内再制造企业质量水平的提升。

创业孵化中心：为海内外再制造科技人员创新创业提供办公、研发等孵化设施，提供咨询、融资、市场推广等服务，激励高层次再制造人才创新创业，吸引国内外再制造科技创新成果到基地产业化。

技术研发中心：为基地再制造产业发展以及循环化改造提供技术支撑。

逆向物流中心：打造成为全国唯一以旧件逆向供应链管理为核心的专业平台。

拆解清洗中心：扩大基地拆洗和污水集中处理能力，实现污水达标排放，减轻基地污水排放对环境的污染。

固体废物分类收集中心：分类收集基地固体废物，提高基地固体废物的综合利用率。

电子商务中心：主要建设仓储分拣中心，购置网站服务器等设备和开发调试网站软件体系。

宣传推广中心：成为基地和再制造产业的信息、技术交流、政策解读和宣传推广平台，加快推广再制造，提高公众对再制造的认识。

人才培养培训中心：通过校企合作、订单式培训、在岗人员技能培训等多种模式，加快培养再制造工程型技术人才，为再制造产业发展提供人才保障。

（3）效果及效益分析

经济效益：基地在循环化改造过程中完成自主实施项目 13 个，预计可产生直接经济效益约 14.44 亿元。

资源环境效益：基地建设的逆向物流中心、拆解清洗中心、固体废物分类收集中心 3 个项目，可提高废弃物资源化利用效率，减少污染物外排，减少各类废弃物对园区及周边生态环境的影响。此外，在改造过程中完工的项目，形成各类汽车零部件、电子半导体、数控机床设备等再制造能力 135.46 万台套，每年可形成资源综合利用能力超过 100 万 t。

社会效益：项目为张家港市提供近万个劳动就业岗位，增加了就业机会；同时，进一步提高了环境安全保障，改善了人居环境，有利于维护公众健康，促进园区经济社会的可持续发展。

3.8.3　贵州安顺西秀工业园区

（1）园区概况

贵州安顺西秀工业园区，前身为安顺市东关工业小区，2006 年 8 月 8 日经贵州省人民政府同意设立贵州安顺西秀工业园区，国家发展改革委 2006 年 9 月 22 日批准贵州安顺西秀工业园区为第八批省级开发区。园区地处贵安新区西端、安顺主城区东部，临近安顺主城区，是安顺主城区与贵安新区的“铰接点”，是安顺主城区融入贵安一体化发展的首发区域。

目前西秀工业园区以先进装备制造业作为首位产业，特色生态食品、智能终端电子信息产业作为潜力产业，辅以轻化工产业、再生资源利用产业等作为发展配套产业，辖区内现已落户企业 1892 余家，已投产工业企业 346 家，共有规模企业 123 家，国家高新技术企业 17 家，龙头企业 6 家，省级高成长性企业 9 家，培育企业技术中心 5 个，工程技术研究中心 6 个，院士工作站 2 个，产业技术创新联盟 2 个。

（2）改造主要措施

1）空间布局优化

园区按照“一次规划、分步实施”的统筹规划原则，紧紧围绕工业强区的总体目标，大力实施集聚战略、技术创新战略、循环发展战略、协同发展战略，依托西秀区及周边地区丰富的自然资源、域内的产业发展基础和巨大的市场发展空间，以首位产业为支柱，优先考虑潜力产业，最大限度满足各企业相互之间资源共享，促进并引导工业企业及相关生产、生态、生活等要素向产业园区集聚，实现产业园区内外部工艺流程先进、物流运输路线最短的目标，以利于园区内产业协调发展的需要。

2）产业结构调整

通过循环化改造，园区产业定位得到进一步明确。根据《贵州省人民政府办公厅关于推进开发区高质量发展的指导意见》，结合园区产业发展实际，将先进装备制造产业作为首位产业，生态特色食品及智能终端电子信息作为园区潜力产业，辅以轻化工产业、再生资源利用产业等作为发展配套产业。

积极发展先进装备制造产业：紧抓“中国制造 2025”和贵州工业强省战略机遇，积极发展高新技术产业和战略性新兴产业，以实现高质量发展为目标，依托本地产业基础和周边产业配套需求，形成以航空零部件制造为代表的西秀装备制造业。依托安大、安吉、新安军工企业技术力量及资源优势，积极推进军民双向开放、资源共享、有效转化。加快安吉汽车发动机零部件精密铸造园、新安制动系统制造园、西秀区新型复合材料研发制造基地建设，壮大以航空零部件制造为代表的西秀装备制造业，提升产业首位度，打造军民融合产业转型新高地。

引导智能终端电子信息产业转型升级：当前，借助珠三角地区智能终端产业转移窗口期，园区已签约智能终端企业 36 家，基本形成了手机整机、主板、屏、充电器、耳机、扬声器及包材等完整产业链条，初步形成智能终端产业集群。2021 年，园区智能终端产业实现规模产值 72.73 亿元，同比增长 46.31%。

创新发展生态特色食品：安顺市农业产业发展强势，位居贵州省前列，2021 年安顺市农林牧渔业总产值 334.6 亿元。安顺蔬菜品质优，直供香港等沿海城市，在全市各地建有粤港澳大湾区蔬菜直供基地。全市无公害产地认证面积 223 hm^2、认证产品 212 个，绿色食品获证 2 个、有机产品获证 3 个，农产品注册商标 1442 件。安顺市农业基础扎实，现已形成食用菌、辣椒、刺梨、其他蔬菜、其他水果、茶叶、中药材、生态畜牧、生态渔业等 9 大类特色农业产业。

3）循环经济产业链构建

园区通过循环化改造工作，立足自身产业发展基础和区域优势，通过产业链招商、补链招商和引进产业链关键项目等方式，按照高端化、专业化、聚集化、链条化的原则，加大招商引资力度，形成了装备制造 / 再制造产业链、环保建材产业链、再生资源产业链、智能终端制造产业链、铝生产加工产业链，实现了园区内外物质、能量、信息的高效交换和基础设施集成共享。

装备制造 / 再制造产业链：先进装备制造业是西秀工业园区的首位产业，现有军民融合企业 17 家（其中国家高新技术企业 7 家），形成了以安大、安吉、新安为主的军工装备、特种材料的研发、锻造 / 铸造、零部件制造、相关零配件加工及装备再造的产业链。

环保建材产业链：安顺发电厂在役四台机组年产生粉煤灰 100 万 t 以上，年产生脱硫石膏 18 万 t 左右。西秀工业园区煤炭产量超过 400 万 t，煤矸石年产量超过 50 万 t。充分利用煤矸石、粉煤灰、炉渣和脱硫石膏等固体废物，逐步降低和减少工业固体废物产生量和存有量，提高资源产出率、能源产出率和工业固体废物综合利用率，最终实现全部固体废物的资源化利用。贵安新区新型城市化过程中产生大量的建筑垃圾，仅西秀工业园区及其周边地区每年新增建筑垃圾就超过 300 万 t。将废弃的建筑垃圾经加工来制备新型墙体材料代替目前传统的烧结黏土砖，既达到减少生态资源破坏的目的，又达到建筑垃圾资源化循环利用、减少环境污染的目的，具有良好的社会、经济、环保效益。

再生资源产业链：园区积极推动年利用 5000 t 包装废纸制造再生包装材料项目，通过对回收的废纸进行处理后制造包装材料，与传统的发泡聚苯乙烯比较，材料具有可生物降解、环境友好的特点。另外，用废旧瓦楞箱纸板和旧报纸生产包装用缓冲材料，与传统材料相比具有优良的防冲压吸收性能、弹性模量较低、 表观密度较高的优点。目前，西秀工业园区及其周边区域年回收废塑料超过 10 万 t，其回收的废塑料品种主要包括五大通用塑料、聚酯等。园区与青岛共建的“青岛安顺共建产业园区”主要生产农业和工业用塑料薄膜。为完善废塑料产业链，园区积极推动贵州南阳彩纤有限公司建立健全废塑料回收处理再利用体系，规范生产管理，加强技术创新，贵州南阳彩纤有限公司于 2021 年 12 月被工信部列入《废塑料综合利用行业规范条件》企业名单，对于完善园区废塑料再生产业链具有实质性的推动作用。

智能终端制造产业链：园区紧抓粤港澳大湾区产业转型升级、生产制造向中西部转移机遇，通过规划建设西秀智能终端产业园建设项目，精准对接业内具有影响力的大型企业或产值高、带动性强、快速成长型企业、研发中心入驻，形成集群发展；并根据早期入驻企业的业态，按照补链、延链的产业链构建目的，持续开展以商招商、小分队外出招商模式吸引上下游配套企业入驻，基本形成了手机整机、主板、屏、充电器、耳机、扬声器及包材等完整产业链条。

铝生产加工产业链：西秀工业园区现有安顺市铝业有限公司是以生产电解铝为主的企业，年产电解铝和铝板带箔共 40 万 t。2017 年，推动企业开展 13.3 万 t 电解铝等量技术改造，将原 240 kA 电解槽全部替换为技术更先进、能耗更低、产出更高的 400kA 电解槽，提高产品附加值，增强节能环保能力。园区积极推动利用废铝材年加工 10 万 t 再生铝项目，引进国际上最先进的铝再生工艺，采用废铝再生熔炼、铝液纯净化和微细化技术，利用回收拆解的废铝料加工生产再生铝。

4）资源能源利用和污染集中治理

园区循环化改造期间，园区持续推动企业项目进行提质升级、节能减排技术改造，实施“千企改造”，安顺绿色动力再生能源有限公司在治理黑臭水体过程中，试验制定出一整套污泥焚烧处理技术措施；园区能源产出率由 2015 年的 6445.87 元 /t 标煤提高至 2021 年的 11918.02 元 /t 标煤的水平。园区积极开展取用水规范化建设工作，对区内用水户取水点安装取水口标识牌，确保用水户做到“一要齐、三上墙、五要见”，现场查看取水许可证、建设项目水资源论证表、取水许可验收报告、取水许可申请书等。

通过产业规划、空间准入限制、环境影响评价、总量审批前置等制度强化建设项目全过程监管，从决策源头防止环境污染。推行企业环保动态跟踪制度，开展园区行业企业环评手续摸底排查和完善建档管理，完善园区企业环保“一户一档”。推进四类主要污染物（化学需氧量、氨氮、二氧化硫、 氮氧化物）减排。加大废水循环利用，建成污水收集管网 35.38 km，日处理能力为 8000 m^3 的东片区污水处理厂已建成投用，水资源综合利用率全面提升，化学需氧量、氨氮排放量不断下降。

5）基础设施建设

循环化改造期间，园区基本实现“八通一平”，建成路网遍布整个 37.6 km^2 规划核心区，西二号路基本建成，北二号路、北十九号、西七号路、二环路东段等主干道路正在实施建设，实施园区大道 8.5 km 亮化、绿化、美化工程。循环化改造期间，园区新建一座自来水加压站，设计能力为 2 万 t/d，保证了园区企业的生产生活用水。已建成 35.38 km 园区污水收集管网；建成东区污水处理厂，污水日处理污水能力达到 8000t/d，出水水质排放标准达到《城镇污水处理厂污染物排放标准》（GB 18918—2002）一级 A 标准。建成绿色动力垃圾发电项目一期，日处理能力为 700t, 实现开发区生活垃圾无害化处理，变废为宝；建成鸿能环保项目，实现开发区厨余垃圾全部处理。

（3）效果及效益分析

经济效益：通过园区循环化改造，主要围绕首位产业、潜力产业、再生资源产业、基础设施等方面招商引资，投资 25.78 亿元建设了粉煤灰砌块项目、装备再制造产业基地建设项目、华能西秀经济开发区 8.2 MWp（峰值功率）分布式屋顶光伏（一期）、循环经济技术研发孵化平台建设项目、环境监察监控能力建设项目、LED 绿色照明节能改造项目等 24 个项目，培育出较为完善的装备制造 / 再制造产业链、环保建材产业链、再生资源产业链、智能终端制造产业链及铝生产加工产业链。提高了区域资源配置效率，直接拉动了园区的经济增长，促使园区从传统型转向循环型。2021 年，西秀工业园区所在地区生产总值由 2015 年的 45.25 亿元增加到 128.51 亿元，年均增长 13.9%。

环境效益：西秀工业园区不断优化园区产业空间布局与产业结构，通过推进企业实施节能改造、使用高效机电设备等，有效降低单位产值能耗；通过省级清洁生产试点建设，全面推行清洁生产，加强污染源头控制；通过规范企业固体废物、危险废物处置及利用，有效提高了园区固体废物、危险废物的综合利用能力和利用率；通过推动建设东片区污水处理厂，有效降低了废水污染物排放总量和浓度；完成环境监察监控能力建设项目，对园区管辖范围内的排污口实现监控，目前园区空气质量已达到二类功能区要求。

社会效益：通过园区循环化改造，配套建设一系列重点项目，园区内工业企业不断发展壮大，在智能终端电子信息产业、装备制造产业、环保建材产业、再生资源产业等领域形成了一定规模的产业集群，带动了上下游相关产业的发展，为区内及周边居民提供大量就业机会。循环化改造期间，新增就业人数以平均每年 20% 的速度持续增长，2020 年就业人数达到约 3.3 万人次，是 2015 年就业人数 1.6 万人次的 2.06 倍。同时，催生了综合物流服务、餐饮娱乐等第三产业的发展壮大，及基础设施、环保设施的不断完善，人民生活环境明显得到改善，实现了全区经济、产业、社会的绿色低碳可持续发展。

3.9　农工复合类园区

3.9.1　甘肃陇西经济开发区

（1）园区概况

甘肃陇西经济开发区（原甘肃陇西文峰经济技术开发区），始建于 1992 年，2000 年被农业部确定为“全国乡镇企业东西合作示范区”，2006 年被甘肃省政府批准为省级开发区，并更名为甘肃陇西经济开发区。2011 年被国家发展改革委、财政部列为全国首批循环化改造示范试点园区，2017 年通过循环化改造验收工作。

陇西经济开发区已基本形成“三园”的发展格局，即中医药产业园、中医药物流园和地产药材交易园，已成为西北最大的中药材资源富集区、初级加工区和仓储物流基地，形成了特色鲜明的中医药产业链条和发展集群。三个园区各自以地产收购、初级加工和仓储物流为主业，涵盖了中医药产业发展的上、中、下游，既相互依存，又互为补充，为园区的循环化改造和科学发展提供了扎实的产业基础和发展空间。

园区循环化改造期间，共实施了 22 个项目，总投资约 23 亿元，打造了 4 条特色产业链，形成了中医药特色的三大循环经济产业体系。通过改造，开发区中医药产业年产值达到 60 亿元。

（2）改造主要措施

1）打造四大循环经济产业链

园区循环化改造按照“做实一产、做大二产、做精三产”的思路，分别对第一产业、第二产业、第三产业采取了不同改造措施。第一产业以节水、节肥、高效用地为重点，推进中药材标准化种植和规模化养殖，积极推广绿色、无公害种植和生态养殖；利用农产品加工副产物再生产有机肥和饲料，探索出了“工业服务农业”的农业生态化、绿色化发展新路子。第二产业主要以中药材饮片精深加工和片、粒、散、剂中医药药品生产为重点，辅以马铃薯产品加工，以大幅度提高中药材附加值和加工副产品再生产利用效率为目标，延伸产业链条，扩大中药材加工规模，提升产业水平。第三产业主要涉及中药材仓储、交易、物流和信息发布，倡导绿色消费，逐步形成了特色鲜明的现代服务体系。三大产业以做大做强中医药产业为主线，从原材料生产、加工、流通到消费，形成了资源高效利用、产业高度融合的特色发展模式，形成了“中药材标准化种植—精深加工—中医药药品生产—副产物综合利用—有机肥 / 饲料—种养殖”的循环经济产业链，循环经济特色日益突出和显现。

园区以中药材种植基地稳步培育为基础，以加工工艺技术改造提升为手段，以药渣及中药材非药用部分的资源化利用作为切入点，构建陇西中医药循环经济产业链。围绕中医药主导产品产业链，加强药渣和制药废水的收集、处理与资源化综合利用，形成了“药渣—有机肥—农业基地”“药渣—提取有用物质—产品”“制药废水—废水处理回用—污泥干化—有机肥”“制药废水—处理—绿化冲洗”四大循环经济产业链。

2）提高资源利用效率

以药渣综合利用为纽带，联动种植和养殖业，积极推进农业废弃物、农作物秸秆的资源化利用和生活垃圾的无害化处理，资源的综合化利用能力明显增强。如实施中药材产业循环化生产示范基地项目，改（扩）建原有沼气工程，利用废弃药渣和药液、养殖场粪便污水以及园区种植业废弃物进行沼气生产，年发电 55.08 万 kW·h，年产沼渣 1440 t，年产沼液 1.44 万 t；改（扩）建原有生物有机肥生产车间，利用废弃药渣和繁育场干清粪生产生物有机肥 4515 t，利用沼气发酵后的沼渣生产有机肥 1296 t。通过项目的实施充分发挥了示范试点带动效应，经济与社会效益同步提升。

3）建设研发服务平台和信息服务平台

研发服务平台：与中国科学院兰州化物所、兰州大学、甘肃省中医药大学、甘肃农业大学等科研院校联合，建立中医药科技培训推广中心，承担中药材种植、加工、仓储、物流等技术孵化和培训推广职能。加强技术创新和成果转化，先后组建甘肃陇西中医药产业研究院和甘肃省中药材质量监督检验中心、甘肃省中药材种子种苗检测中心、甘肃省中药现代化工程技术研究中心等中药材技术研发平台，为中药材生产和基地建设提供成熟共性技术。支持区内企业进行技术创新、管理创新，引导企业加强与省内外著名科研院所、大企业的长期合作共建关系，中医药产业局、中天药业等单位与省中医药大学等建立研发机构、实验室、设计室，形成了产学研一体化的科技创新体系。与天津天士力集团合作建立经营性第三方中药材（药品）检验检测机构——甘肃数字本草检测中心，开展第三方质量和安全检验、检测、认证、评估等服务。

信息服务平台：着力构建园区信息平台，建设了陇西开发区门户网站和循环化改造信息平台，打破了开发区内企业长期以来没有一个固定获取市场、政策、人才等重要信息平台的现状。依托惠森药业建设了“药材盈”信息服务和电子交易平台，依托普尔康药业建设了陇易电子商务平台和线上线下体验馆，通过与项目合作单位的共同运营及服务，整合各种社会资源，共享相关企业服务信息，为企业提供管理咨询、信息发布、市场开拓等全方位的服务，帮助开发区企业获得快捷、方便的电子商务活动，开拓省内外市场。同时，通过企业信息化的推进提升开发区企业的管理经营水平，以高科技的手段有效提升开发区企业的核心竞争力。

（3）效果及效益分析

经济效益：通过园区循环化改造的实施，园区基本形成了以中药材标准化种植、规模化养殖、现代畜草产业为主的循环型农业体系，以中药材精深加工、药品及制剂生产、有机肥加工为主的循环型工业体系，以中药材仓储、交易、物流为主的循环型服务体系。随着循环化改造项目的实施，带动开发区经济实力不断增强。在全省 28 个省级开发区工作考核中均保持在前 3 名，全市开发区工作考核中均保持在第 1 名。

资源环境效益：制定了项目用地最低投资强度和建设期限强制性管理制度，提高土地产出效益，使有限的土地资源发挥巨大的经济效益，实现了土地集约高效利用的目标。园区内规模以上企业全部达到清洁生产水平，建设项目环评执行率达到 100%，各项约束性指标均控制在相关规定范围内。

社会效益：开发区坚持以工业化带动城镇化，引导企业尤其是循环化改造项目实施企业认真履行社会责任，积极吸纳园区失地农民及其子女到企业就业，并为其办理养老保险和失业保险，构建了和谐的劳资关系，发挥了较大的社会效益。带动园区周边餐饮、住宿、娱乐、物流等业态蓬勃发展，人流不断聚集，“产城融合、县区合一”不断深入，实现了园区建设与地区经济、社会发展的“双赢”。

3.9.2　甘肃武威黄羊工业园区

（1）园区概况

甘肃武威黄羊工业园区于 2004 年由甘肃省政府批准建设，2006 年由国家发展改革委正式批准为省级工业园区。目前，甘肃武威黄羊工业园区已成为中国西部最大的面粉加工基地。2011 年被国家发展改革委、财政部列为全国首批循环化改造示范试点园区，2017 年通过循环化改造验收工作。

园区目前已初步形成以面粉加工、医药加工、葡萄酒酿造、啤酒麦芽、果蔬加工、肉制品加工、食品添加剂、功能食品和方便食品等为主的农副产品加工产业体系。各产业已初具规模，且各产业的废弃物与中间产品相互之间进行了较为充分的交换与利用，产业链的纵向延伸和产业间的横向耦合网络体系已有雏形。

（2）改造主要措施

甘肃武威黄羊工业园区是典型的工农业复合型产业园区，其工业生产高度依赖于农业生产，近年来发展形成的面粉加工、饲料加工、葡萄酒酿造、生物医药等产业都是依托当地丰富的优势农业资源发展壮大而来，农业发展水平的好坏也直接影响园区发展的兴衰。

园区循环化改造过程中，以规模化、设施化、标准化、集约化和品牌化农业为基础，将农业（包括种植业、林业、畜牧养殖业）、农产品加工业、农业废弃物再生利用产业（包括饲料加工、生物基材料制造、生物质能转换和肥料生产）等产业和技术，通过技术创新和制度创新，实现物质和能量沿“农业—农产品加工业—农业废弃物综合利用—农业”的产业链方向流动，最终通过农业废弃物综合利用又重新返回农业。

园区在上述理念的指导下突出产业链的无缝化链接，以循环经济技术为保障，设计科学合理的循环化改造关键补链项目，建立企业间、产业间横向共生、纵向耦合、资源共享的产业链，打造小麦加工、玉米加工、生物医药、葡萄酒酿造等 4 条循环经济产业链。推行企业清洁生产，通过节水节能等措施，减少生产过程中的资源能源消耗，通过节点项目的建设打通企业间、产业间的物质、能量流动通道，实现产业链延伸，以绿色饲料加工和沼气建设为枢纽，实现废弃物就地消化，并以铁骑力士、东方希望、金希望等优势企业为主导，形成 30 万 t/a 的绿色饲料生产能力，绿色饲料产业又为有机养殖基地提供充足的饲料，养殖基地产生畜禽粪便和玉米种植产生秸秆等废物进入沼气生成系统（亚麻厂沼气站、柏树庄沼气站），实现园区内五大居民社区沼气入户，并为部分企业提供生产用气，产生的沼渣经加工后形成有机肥用于有机种植，最终实现了园区物质流的闭合循环。初步形成符合甘肃武威黄羊工业园区发展实际的以“种植、养殖—加工—综合利用—种植、养殖”为主线的工农业复合型循环经济发展模式。其循环化改造总体框架见图 3-10。

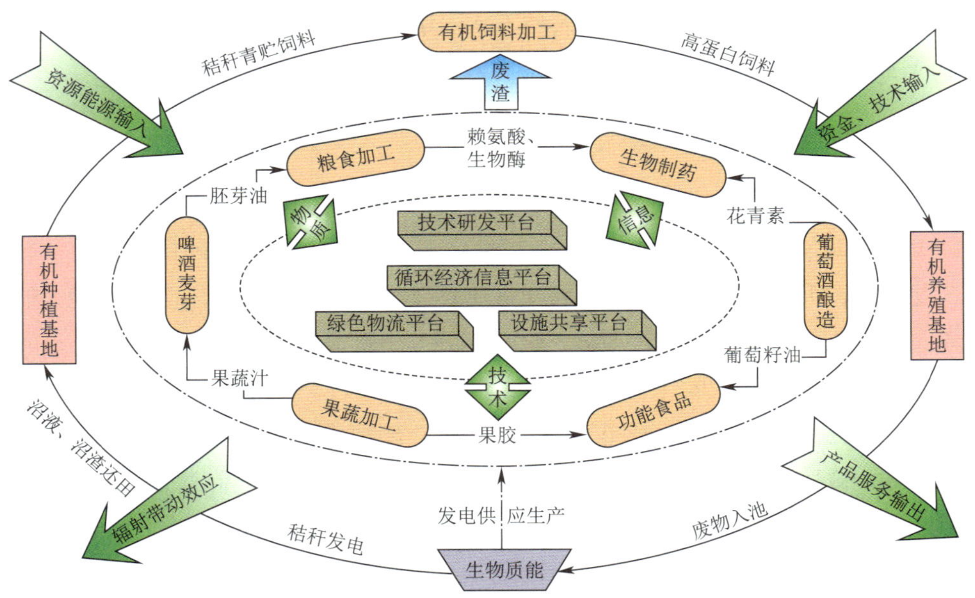

图 3-10　甘肃武威黄羊工业园区循环化改造总体框架图

1）构建循环经济产业链

粗犷加工、副产物廉价处置、信息不畅是黄羊工业园区在开展循环化改造前，产业发展的一个真实写照。例如，把小麦加工成面粉，将麦麸、次粉低价处理；把葡萄压榨成酒浆，将葡萄皮、葡萄籽喂牲畜。产业延伸不畅、缺乏深加工，产业与产业间没有交集联系，成为园区企业效益低下、资源浪费严重的重要原因。因此，构建完善合理的循环经济产业链，提高原有产业之间的关联度，是园区循环化改造的切入点和突破口。通过园区信息平台项目的建设和 20 多项重要节点项目的实施，现已构建起符合园区产业实际的四条循环经济产业链。

通过实施高档营养挂面项目、年产 1 万 t 白酒生产线项目、小麦副产物综合利用项目、万头牛场项目等，有效延伸了园区面粉加工产业链条，提高该产业产品附加值，并打造形成了“小麦种植—面粉加工—方便食品加工—麸皮（次粉）提取食品添加剂或酿酒—废渣制饲料”为主的小麦加工及副产物综合利用循环经济产业链。

通过实施玉米加工副产物综合利用项目、利用玉米芯生产食用菌及菌渣综合利用项目、利用秸秆生产沼气及沼渣综合利用项目，构建起“玉米种植—休闲食品生产—食品添加剂提取—利用玉米芯进行食用菌种植—菌渣饲料—秸秆制沼气—沼渣有机肥—有机种植”为主的玉米加工及副产物综合利用循环经济产业链。

通过实施宣肺止咳合剂生产项目、盐酸纳洛酮生产项目、甜菊糖生产项目、中药制剂生产线等，打造了“药材种植—药品生产—药渣—饲料—有机养殖—畜禽骨血加工保健品”为主的生物医药循环经济产业链。

通过实施生态酒堡、葡萄皮 / 籽综合利用项目、葡萄酒专修学院酒堡项目、塑木新型材料项目，构建完成了“葡萄种植—葡萄酒酿造—葡萄籽 / 皮综合利用（提取花青素、白藜芦醇）—废渣生产饲料—葡萄枝干生产代木产品”为主的葡萄酒酿及副产物综合利用造循环经济产业链。

2）推行清洁生产

强制推进重点企业清洁生产改制：对重点行业、重点污染源不断加大监管力度，有效削减污染。目前园区已组织完成红太阳面业集团、甘肃药物碱厂、普安药业等企事业单位 60 余台锅炉的脱硫、脱硝设施改造，淘汰关停黄羊七中、甘肃畜牧工程学院等单位排放不达标的锅炉 20 余台，完成集中供热 50 MW 新型节能环保煤粉锅炉的安装使用。

鼓励开展清洁生产关键共性技术项目的研究和开发：将环保与节能有机地结合起来，引进节能节水技术、无废少废新技术和设备，积极突破传统用能界限，因地制宜发展新型能源。目前园区黄羊集中供热公司已率先在河西地区安装使用新型高效清洁煤粉锅炉；方维公司成功引进德国秸秆水解技术，建设黄羊大型沼气项目（亚麻厂站、柏树庄站），生产清洁沼气能力达 900 万 m^3/a，并铺设管网为园区企业、社区提供清洁能源。鼓励帮助清洁能源公司进行高效锅炉的研发生产，并协助其推广销售该企业生产的高效清洁锅炉。

不断增强污水收集及处理能力：建成日处理 0.5 万 m^3 污水处理厂 1 座（远期目标

为建设 1 万 m^3/d 污水处理厂），配套建设园区管网 70.1 km。对园区企业进行合理规划、组织施工，加强用水监督管理，强化生产水循环利用，利用先进技术对厂区供水、工业用水循环利用等系统进行改造和完善，促进水资源在企业间、产业间的循环利用。对制药厂等污水排放大户要求建设废水预处理设施，实现废水达标排放。建成普安污水处理站、普华污水处理站等企业污水处理设施，一般生产和生活废水处理达标后进行回收，并将其应用于农业灌溉、企业生产、园区绿化等。

3）健全运行管理

园区开展循环化改造工作以来，在管理模式上积极创新，不断探索，于 2012 年成立了以园区管委会主任为组长的循环化改造工作推进领导小组，设立园区循环化改造工作办公室，制定了领导小组及循环化改造办公室职责。成立了园区循环经济统计工作站。对园区循环化改造项目进行包抓责任分工，所有项目由园区一把手总负责，每个项目分别安排一名园区领导，一名部室长，一名干部具体包抓，完全做到了项目责任落实到人。研究制定了《黄羊工业园区循环化改造补链、废弃物综合利用项目招商引资优惠政策》《黄羊工业园区循环化改造工作推进方案》等政策措施。

委托甘肃省物联网中心建成了园区废物交换平台，循环经济资源数据库、循环经济信息发布系统、循环经济统计数据网上填报系统、循环经济项目库、循环经济专家库等管理系统。建立了循环经济信息平台等公共服务设施，制定并实施了相关政策与监管制度，如循环经济相关技术研发和应用的激励政策、招商引资指导目录等。

加强产学研基地的建设，为企业搭建平台，帮助企业与各高校科研院所建立合作关系，如与西北农林科技大学、甘肃农业大学、兰州大学生命科学学院等单位建立产学研联合体。组织园区企业与国内外名牌大学科研院所联动，开展项目、产品、技术、信息和人才等全方位的合作。

（3）效果及效益分析

经济效益：开展循环化改造以来，园区总体经济运行情况良好，综合实力明显提升，发展速度稳中有进。园区循环化改造工作及项目对园区整体经济贡献率达到 70% 以上，循环化改造对园区产业升级、质量提升起到关键作用。同时多个循环化改造补链项目的建设，也对提升园区各类加工企业产品附加值起到了重要作用，进而减少了企业生产成本。

资源环境效益：园区以促进环境与经济协调发展为目标，优化产业布局，大力发展循环经济，推进节能减排，园区大宗固体废物资源综合利用率得到大幅提升，废气、废水治理与利用进一步深化、污染防治水平显著提升，清洁能源使用越来越广泛。改造工作的开展使园区建成了一大批改善环境、惠及民生的公共服务设施项目，园区、镇区环境设施承载能力得到快速提升。

社会效益：开展循环化改造的五年内黄羊园区直接或间接创造就业岗位 4500 个以上。黄羊园区、黄羊镇区基础设施条件明显改善，成为甘肃省首个实现集中供热、沼气集中供应、污水集中收集、垃圾集中收集填埋的镇区。与此同时，园区循环化改造过程中探索形成了农业、工业复合循环经济发展模式，使得黄羊即使地处干旱缺水、资源匮乏、生态脆弱地区，但却有效实现了经济发展模式的转变、和谐生态的构建，为甘肃省其他地区起到了良好的示范作用。尤其是部分循环经济项目对解决水、土地、资源方面的发展矛盾有重要作用，具有很强的推广、复制价值。

3.9.3　张掖经济技术开发区

（1）园区概况

张掖经济技术开发区成立于 1994 年，生态科技产业园位于城区东北郊，是张掖经济技术开发区成立最早、产业聚集较为集中的核心园区之一。2013 年 3 月，张掖经济技术开发区经国务院批准升级为国家级经济技术开发区，已形成生态科技产业园、循环经济示范园、农产品产业园和煤化工产业园“一区多园”的发展格局。

张掖经济技术开发区已形成农副产品加工、有色冶金新材料、新能源及装备制造、生物制药化工和现代服务业等五大支柱产业。区内企业总数达 524 户，其中工业企业 188 户，规模以上工业企业 42 户，现已有中种集团、谷大公司、昆仑公司、甘绿集团、华瑞麦芽等一批骨干企业入驻。

（2）改造主要措施

1）构建工农复合循环经济产业体系

园区在循环化改造过程中，以工农复合循环经济为主线，构建园区内外农业种植业、养殖业、农产品加工业、有机肥料生产、饲料生产、农业和农产品加工废弃物再生循环利用、节水技术等综合集成的工农复合循环经济体系。在产业链构建方面，既聚焦于园区内的物质循环利用，也通过园区循环经济的发展带动园区外的农户和企业进入园区循环经济体系。

在园区内，着力打造玉米及马铃薯淀粉深加工、果蔬深加工、畜产品深加工、农产品加工废弃物高值化循环利用、生物保健品制造等动静脉产业相结合的循环经济产业链，形成园区内外不同企业、不同行业之间横向共生、纵向闭合和系统耦合的产业共生网络。在园区外，培育与园区内企业生产配套的农业种植基地、养殖业基地、农业废弃物和农产品加工废弃物回收体系。在产业园区循环化改造的带动下，形成区内区外联动的区域工农业复合循环经济体系。

马铃薯、玉米淀粉深加工循环经济产业链：延伸开发淀粉下游产品，提升产品附加价值和经济效益；对马铃薯和玉米制淀粉企业的废弃物和废水进行综合开发利用。通过运用高端技术对玉米淀粉进行变性深加工，实现产业链向高端食用淀粉、医用淀粉、精细化工淀粉等深加工产品的方向延伸。

特色农产品精深加工循环经济产业链：包括脱水蔬菜产业、沙棘深加工产业、南瓜深加工产业、葡萄酒生产废弃物循环利用产业、废弃物生产饲料产业等。

工农业复合循环经济产业链：以建设节水型工农业复合循环体系改造升级项目为主导，以肉制品生产为主要方向，加快发展冷却肉、分解肉等高档次产品。与种植业相结合，构建养殖业、屠宰业与种植业循环经济联合体，集中处理养殖、屠宰加工过程中的粪便和废弃物，利用生物技术，以沼液、沼渣为原料，生产高效生物液态肥料，与育种产业链接，实施水肥一体化节水灌溉。

中药循环经济产业链：大力发展特色中药循环经济产业链，以提高现有中医药工业企业的科技水平为切入点，确立以现代制药的精深加工和高端产品开发为发展方向，采用先进加工设备、工艺和技术，开发高质量、有特色、具有自主知识产权和拥有核心竞争力的名牌产品，建立规模化、集约化、现代化的中药饮片、有效提取物的精深加工和废物综合利用三大生产体系。

2）综合利用水资源、余热资源

重点依托生态科技产业园内的张掖市污水处理厂及中水回用工程，提高水资源利用效率，促进水资源循环可持续利用，实现生态科技产业园区总量“污水零排放”。建成张掖市污水处理厂二期日处理 4 万 t 污水项目，污水处理厂日处理能力达到 8 万 t；实施张掖市污水处理厂一期工程提标改造工程，改造后运行出水水质达到《城镇污水处理厂污染物排放标准》（GB 18918—2002）一级 B 标准。

3）优化园区产业结构

经过多年开发建设，园区已形成五大支柱产业，具体为：以中种集团、谷大集团、甘绿集团等企业为龙头的农副产品加工产业；以巨龙建材、巨龙铁合金、利达建材等企业为龙头的有色冶金新材料产业；以张掖火电、黑河新能源、天源机械等企业为龙头的新能源及装备制造业；以昆仑生化、河西制药、大弓农化、瑞合祥生物等企业为龙头的生物制药化工产业；以新乐配送、捷安物流、泰鑫物流、现代物流园等企业为龙头的现代服务业。

注重优化农副产品加工产业链，重点引进建设博丰农业、格瑞尔、金盛中药、华美生物等企业的一批补链项目，延伸和完善了以农副产品加工为龙头的产业链，园区循环经济产业链关联度达到了 100%，区域农产品加工率达到了 66.8%。同时，进一步优化循环、低碳、绿色产业，着力引进建设以华西新能源垃圾焚烧发电、甘肃巨鼎商贸重金石粉、黑河水电 30 MW 光伏发电等为代表的新能源项目。

4）构建产业链接的风险分担和保障体系

积极构筑开发区完善的市场网络，特别是开发区各企业产品的输出市场，根据区内主导产业和其他产业的主要产品，充分对市场进行调研，拓展市场渠道及合作对象，构建多层次的面向市场，避免市场单一造成交易被动，提高开发区对市场变化的抵抗性。避免对单一产业或企业进行资金扶持，将投资力量进行适当分散，注重投资比重合理分配，根据开发区内部产业构成进行比例投资扶持，并根据市场变化，及时调整投资比例，增强开发区产业运行的灵活性，规避运营风险。

（3）效果及效益分析

经济效益：通过改造提高园区总产值和整体经济效益，增强生态科技产业园综合能力。

资源环境效益：逐步建立了废弃物资源化产业体系，对园区内各单元利用循环经济理论进行生态工业网络的有机整合，使园区内物流能够有序循环，节省大量的水、电、煤消耗，有效实现了能量梯级利用和废物产生最小化。通过物质减量、循环利用所带来的直接、间接经济效益显著，有效改善了环境条件，促进了区域社会、经济和环境的可持续发展。

社会效益：通过循环化改造基本形成了以农副产品加工为主的地区产业特色，带动了全市的玉米制种、啤酒大麦、中药材等产品的生产、加工、销售，促进了商业、服务、信息、物流设施等产业的发展，有效推动了产业结构调整；通过项目的实施和各类企业入驻，创造了就业机会，产城融合速度加快，从而加快了城市化进程。

形成的循环经济典型模式：在工农复合循环经济体系方面，以工业复合循环经济为主线，构建了园区内外农业种植业、养殖业、农产品加工业、有机肥料生产、饲料生产、农业和农产品加工废弃物再生循环利用、节水技术等综合集成的工农复合循环经济体系。在资源综合利用方面，依托昆仑公司、甘绿集团、奥林贝尔、瑞合祥生物、亚兰生物等龙头企业，加强农产品废弃物和生产废水的收集、处理与资源化综合利用，将生产过程中产生的农产品废弃物进行再次利用，生产混合饲料和添加剂，实现“吃干榨净”的目的。

3.10 高新技术类园区

3.10.1 深圳光明高新技术产业园区

（1）园区概况

光明新区位于深圳市西北部，深圳的区域产业创新资源丰富，是全国风险投资最活跃的城市之一，VC/PE 企业数量约占全国的 1/3，并建成了国家超级计算深圳中心等重大科技基础设施，以及中国科学院深圳先进技术研究院等高水平研究机构。改革开放以来，深圳市经济持续高速增长，各项社会事业持续快速发展，经济发展位居全国前列。

光明高新技术产业园区是国家高技术产业的重要基地和创建世界一流高科技园区的重点园区，是深圳高新产业带下的重要片区，也是承载全市重点高新产业项目的主要区域。园区围绕平板显示、LED、移动互联网、新能源汽车、文化创意等产业，形成了战略性新兴产业集群。

（2）改造主要措施

1）优化产业结构

第一，园区推进产业转化，构建现代产业体系：①产业结构高技术化，园区以平板显示产业为基础，提速 LED 产业，布局以内容为主导的移动互联网产业，加快引进高新技术，推动传统工业向高新技术产业转化，使整个园区呈现高技术化；②产业结构融合化，园区加快产业集聚和各个产业板块的融合，特别是平板显示产业、互联网产业、新能源产业等产业的高关联性、高技术渗透性快速发展，促进园区产业、企业间融合；③产业结构服务化，园区在发展高新技术产业的同时，加快发展与之配套的第三产业，加快产业园区的配套服务建设。在研究开发、产品销售、金融业、生活服务业等方面有较大进展，使得园区第二产业趋向服务化和软化。

第二，园区以新一代信息技术产业、新材料产业、生物产业、新能源产业和文化创意五大产业为核心，培育发展战略性新兴产业，成功吸引了一批龙头企业，并形成了新材料产业、生物产业、新能源产业等多个产业链条，使战略性新兴产业得到快速发展。

第三，园区积极推进国家、省级重点实验室、工程实验室、工程技术（研究）中心等创新平台建设，完成企业加速器创新载体建设，并建设运营创业园、科创中心等增值服务平台，孵化创新项目，吸引高层次人才，增强了园区的创新能力，提升内生发展动力。

第四，园区通过设立政府投资引导基金，发挥财政资金的杠杆引领作用，引导社会资本投向创新创业、新兴产业发展、城市基础设施建设、民生事业发展等领域，大力培育新兴企业，促进产业转型升级发展，提升民生事业和城市基础设施建设水平。

2）构建循环经济产业链

园区围绕资源输入、利用、输出三个环节，紧抓园区主导产业，利用园区的资源优势和技术优势，打造产业间循环、企业间循环和企业内部微循环，并从企业、园区和社会 3 个层面协调推进，在全社会形成“企业小循环、园区大循环”的循环经济发展格局。园区从优化产业结构、完善产业链条、构建共生网络、加强交流合作等环节入手，实行产业链招商，按整体生态功能规划，重点引进补链企业，引进了 3 个产业链的关键节点项目：平板显示循环经济产业链、LED 循环经济产业链和移动互联网循环经济产业链，初步构建起了企业间的循环经济体系，形成了上下贯通的产业链网。

平板显示循环经济产业链：首先，在输入端建设平板显示所需的超高纯电子工业气体补链项目，为华星光电、莱宝高科等重点企业的生产提供液氩等气体，填补了园区在工业气体供应上的空白；其次，加强横向的技术融合，加快技术改进，实现从触摸屏生产到触摸屏模组生产的延伸；再次，延展了产业链的后端，在实现液晶电视、手机、平板电脑等终端产品的多元化发展的同时，带动产业链上游原材料和中游面板的生产与销售，实现产业协同发展；最后，针对产业发展过程中产生的废弃物，搭建企业间废弃物的综合利用循环体系，实现园区污水集中治理，推进水资源循环再利用，推进产业废液循环化利用系统。

LED 循环经济产业链：首先，以新区 LED 连接器项目和 LED 智能控制系统项目为依托，为园区 LED 显示屏、LED 照明企业的发展提供 LED 连接器和 LED 智能控制系统等材料，满足园区 LED 企业的发展需要；其次，拓展 LED 产业领域，推进发展

LED 芯片产业，形成集芯片、封装、应用、销售于一体的 LED 产业链群；最后，由专门的环保公司打造 LED 废水、边角料等的处理、回收利用系统，提高废弃物资源利用效率，降低对环境的污染。

移动互联网循环经济产业链： 移动互联网成为主导发展产业之一，园区在构建移动互联网循环经济产业链主要表现为：①实现从电子配件、低端移动终端向中高端移动智能终端产品的转移；②借助腾讯移动互联网研发总部基地项目、键桥通信技术研究及解决方案提供项目，带动同类企业在园区聚集，逐步实现产业结构的软化，实现资源、能源减量化。建立废水、废料综合利用体系，对移动互联网企业研发、生产等环节产生的废水、废料进行再加工、水处理、再循环使用，或提供给外部使用，提高园区的资源利用效率。

3）完善废弃资源综合利用体系

完善园区工业固体废物回收系统： 首先，控制垃圾源头产生量，并与专业废弃物回收处理公司合作，开展大宗废物的资源化技术研发工作，提高园区工业废弃物利用率；其次，对固体废弃物进行分类回收，可回收再利用的垃圾由专门的专业运输队收回，对有害的固体废物，通过专门的设备设施处置。

完善园区生活垃圾处理体系： 建立园区生活垃圾处理体系，推行垃圾分类处理，发挥其环境效益。

建设园区建筑垃圾回收处理体系： 园区对建筑垃圾进行分类处理，把有害垃圾分类出来单独处理，减少通过填埋和焚烧方式处理有害垃圾造成的环境污染，并通过垃圾分类回收循环利用设施对可回收垃圾进行回收利用，避免资源浪费，同时产生经济效益。

4）改革创新运行管理机制

完善并落实监督考评机制： 把实施循环化改造建设任务细化分解至相关责任部门，实行循环化改造工作问责制。加强循环化改造工作目标责任评价考核，对未完成任务、工作不力的单位及个人严肃追究责任，对成绩突出的部门、单位和个人进行奖励。

规范资金分配，发挥财政资金杠杆作用： 制定了循环化改造奖补资金的拨付办法，并结合企业特殊情况，合理拨付中央和市级财政资金，通过资金引导，鼓励重点企业积极开展节能减排工作，推动园区循环化改造工作。

打造循环经济网络平台： 构建光明循环经济网络服务平台，包含宣传、展示、监测、交易、投融资等功能，为园区企业循环发展提供与外界交流的窗口。

（3）效果及效益分析

经济效益： 园区形成了以移动互联网、新能源汽车、LED 平板显示等产业互相补链、互动循环的良性产业发展模式，产业关联度逐渐提高，产业结构得以优化，产业规模实现快速增长。同时，园区的配套服务建设在研究开发、产品销售、金融业、生活服务业等方面有较大进展，各个产业互相影响互相促进，使园区产业结构日趋向软化，实现产业结构升级目标。

资源环境效益： 园区在发展循环经济过程中，通过循环化改造项目的实施，推进节能节水类项目、再利用与资源化等项目，在生产、消费过程中实现资源利用的再循环，提高了资源利用效率。

园区资源能源供应体系和循环利用体系得到改善，构建了高效的土地资源利用体系，提高了工业能源利用效率，水资源保障能力得以充分发，并加强了园区的固废资源循环利用，减少污染，提升了园区资源再生能力。

通过完善园区基础设施，提升了园区服务水平，优化了园区周边环境。同时，通过加强绿色产品应用推广，强化了环境保护，取得了较好的改造效益。

社会效益： 通过循环化改造，一方面促进了企业品牌影响力的提升，另一方面有利于园区形成良好的生态环境和投资环境，提高园区的对外开放度，吸引更多的外来投资，提供更多发展机会。

3.10.2 南昌高新技术产业开发区

（1）园区概况

南昌高新技术产业开发区位于南昌市北部新城区，地处长三角、珠三角、闽东南中心地带，依托于南昌市在经济、文化、交通、信息、金融方面的优势，形成了自身独特的区位优势。经过多年的开发建设，南昌高新技术产业开发区发展成为国家生物医药产业基地、江西光电产业基地、汽车及零部件产业基地、装备制造业产业基地和家电产业基地，成为一个集工业、科技、商贸、港埠、文教、生活等多功能于一体的开放型、综合性城市新区。园区的核心产业为装备制造、电子信息、医药食品三大产业，新材料、化工、造纸及包装材料三大产业是园区提升改造的重点。

（2）改造主要措施

1）产业结构调整

严格把控项目准入： 园区重点发展光电、生物医药、新材料、航空、智能装备、新一代信息技术等六大主导产业，在招商方面，优先引进符合园区产业发展方向、附加值高，且资源消耗低、环境污染少、科技含量高的节能环保型企业，以及低污染的电子信息、光机电、生物医药及新材料等行业，严格限制漂染、重金属冶炼、造纸等高污染、高耗能企业进入。

应用高技术改造提升传统产业： 引导区内能耗最大、污染物种类最多的有色金属深加工行业进行技术创新，提高企业核心竞争能力，由此带动传统产业技术水平提升。

发展循环经济： 重点培育了航空、电子信息、生物医药、新材料、新一代信息技术、智能装备制造及机器人等六大战略性支柱产业。通过技术改造、产业链延伸等方式，完善和充实产业生态链。①航空产业方面，引进一批配套产业项目，形成了以大飞机制造研发为主、航空航天科研和公共服务等配套为补充的航空产业基地格局。②光电产业方面，形成了从衬底材料、外延片、芯片研发制造到封装及LED路灯及灯具器件制造应用等的完整LED产业链，以及从芯片设计、手机研发、芯片制造、电容触摸屏、触控显示一体化的以手机生产为终端的完整产业链。③生物医药产业方面，形成了医药产品、医疗器械及医疗保健品研发、生产、物流配送和营销的完整产业链。④新材料产业方面，高新区依托江铜产业园，推动高档电解铜箔，高精度铜板带、精密铜管、冷媒漆包线及相关下游产业的发展，形成铜资源深加工产业链。并依托江钨浩运及百利精密刀具，形成从钨粉及稀土金属、钨棒到硬质合金、精密刀具等产品的一条完整钨产品深加工链。⑤发展现代新兴服务业：构建科技园、第三方独立实验室、集采平台、第三方物流信息化平台等，推动新兴服务业发展。

2）构建循环经济产业链

光电通信循环经济产业链：搭建国家硅基 LED 工程技术研究中心平台，提升 LED 产业的技术档次和水平；依托太阳能电池研发生产及产品应用示范项目，扩大了光伏电池和组件生产规模，引进大型终端下游产品企业，打通 LED 下游产品的缺失环节，壮大产业链上各环节规模。构建了包括基础研发—生态设计—绿色制造等在内的光机电一体化产业链。形成了具有区域特色的光电光伏循环经济产业集群，提升光电光伏产业链的价值。

航空制造循环经济产业链：以航空材料、材料加工、零部件、机载设备、航空服务等方面为重点，向上游延伸到基础产业环节和技术研发环节，向下游延伸到市场拓展环节，打造集技术研究、型号研制、销售、航空培训、使用、维护保障于一体的航空产业链。同时，吸引国际航空企业在区内建设相关配套产业，并鼓励其与国内企业合作进行成熟航空产品的特色生产或服务。

电子信息循环经济产业链：在现有移动通信、集成电路等电子信息产品的基础上，大力发展计算机及数码产品、新型电子元器件、汽车电子、软件产品，加快云计算软件平台的开发和产业化，引导电子信息产业链向多元化方向发展，重点培育具有自主知识产权、核心能力强的企业。促进电子信息产业与制造业有机结合和互动发展，强化手机等移动终端产品优势，提升手机产品规模，通过上下游产业的引进，进一步打造包括研发—专用芯片、主板及零配件制备—通信终端—网络设备及通信网—增值服务等在内、链条完整的移动通信产业链。

有色金属精深加工循环经济产业链：以江铜科技园为核心，引进覆铜板、线路板制造和引线框架等生产企业，构建“铜箔—覆铜板—线路板”完整产业链，并向电子、家用电器、电力电气、交通运输、建筑等行业用铜产品延伸。企业生产铜屑、铜渣出售给江铜—耶兹铜箔等企业利用，实现园区废物内部消化的目标。以百利刀具和江钨浩运储氢合金粉项目为核心，建立完善钨、锑等稀有金属深加工产业发展壮大相关配套体系，构建钨丝、钨粉—碳化钨精密刀具、合金等稀有金属深加工产业链。通过园区循环化改造，园区铜、钨、铝资源精深加工产业集群逐步发展壮大。

再生资源循环经济产业链：在区内建设了 20 个再生资源回收站点和 1 个分拣中心，专业回收区内企业的下脚料、塑料包装、切片等废旧聚酯材料，加强废物资源整合利用，建立产业链接机制。依托江西新昌源建材有限公司打造垃圾—热电—粉煤灰—水泥—新型墙体循环经济产业链。依托江西国桥实业有限公司打造含水污泥—干泥—建材等工业固废利用模式，实现废弃物资源的再生和循环利用。

3）能源资源高效利用

全面推行清洁生产：通过制定清洁生产实施办法和相关鼓励措施，引导企业把推行清洁生产与产品结构调整、技术改造、节能降耗、提高效益紧密结合起来，使清洁生产成为生产发展主体的要求，从产品设计到产品生产、销售的全过程进行控制，实现节能、降耗、减污、增效。

推进节能、节地和节材：以工业节能、建筑节能为重点，推广节能产品和应用技术，重点对有色金属精深加工、机械制造等行业进行管理，鼓励企业引入合同能源管理机制进行节能改造。实施照明产品能效标准，提高 LED 高效节能荧光灯的使用比例。积极引导土地集约利用，盘活使用存量土地，加大土地置换工作力度，合理配置资源，实现土地利用效益的最大化。加强半导体照明、生物医药、电子信息、有色金属精深加工等重点行业原材料消耗管理和技术改造，鼓励使用新材料、再生材料及代用材料，推广使用可降解、易回收、低成本的包装材料，改进大宗原材料产品包装方式，促进原材料节约。

水资源的高效循环利用：限制引进高取水项目，淘汰落后的高耗水工艺和高耗水设备，发展节水型的产业和企业。大力推广工业节水技术，引导企业采用先进的节水工艺技术与设备，实施工业节水技术改造。

清洁和可再生能源的替代：在区内淘汰改造燃煤锅炉，改用天然气、电等清洁能源。积极发展能源利用效率高、负荷调节性能好、环境效益显著的屋顶分布式光伏电站，并大力推广屋顶太阳能光伏电站。建成集中供热系统，起到节约能源、减少污染的作用。

4）污染集中治理

大气污染防治：实施清洁能源工程，严禁使用高硫煤、劣质煤、谷壳及其他高污染燃料，推广使用电、天然气等清洁能源。对建筑工地通过施工道路硬化、运输车辆加盖、泥土清除、道路和工地的封闭式施工、使用洒水、遮盖物或喷洒覆盖剂、扩大洒水范围及增加洒水频次等措施防治大气污染。

水污染防治：推进污水处理厂和污水收集管网的建设，工业废水经过内部净化处理达标后，通过污水管网进入污水处理厂进一步净化排放。同时兴建瑶湖污水处理厂，进一步保护瑶湖水质、控制污染。

固体废弃物污染防治：工业固体废弃物处置方面，产生量较大的工业固体废弃物由企业收集后，统一送废品回收公司回收或出售给区内企业作为生产原料；其他工业固体废弃物收集后送运至垃圾填埋场填埋；危险废物由南昌市环保局固体废物中心统一管理；对于不能再利用的危险废物，定时进行收集处理或送至江西省危险废物处理中心进行无害化处置。生活垃圾处置方面，建成三座垃圾转运站，垃圾清运人员定时上门收集后，统一运输至垃圾中转站进行压缩，然后送至麦园垃圾处理厂进行处理。

（3）效果及效益分析

经济效益：通过循环化改造，高新区基本建立了完善的循环经济体系，形成企业间、产业之间循环发展的格局。

资源环境效益：高新区的循环化改造，促进了园区内生产企业废弃物的资源化利用，降低了对自然资源、能源的需求，减少了主要污染物排放，提高了再生资源的综合利用水平；同时改善了园区及周边生态环境，推动园区节能减排任务的完成。

社会效益：通过循环化改造，提高了园区的生产总值，增加了社会就业岗位，解决了农村剩余劳动力的就业问题。通过生态文化的教育和宣传，提高了居民的生态环境保护意识。

3.10.3 昆明高新技术产业开发区

（1）园区概况

昆明高新技术产业开发区由西区（五华黑林铺片区）和东区（呈贡马金铺片区）组成，规划范围总面积 91.88km^2。昆明市矿产资源丰富，主要有磷、盐、煤、石英砂、铝土等，其中磷矿最为丰富，总储量为 46 亿 t，盐矿总储量为 138 亿 t，铁矿储量为 6000 万 t，还有钛矿、硅藻土矿、铜矿、硫黄矿等；并拥有丰富的生物资源和旅游资源。

昆明高新技术产业开发区在经济规模、创新研发实力上位列云南省园区之首，经过多年的发展，形成了以有色及稀贵金属新材料产业、生物医药产业等为代表的高新技术产业集群，同时也在装备制造、电子信息、环保等产业等领域培养了一批重点企业。

（2）改造主要措施

1）优化产业结构

园区以创新为立足点，结合区域产业和资源的比较优势，推进有色金属等传统产业转型升级，大力发展生物医药健康、水科技环保、新能源汽车、智能机器人等战略性新兴产业。通过搭建创新科技平台，重点推进有色金属相关产业的转型升级，由传统冶金材料向稀贵金属新材料应用拓展和延伸。同时，园区大力发展高端战略性新兴产业，引进了一批重点企业和项目，支持建设生物医药产业集群科技平台，拓展延伸了医药产业链条。此外，园区结合滇池流域水环境保护，大力培育和发展水科技及环保产业，建成了循环经济专业孵化器；并引入了新能源汽车、机器人、高端装备制造等一批战略性新兴产业。

2）构建循环经济产业链

园区围绕资源输入、利用、输出三个环节，紧抓园区两个主导产业，通过引入有色冶金烟尘环保治理及回收利用项目、贵金属资源化利用和中药残渣资源化利用等补链项目，建设完善了有色及稀贵金属新材料资源循环产业链和生物医药循环经济产业链。

生物医药循环经济产业链：园区在“云药”特色产业的基础上，扩大产业集群的整体规模、延伸了产业链，并对产业的补链项目进行招商，形成了从上游云南特色药用植物种植到下游互联网医疗服务的生药产业链。其中，重点构建了生物医药企业中残渣资源循环利用产链条，搭建了生物医药产业链物质流内部循环体系。

有色及稀贵金属新材料资源循环产业链： 园区通过实施稀贵金属资源循环利用项目、有色冶金烟尘环保处理及回收利用项目，实现铜及其伴生矿产品开发、粉尘中金属回收、烟气低浓度二氧化硫（硫酸铵）的资源化利用，建立了有色及稀贵金属新材料资源循环产业链。

园区依托贵研铂业铂族金属一次、二次物料取样分析平台、废弃物处理再生及市场网络为主要内容的“稀贵金属资源综合利用新技术国家重点实验室”项目，构建起贵金属二次资源循环回收利用产业链，并将贵研铂业打造成全国最大的贵金属二次资源综合回收利用基地。

3）基础设施升级改造

园区结合昆明市基础设施的发展布局规划，对园区内供电、照明、建筑和环保等基础设施进行绿色化、循环化改造，降低基础设施建设和运行成本，提高了运行效率。

加强清洁能源应用基础设施建设： 关停燃煤锅炉，推进天然气集中供应，推动供电设施绿色化，建设分布式太阳能光伏发电项目，提升园区清洁能源的消费比例，改善了高新区的能源消费结构。

推广节能建筑： 推进墙体材料和建筑节能改造，对新建筑物开展节能审核，年平均节能约 6400 t 标煤。

建设污水收集与处理设施： 建成多处污水管网、再生水利用设施，以及中水回用系统，实现覆盖全区域的污水收集及处理设施。

建设污泥综合利用处理设施： 开展污泥资源化利用工程，结合园区的实际情况，采取污泥固化焚烧发电和堆肥处理等方式对污泥进行综合利用。同时开展南冲河、捞鱼河水环境综合整治项目，对河道进行清淤，并将淤泥用于河道两岸绿化种植。

建设生活垃圾转运系统： 建成集收集、处置能力于一体的生活垃圾清运系统，对生活垃圾进行集中处置。

（3）效果及效益分析

经济效益： 通过循环化改造，高新区实现了有色金属等传统产业转型升级，发展了生物医药大健康、水科技环保、新能源汽车、智能机器人等战略性新兴产业，实现了产业结构的转型升级；并通过构建产业补链，建立了生物医药循环生态产业链和稀贵金属新材料生态产业链，使高新区两大核心产业呈现出良好的发展态势。

资源环境效益： 通过实施污水、生活垃圾等污染集中治理设施建设及升级改造项目，园区实现了废弃物的集中处理，排放全部达标，并创建了核心区大中水处理共建共享模式，实现基础设施绿色化。通过开展清洁生产、能源替代、节水技改等工作，实现资源利用高效化。

社会效益： 通过循环化改造，园区成为云南省高端产业辐射源、战略性新兴产业聚集地，园内形成优势互补、特色鲜明的区域生态产业链，带动了区域经济的发展，同时也促进了园区周边区域的市政配套设施体系的优化和升级。

3.11　综合类园区

3.11.1　北京经济技术开发区

（1）园区概况

北京经济技术开发区始建于 1992 年，是北京市唯一一个同时享受国家级经济技术开发区和国家高新技术产业园区双重优惠政策的国家级经济技术开发区，是中关村国家自主创新示范区的产业化平台。2012 年底，北京经济技术开发区获批成为全国首批园区循环化改造试点示范单位之一，2017 年通过循环化改造验收工作。园区重点发展以战略性新兴产业为核心的十大产业，形成“四三三”发展格局，具体是：巩固提升电子信息、生物医药、装备制造、汽车制造四大主导产业，加快培育新能源和新材料、航空航天、文化创意三大新兴产业，配套发展生产性服务业、科技创新服务业、都市产业三大支撑产业。

（2）改造主要措施

1）优化构建清洁集约的能源保障体系

全面完成清洁能源替代，优化能源结构：构建多元化的清洁能源供应网络，提高了天然气、电力、可再生能源在能源结构中的比例。在全市率先建成了“高污染燃料禁燃区”，全面实现了开发区“零燃煤”。未来，开发区将持续实施太阳能光伏发电项目，实现园区百万平方米厂房屋顶光伏全覆盖。

优化能源供应网络，提升系统效能：优化调整电网布局，2015 年完成亦庄智能电网建设项目，对开发区高压客户、小区配电室进行了光纤对接配套改造，对开发区低压供电网、荣华路等路灯供电老旧设施进行了智能化改造，大幅提高能源使用效率。

推进用能单位技术改造，实现梯级高效利用：建成华润协鑫四联供项目，投资 3000 万元建设制冷规模达到 5000 冷吨的制冷工程，成为北京第一个蒸汽、热水、制冷、发电四联供分布式企业，并形成高效的能源梯级利用系统，尤其是分布式能源项目实现全年 24 小时工业化供冷，在国内实属典型。完成中芯国际集成电路产业生产工艺用水深度循环改造项目，通过改（扩）建空调冷凝水回收系统、冷却塔排放水回收处理系统、空调冷凝水收集系统等水资源回用系统，生产工艺用水达四次重复利用，实现能源资源梯级高效利用。完成了京东方显示热能回收、奔驰雨水回收等项目，大幅提高重点能耗企业能源资源高效利用。

建立用能单位能源末端管理体系：鼓励企业建立能源管理中心，完成了奔驰汽车、京东方显示、金风风电产业园以及泰豪智慧园区等的能源管控中心建设，通过实时、准确地监控分析园区电力、燃气、用水和市政供热、余热利用等资源的使用情况，提升资源使用效率，实现了能源末端管理体系建设。

2）示范建立全国领先的循环水务体系

扩大再生水生产规模，提升污水循环利用能力。南区污水处理厂建设工作完成，东区污水处理厂实现并网供水，两厂污水处理能力从原来的 10 万 m^3/d 增加到 17 万 m^3/d。完成小红门污水厂出水引水工程，建设了 18 km 小红门原水饮用工程第二根输水管线，将小红门的原水引到现有再生水厂处理后生产再生水，再次扩大了再生水生产规模。目前，全区污水纳管率、污水处理率、污水处理Ⅳ类水体达标率均保持 100%，污水循环利用能力成绩突出。

扩大供水管网覆盖范围，增强分级分质供水能力。完成园区再生水供水管网铺设项目，扩大了开发区 12 km^2 的管网覆盖面积，保障现有企业和新进企业的用水需求，提高开发区工业用水中再生水的使用比例。建立“一水多用、循环利用、分区分质”的供水模式，增强分级分质供水能力。

创新节水服务模式，强化多水源综合利用。在国际企业大道雨水利用、经开科技园雨水利用等一批示范项目的基础上开展海绵城市建设。完成奔驰汽车调蓄容积 2.97 万 m^3 的雨水收集调蓄系统，可实现年均雨水控制与综合利用量达 35 万 m^3。通过雨水收集、节水改造等项目，提升水源综合利用能力。

3）创新建设多级循环的固体废物处理体系

建设一般工业固体废物回收利用服务网：搭建完成循环经济综合服务平台，面向全区 85 家重点产废企业，为园区总计年约 10 万 t 一般工业固体废物的交易做支撑。鼓励回收企业深入对接固体废物排放企业，目前，香蕉皮环保科技有限公司已与可口可乐、京东方光电、京东方显示、冠捷显示等公司签署了战略合作协议，针对生产过程中产生的包装材料、边角料、报废生产用品等废弃物进行驻场回收处理。

优化提升危险废物集中回收运输处理能力：积极支持企业加大废物利用研发投入，完成揖斐电子含铜废水污泥回收提取示范项目。另外，为了满足区内企业危险废物集中收集处置的需求，由市区两级环保局力促，成立专业的危险废物收运公司，专门在开发区从事危险废物收集、运输、分类和临时贮存危险废物，为解决中小企业危险废物管理的问题起到了积极的作用。

着力完善城市垃圾收运处理公共服务能力：按北京市市政管理委员会要求，开发区生活垃圾、餐厨垃圾统一集中回收至大兴垃圾处理场集中处理。鼓励废弃物回收企业实施回收补链项目，提升垃圾收运公共服务能力。香蕉皮环保公司实施的电子废弃物及废旧物资集中回收补链项目，可实现年回收废旧手机、打印机、复印机等电子产品近万台，边角废料、零部件等近千吨，年经济效益百万元以上；盈创绿纽扣科技有限公司实施的废塑料回收补链项目，已经在开发区人流较多的机关、企业、商场、街道等地铺设智能综合一体机近千台，月回收废旧物品百余吨。

4）深入推进空间资源的集聚高效利用

打造特色循环产业基地，促进产业链集聚发展：初步形成了北京数字电视产业园、奔驰零部件配套产业园、集成电路产业园。以京东方 8.5 代线为核心，引入 20 余家企业构建数字电视产业园，盈利能力持续提升。以奔驰汽车为龙头，实施产业链招商，二期建设发动机工厂，引入 6 家主要配套企业，汽车产业集群加速壮大，奔驰汽车产业园已初具规模。以中芯国际为核心，以二期技术升级带动集成电路产业升级，北方微电子技术能力和市场份额快速拓展。

构筑宜居宜业功能空间，提升新城运行效率：坚持职住平衡发展，实现居民就业与生活的紧密结合，降低居住就业距离。建成了包括蓝领公寓、白领公寓、人才公租房、自住型商品房和普通商品房 5 个层次的多种类住房保障体系，共提供保障性住房 2.6 万套（间），面积 160 万 m^2，解决 8.6 万人居住。提升开发区交通能力，建设潮汐车道、打通科创街、凉水河一街等局部断头路，交通指挥中心投入使用，建成 4 号公交场站，开通电动微公交接驳线路 9 条，建成公共充电桩近千个，投放分时租赁新能源车 1800 辆。更新公租自行车 1676 辆，园区内交通智能化、便利化、低碳化水平不断提高。

加强土地开发管理与控制，提升利用效率：建立产业发展与建设用地效率联动机制，落实北京市产业结构调整政策。一方面，制定实施新增产业禁止和限制目录，通过腾笼换鸟，增大存量土地的经济效益。截至 2017 年，已基本完成对星网工业园企业的腾退，以回购方式收回原诺基亚厂区土地及厂房，支持北汽集团建设新能源汽车总部和研发中心；支持北汽疏解落后产能，改造旧厂房，在原址改建亦创智能机器人创新园，建成世界机器人大会永久会址；以收储方式收回住友化学公司用地，并重新出让，引入华卓精科半导体项目入区。另一方面，把有限的资金、土地等资源用到高精尖产业上。支持拜耳、赛诺菲扩建，将一类新药以及市场需求旺盛的药品投放在亦庄生产；支持中芯国际扩产，不断满足我国集成电路市场需求，同时实现高科技产品制造出口。

5）全面促进产业的集约化绿色化发展

大力推进产业绿色生产技术创新：完成 5000 t 标煤以上企业清洁生产审核工作，大力推进绿色生产技术创新。碧水源东区污水资源化高效利用项目采用 A^2/O+MBR 工艺，较传统工艺能够节省占地面积 1/3，充分利用了原规划土地面积，不需再增加规划面积，节约了土地资源。盛通印刷通过先进印刷管理技术并安装相应的配套装置，对现有生产线及厂房进行绿色节能印刷改造，降低了能耗、水耗，减少了污染。

积极延伸主导产业循环生产链条：以产业园为基地，形成产业补链，发展主导产业循环生产链条。以京东方 8.5 代线为核心，引入上游配套材料供应商及下游电视整机制造商，构建数字电视产业园，使得“运进石英砂、硅材料，运出数字电视整机”的设想在开发区变为现实。以中芯国际为龙头，完善集成电路产业链条，建成了微电子产业园。以“云基地”为牵引，引入云操作系统、云端芯片以及云终端应用等环节，打造“中国云产业园”。

积极引进培育节能环保服务业：培育大型新能源、新材料、绿色电池、节能环保设备、污水处理、智能建筑等产业企业。

（3）效果及效益分析

通过已完成循环化改造的项目以及相关管理平台系统的支撑，最大限度地降低园区的物耗、水耗和能耗，改变粗放的能源资源利用方式，提高企业资源能源利用效率；同时建立了开发区循环经济综合服务平台，带动开发区循环经济产业，有效提高开发区管理效率及资金使用率，降低开发区循环经济工作管理成本，形成企业第二利润增长点。同时，开发区大气环境中各主要污染物年均浓度持续降低，完成了燃煤锅炉的改造工作，成为全市首个无煤化区域，并完成全市首家燃气锅炉低氮改造工程，合计减少氮氧化物排放量 5 t。循环化改造的项目运行后，可实现年减排量（污水及固体废物）约 4000.36 t，年回收有机溶剂可达到 302.40 m^3，减少挥发性有机化合物排放量 15.12 t，起到了改善生态环境、削减排污总量、净化凉水河水质的作用，有效改善沿岸居民的居住环境的作用；提高了园区废弃物资源综合利用水平，固体废弃物资源化利用及无害化处置水平显著提高；实现了超纯水、有机溶剂等能源的高效利用，同时能够有效地减少生产过程中挥发性有机物、氮氧化物、二氧化硫烟尘等有害气体的排放量，实现减量化、再利用、资源化。

通过园区循环化改造，提高了开发区企业与社会公众的循环化、资源能源节约、节能环保意识与主动性，有效督促和指导开发区循环经济工作的开展，在全社会形成资源能源节约和保护环境的风气；推动了资源型城市产业转型，增加就业，提高产业升级，使企业实现了低碳经济发展，率先完成产业结构调整和升级。

3.11.2 天津经济技术开发区

（1）园区概况

天津经济技术开发区于 1984 年成立，是天津滨海新区的核心区和标志区。目前已形成“一区多园”的空间格局，包括东区、西区、微电子工业园、逸仙科学工业园、现代产业区、泰达慧谷、南港工业区等 7 个分区，总体规划面积达到 340 km^2。

天津经济技术开发区现已成为中国经济规模最大、外向型程度最高、综合投资环境最优的国家级开发区，获得了一系列国家级荣誉：首批国家循环经济试点园区、首批国家生态工业示范园区、ISO 14000 国家示范区、首批国家新型工业化产业示范基地（汽车产业）、国家新型工业化产业示范基地（电子信息产业）、国家新型工业化产业示范基地（石油化工）。2012 年底，北京经济技术开发区获批成为全国首批园区循环化改造试点示范单位之一，2017 年通过循环化改造验收工作。

开发区坚持以企业发展带动产业和经济发展，打造高质化、高端化、高新化的产业结构，形成了九大主导产业：以摩托罗拉、三星集团、霍尼韦尔、松下为代表的电子通信产业；以一汽丰田、长城汽车为代表的汽车和机械制造产业；以葛兰素史克、诺和诺德、诺维信为代表的生物医药产业；以顶新、可口可乐为代表的食品饮料产业；以膜天膜、京瓷太阳能、东邦铅资源为代表的新材料新能源和生态环保产业；以维斯塔斯、东汽风电为代表的装备制造业；以渤海钻探、长城钻探为代表的石油化工产业；以新一代运载火箭基地为代表的航天产业，以金融、物流、服务外包为代表的现代服务业。

（2）改造主要措施

1）调整产业结构，打造清洁高效的绿色产业体系。

天津经济技术开发区实施以“点、线、面”同时优化、“产业链、产品链、废物链”共同构建、“集团化、基地化、链条化”同步实施为特色的全方位、系统化的产业绿色化发展战略，探索打造清洁高效的绿色产业体系。

在试点工作期间，天津开发区各主导行业产能进一步释放，顺利实施了三星电子、长城汽车二期、森精机、大众变速箱、艾达等一批高水平、高效益的大项目；电子行业产值突破 2000 亿元大关，手机产量近 1 亿部；汽车产业产品类别和产能双提升，新皇冠、新威驰、新长城下线，汽车整车产量首次突破 80 万辆；石化行业产值超过 1000 亿元，成为继电子、汽车之后第三个千亿级产业。

同时，培育新兴清洁技术产业，形成了由维斯塔斯、京瓷太阳能等组成的全国最大的风电装备、锂电池、太阳能电池等新能源产业基地；培育自主研发的膜技术，扶持津膜科技公司成功上市，成为中国第一个专业从事污水处理，中水回用膜技术的上市公司；培育云计算产业基地，以天河一号云计算中心为核心，吸引腾讯、惠普等一批数据中心项目。进一步提高开发区中小企业发展质量和核心竞争力，推动企业向高端制造业、战略性新兴产业和现代服务业转型，特制定《天津开发区促进中小企业转型升级配套措施》。

2）升级现有支柱产业，完善循环经济产业链

天津经济技术开发区根据现有产业情况，实施“点—线—面”相结合的循环经济产业发展模式。

鼓励企业开展生态化管理：2012—2015 年，能源审计工作企业完成 88 家次，清洁生产审核企业完成 86 家次，建立 ISO 14001 环境管理体系企业 290 家，还有部分企业开展生态设计，如康师傅饮品的减量化包装设计等。

完善支柱产业循环经济产业链：围绕电子通信、装备制造、生物医药、食品饮料、石化产业等支柱产业，引入高水平的废物资源化配套项目，如实施泰鼎电子废弃物（锂电池）综合利用项目，完善电子信息行业循环经济产业链；如围绕汽车产业废钢、废铝的虹钢铸钢、丰通再生铝等项目，完善了汽车行业循环经产业链；如推动高能耗的食品行业与区域供热公司开展冷凝水回用工程，建立能源的梯级利用体系等。

构建产业共生网络：针对众多中小企业开展产业共生网络建设，推进废物规范化分类收集，基于市场原则开展副产品交换。

构建以水资源利用为核心的水务产业循环经济链：试点期间，在中央财政资金的支持下，大力推进了东区、西区污水处理、再生水综合利用及网管建设，实现了区域污水

处理能力达到 15.75 万 t/d，再生水处理能力达到 7 万 t/d，特别在天津开发区西区创新实施人工湿地项目，实现区域水循环体系。

3）加强基础设施建设，提升共享与集约化运行水平

园区根据循环化改造实施方案，针对水资源供应、能源基础设施建设、固体废弃物综合利用及信息平台搭建等方面，重点且有序地进行了基础设施项目建设。

区域污水再生利用项目：推进了东区再生水管网建设项目，实现了东区再生水输送能力达到 3 万 t/d；西区污水深度处理项目及人工湿地建设项目，实现西区污水再生利用；南港工业区污水深水排放工程及人工湿地工程研究项目，保证污水的安全排放。

企业与能源共享设施项目：推进东海炭素公司实施了 6 万 t/a 炭黑排放的可燃尾气综合利用项目，实现企业余热与园区的共享；推动金耀生物园锅炉尾气综合利用项目等。

废物综合利用项目：推进佛强环保科技公司投资建设一般工业固体废物分拣中心项目，为西区生产型企业提供物业化的废物管理服务；建设南港工业区危险废物处理中心，保证化工产业废物安全处理处置，同时还与周边区域建设的垃圾焚烧厂、污泥综合利用公司签署合作，实现污泥 100% 综合利用以及餐厨垃圾的综合利用。

循环经济公共服务平台项目：投资建设天津泰达低碳经济促进中心，为区内企业提供节能环保信息公示、技术对接、培训等服务，重点构建产业共生网络，成为循环经济建设的支撑平台。

4）创新“互联网 +”循环经济

建立天津经济技术开发区循环经济信息服务平台。该信息服务平台建设面向企业、产业链和园区三大循环化改造主体，从其实际需求出发，自底向上，以企业数据为核心，基于企业调研数据，进行系统化构建，具体而言：

对于企业，引入循环化改造技术数据库和信息服务模块，诊断分析企业工艺优化路径，并定制推动政策扶持、废物交换、技术支撑等信息，解决企业对副产品及废弃物流向信息、行业技术信息、政策信息、项目信息等掌握不足的问题，辅助企业进行技术改造升级和废物共生交换。

对于园区主导产业链条，通过产业模型诊断方法、产业共生热点识别算法、废物交易信息智能搜索与在线竞价，解决了园区由于产品原料众多带来的产业链条发展路径不明晰、产业共生热点识别困难、物质交易信息不对称等一系列问题。

对于园区管理者，平台构建物质、水、热的共生识别方法和工具，辅助管理者发现物质、水、热等耦合共生热点和机会，结合产业链产业大数据库生成园区强链补链项目清单，支撑定向招商引资。该平台通过对园区的物质、能源进行流向模拟，实现对园区主要废物、污染物的统计、核算和诊断，实现园区循环化改造成果的可视化展示。通过进行智能化的指标核算、项目管理与资金管理，可实现对验收考核、招商引资和成效管理的全过程服务。

（3）效果及效益分析

天津经济技术开发区是典型的综合型一区多园模式的产业聚集区。园区自 2001 年

引入生态工业园理念以来开始不断探索，2005 年起开始推进园区循环经济建设。经历 10 多年的建设，天津经济技术开发区在学习中摸索，根据区域发展的具体需要，推进循环经济建设经历大致可以划分三个阶段，即以建设集约化基础设施为支撑的区域资源能源循环系统建设，以促进补链项目投资建设为抓手的支柱产业循环链条建设，以管理机制创新为依托的循环经济网络建设。天津经济技术开发区通过实施循环化改造示范试点工作，有效地推进了园区经济、环境和社会的协调发展。

天津经济技术开发区通过实施相关鼓励政策，搭建公共服务平台，推动区内企业积极将清洁生产、节能降耗、污染治理等工作落到实处，提高了资源、能源利用率，降低了污染物排放程度，取得了良好的生态环境绩效。目前，园区拥有 2 家国家环境友好型企业，7 家天津市环境友好型企业，3 家天津市清洁生产示范企业，146 家单位发布《企业环境社会责任报告》，285 家企业建立了 ISO 14001 环境管理认证体系，248 家企业加入区域产业共生网络。

3.11.3 东营经济技术开发区

（1）园区概况

东营经济技术开发区位于山东省东北部黄河三角洲地区，是 1992 年经山东省政府批准设立的省级经济开发区，2002 年 9 月被批准为高新技术产业开发区，2010 年 3 月被批准为国家级经济技术开发区。东营经济技术开发区是国家高新技术产业标准化示范区、全国铜及铜材产业知名品牌示范区，山东省科学发展示范园区、新型工业化产业示范基地和新能源高技术产业基地，正在创建国家级生态工业示范园区。2012 年 10 月，开发区正式获批为国家级园区循环化改造示范试点，改造范围包括开发区主体区和滨海新材料园区，2017 年通过园区循环化改造验收工作。

东营经济技术开发区规划建设了主体产业区、东八路东产业园、临港产业园、空港产业园四个产业园区和府前街金融聚集区、莒州路现代服务业聚集区、悦来湖科技人才聚集区三个特色聚集区，着力发展有色金属、新材料、汽车及零部件、石油装备制造等主导产业，加快发展电子信息、现代服务业、智能装备制造等新兴产业，形成了特色产业突出、配套功能完善的产业体系。

东营经济技术开发区凭借有色金属产业成为全国唯一的国家铜及铜材产业知名品牌示范区，铜产量列全国第四位。凭借石油装备产业成为国内产品最全、技术领先、具有国际竞争力的“国家火炬计划石油装备特色产业基地”，拥有全国唯一的国家采油装备工程技术研究中心。凭借新材料产业成为国内最大的高端纳米级电子陶瓷材料生产基地和碳纤维材料生产基地。凭借汽车及零部件产业成为山东省重要的汽车生产基地。凭借电子信息产业被评为“国家火炬计划软件产业基地”。凭借新能源产业，形成了太阳能光伏、地源热泵、新能源电池、燃气发电、LED 等新能源产业集群。与此同时，园区的金融、电子商务、总部经济等生产性服务业发展开始提速，服务业比重占到全区的 22.3%，成为经济发展的重要引擎。

（2）改造主要措施

1）调整产业结构

2012年以来，东营经济技术开发区以先进制造业为基础，以战略性新兴产业为先导，以现代服务业为支撑，推动产业转型升级，形成了有色金属、盐化工与新材料、石油装备、汽车及零部件、电子信息、新能源等多个特色产业集群，促进了区域经济发展，产业结构得到了全面优化和改善，详见表3-1。

2）构建循环产业体系

东营经济技术开发区立足自身产业发展基础和区域比较优势，按照高端化、专业化、聚集化、链条化的原则，加大招商引资力度，形成了有色金属、盐化工与新材料、汽车及零部件制造、石油装备、电子信息和新能源6条循环产业链，实现了园区内外物质、能量、信息的高效交换和基础设施集成共享。开发区循环产业体系构建情况见表3-2。

表3-1　东营经济技术开发区产业结构调整情况一览表

主要任务	产业名称	产业结构调整措施
改造提升传统产业	有色金属	1. 产品升级，由传统铜材加工向高铁等高端装备制造转变； 2. 产业升级，推动产业链由开放直链型向闭合循环型转变； 3. 技术创新，打造“冶炼循环6+1”方圆模式； 4. 国家发改委推进方圆—智利双方合作；园区实现铜精矿、粗铜进口加工和阴极铜出口
改造提升传统产业	盐化工与新材料	1. 完善产业链，延伸了“耗氯”“耗氢”下游产业链； 2. 发展绿色化工，实施“零极距”节能和超低排放改造； 3. 新材料产品逐步高端化； 4. 技术创新常态化，如国瓷公司获得国家科技进步奖二等奖
	汽车及零部件	1. 技术创新，助推汽车装备制造达到国际先进水平； 2. 产品创新，整车产品由传统能源向新能源汽车跨越
	石油装备	1. 提升科研创新能力，新增5家省级以上科研平台； 2. 高新技术产业化，多项目列入国家火炬计划、“863”计划
培育发展战略性新兴产业	电子信息	依托安川机电、东辰电力设备等骨干企业，形成了涵盖电力电器、控制主板、继电器等为主的产业体系
	新能源	1. 产业上游发展太阳能、风能、地热能等新能源高端装备； 2. 产业下游拓展新能源应用领域，提高清洁能源利用水平； 3. 突破先进技术与工艺，提升产业发展质量
大力发展现代服务业	物流商贸	1. 发展商贸流通，2016年实现社会消费品零售额突破70亿元； 2. 发展现代物流，新增货物吞吐能力300万t以上
	科技信息服务	1. 打造“众创空间—孵化器—加速器”三级创新服务体系； 2. 软件园2016年产值13亿元，为国家火炬计划软件产业基地
	金融保险	1. 发展现代金融，累计为开发区企业提供资金近700亿元； 2. 发展保险业，2016年实现保费收入15亿元

表 3-2　东营经济技术开发区循环产业体系构建情况一览表

产业名称	突破重点	产业链构建	重点支撑项目
有色金属	“冶炼循环 6+1”方圆模式	1. 废杂铜、粗铜、矿粉—精炼—电解—铜产品—深加工—物流商贸、技术检测等配套服务 2. 铜冶炼—烟气—余热发电、有价金属及氧化物、硫酸 3. 铜电解—阴极铜—阳极泥—稀有金属回收 4. 铜冶炼—精炼炉渣—循环冶炼—尾渣—建材产品	方泰稀贵金属及有价元素综合回收利用、鲁方公司有色金属有价元素综合回收等 11 个项目
盐化工与新材料	吃“氯”耗“氢”下游产业延伸	1. 盐卤资源—原盐—烧碱—氯气—甲烷氯化物、环氧氯丙烷、氯丙烯 2. 盐卤资源—原盐—烧碱—氢气—过氧化氢、苯胺等 3. 盐化工—余热—热电联产—烟气 / 粉煤灰—硫酸钠 / 建材 4. 盐化工—基础化工原料—精细化工—新材料	华泰化工 3 万 t 环氧氯丙烷、10 万 t/a 苯胺等 7 个项目
汽车及零部件	技术与产品创新	1. 原料—汽车零部件制造—整车制造 2. 技术研发—汽车及零部件制造—物流商贸	泰恩斯年产 40 万台自动变速箱等 8 个项目
石油装备	智能高端装备制造	原料—零部件生产—配件组装—石油装备—配套服务（物流、研发、服务外包等）	新大管业玻璃钢抽油杆等 6 个项目
电子信息	技术与产品创新	软件开发—电子材料—元器件—终端电子产品—产品应用—废旧产品—拆解回收利用	成林光电 ACLED 研发生产等 3 个项目
新能源	装备制造与应用并重	1. 硅片（外购）—光伏电池—太阳能组件—光伏系统与产品—安装与维护服务 2. 新能源装备—性能测试—开发应用与服务	天圆铜业太阳能屋顶发电等 4 个项目

3）提高资源能源利用率

东营经济技术开发区从推行清洁生产、引进清洁高效技术、开发利用新能源、开展节能工作、加强水资源循环利用等 5 个方面全力推进物质高效利用、能源梯级利用、水资源循环利用（详见表 3-3），提高了开发区能源资源利用水平。

表 3–3 东营经济技术开发区能源资源高效利用情况一览表

序号	工作领域	工作内容及成效
1	推行清洁生产	51 家企业通过了清洁生产审核，占园区重点企业的 80% 以上，累计完成中高费方案近 200 个，节能减排成效显著
2	清洁高效技术利用	1. 有色金属：氧气底吹造锍捕金技术； 2. 盐化工：烧碱装置零极距改造技术； 3. 热电锅炉：超低排放改造技术； 4. 污水处理：工艺升级达到 GB 18918 一级 A 排水标准
3	新能源开发利用	1. 太阳能路灯推广近 1500 盏； 2. 光伏 / 光热建筑一体化，光伏发电能力 22.6 MW/a； 3. 推广地源热泵系统面积 10 万 m^2，实施热泵空调改造等项目； 4. 建成生活垃圾焚烧发电项目，年发电量 8000 万 kW·h
4	开展节能工作	1. 加大 7 家重点用能企业监管力度，形成节能负责人备案制度、重点企业信息上报制度； 2. 加大节能监察力度，对华泰化工等重点企业开展专项节能监察，整改不合格项； 3. 实施节能工程，建成了华泰热电余热供暖工程，推进能源梯级利用；华泰化工集团等实施了变频技术改造；方圆等开展了合同能源管理； 4. 全面推动建筑节能，重点建筑安装了能耗在线监测系统；2012—2016 年实现光热建筑一体化竣工面积突破 60 万 m^2
5	水资源循环利用	1. 方圆集团收集雨水，处理后回用； 2. 鲁方公司冷却水循环使用，实现零排放； 3. 东营人造板厂处理后的污水 78% 回用于生产； 4. 华泰化工处理后的含盐废水，可回用至生产流程

4）实施污染集中治理

循环化改造期间，东营经济技术开发区从污染治理设施建设与升级改造、强化环境综合管理两个方面推进污染集中治理。从 2011 年的“整治违法排污企业，保障群众健康”环保专项行动到 2012 年的公共环境改善工程，从 2013 年的环境违法行为集中整治“百日行动”、2014 年的生态环境整治提升年行动到 2015—2016 年的水、气污染整治专项行动，层层推进，在整治环境污染、打击环境违法方面取得了令人瞩目的成绩，“大环保”格局基本形成，开发区污染集中治理情况，详见表 3-4。

表 3–4 东营经济技术开发区污染集中治理情况一览表

序号	类型	治污内容及成效
1	年度污染治理行动	1.2011 年“整治违法排污企业，保障群众健康”环保专项行动； 2.2012 年公共环境改善工程； 3.2013 年环境违法行为集中整治“百日行动”； 4.2014 年生态环境整治提升年行动； 5.2015—2016 年水、气污染整治专项行动

续表

序号	类型	治污内容及成效
2	大气污染防治	1. 污染源头减量，开展煤炭减量替代工作，累计淘汰和替代锅炉 222 台； 2. 污染过程控制，51 家企业完成清洁生产审核，节能成效显著；华泰热电余热供暖，减排 SO_2 354 t、NO_x 110 t、CO_2 10 万 t； 3. 污染末端治理，实施脱硫脱硝除尘设施改造，华泰等达到超低排放标准
3	水污染防治	1. 开发区污水处理厂处理规模将由 4 万 t/d 扩大至 8 万 t/d，排放标准由一级 B 排放标准升级为一级 A 标准，每年减排 COD 136 t，氨氮 41 t； 2. 滨海新材料园公用污水处理厂处理规模为 3 万 m^3/d，出水水质达到一级 A 标准，促进了污水集中治理
4	固体废物处理处置	1. 一般固体废物资源化利用：燃煤灰渣制建材、盐泥筑坝、冶炼渣稀贵金属元素提取、钢铁下脚料回收利用； 2. 危险废物：100% 委托具备处理资质的单位进行处置； 3. 生活垃圾：2015 年建成了生活垃圾焚烧发电项目，实现了垃圾的“生态化、无害化、减量化、资源化”处理

（3）效果及效益分析

发展方式逐步转变，循环经济提质增效。开发区把转方式、调结构作为循环化改造的主要任务，通过推行清洁生产、创新工作机制、强化技术研发、加强园区管理等实施，经济增长从资源投入型向知识投入型转变。与此同时，资源产出率提高，大幅降低了园区对自然资源的依赖性，实现园区发展方式由粗放型向集约型转变，由依赖资源、资金、劳动力向技术、人才、智能装备转变，推进园区循环经济提质增效，产生了显著的经济、环境、社会效益。

循环经济典型模式日益成熟，区域特色突显。开发区强力打造链式产业，优化提升产业结构。按照“产业链—产业集聚—创新集聚”的发展路径，依托大项目培育关联配套产业，强化企业间的联合协作，引进建设了一批延链、补链项目，形成了技术关联、协作紧密、具有竞争优势的产业链条，培育发展了 3 种具有区域特色的循环经济典型模式：包含“铜精矿、废杂铜冶炼—精炼—电解—铜材深加工—贵金属回收—余热发电—烟气硫酸回收”各环节在内的完备的有色金属循环产业链，以“盐卤资源开发—中间产品生产—后续产品深加工”为核心的盐化工与新材料循环产业链，以“新能源装备制造—系统应用—配套技术服务”为核心的新能源循环产业链。

机制体制逐步完善，循环经济动力持续增强。循环化改造期间，开发区不断深化改革，探索和实践推进园区循环经济的良好做法，形成了一系列创新性机制体制，主要包括工作推进机制、引入第三方服务机制、配套服务机制等。

“互联网 +”深度融合，统计系统不断健全。围绕园区循环化改造指标体系，开发区加强互联网技术与传统统计手段的有机融合，由经济发展局统一协调开发区统计调查中心、节能办、商务科及环保局分别按照国家、省、市相关要求按时统计和分析，形成了健全的统计信息平台体系，构建了“责任分工—信息平台统计—第三方核算”为主要内容的统计机制。

第4章
园区循环化改造成效及难点

循环化改造园区的东西部区域差异大、产业类型丰富、循环化改造各具特色。在改造过程中，各园区围绕自身特点，科学探索项目间、企业间、产业间的循环链接。总体来看，园区循环化改造示范试点的总体绩效水平呈现上升趋势，初步形成企业小循环、产业中循环、园区大循环的循环经济发展格局，取得了良好的经济、社会和环境综合效益。但是，我国的园区循环化改造是园区绿色发展的全新探索，尚处于试点探索、引领示范的阶段，正是由于循环化改造的阶段性、复杂性和长期性，目前还存在一系列的难点。

4.1 园区循环化改造示范试点成效

目前园区循环化改造已成为地方政府推动园区绿色发展的重要抓手，成为落实国家重大战略和推进地方资源高效利用、节能减排降碳的主要手段。

4.1.1 成果成效

（1）全面推进园区循环化发展，系统性制度建设逐步完善

“十三五”以来，我国从重大工程推动走向制度建设，从点上制度突破走向系统性制度建设。国家发展改革委牵头发布了《关于印发国家循环经济试点示范典型经验的通知》（发改环资〔2016〕965号），通过对试点示范单位的总结评估，形成了九大循环经济典型经验做法并在全国范围内推广；牵头印发了《循环经济发展评价指标体系（2017年版）》，从宏观层面和园区层面制定了指标体系，为各地发展和工业园区发展加强循环经济评价提供了有效指导。通过实施园区循环化改造试点，有效推动了园区内生产环节的有效连接和互通，提升了资源流动过程中的资源利用率水平，带动了废弃物资源化，促进了生产端和生活端循环发展模式的建立和社会层面大循环的形成。

《“十四五”循环经济发展规划》进一步提出，具备条件的省级以上园区2025年底前全部实施循环化改造。各地相继出台循环经济“十四五”发展规划并深入落实。《浙江省循环经济发展“十四五”规划》提出，到2025年，推动制造业类省级以上园区全部实施绿色低碳循环升级。《河北省“十四五”循环经济发展规划》提出，到2025年，推动国家级和省级园区全部实施循环化改造。

（2）构建绿色低碳循环发展产业体系，产业循环链接水平明显提高

国家累计安排中央财政专项资金148亿元支持试点园区开展循环化改造，围绕产业链耦合链接、园区副产物综合利用、能源和资源梯级利用以及公共基础设施共建共享等方面，持续完善绿色低碳循环发展产业体系，累计支持1600余个项目，撬动社会资本投资超过3000亿元，提供就业岗位超过10万个，创造了新的绿色经济增长点。在试点园区的1600余个项目中，推进企业清洁生产、产业链延伸项目占49%。通过实施园区循环改造，各园区积极推进主导产业循环链建设，持续完善循环共生产业体系，推动主导产业转型升级，促进了资源综合利用产业发展壮大，进一步优化了园区产业结构。一是龙头企业引领园区主导产业高质量发展。衢州高新技术产业园区依托巨化集团、华友钴业等龙头企业，着力构建和完善氟化工循环产业链、硅材料循环产业链和功能新材料循环产业链等多条循环型产业链，形成了以氟硅化工为主导，特色材料、精细化工、生物化工、装备制造等同步发展的产业格局，循环经济产业链关联度高达94%，由于形成了产业间的环环相扣，企业生产成本相较其他地区降低4%，二氧化硫、化学需氧量、氨氮、氮氧化物排放量较试点初期分别下降68%、17%、55%、76%。二是依托主导产业构建形成融合共生的现代产业体系。柴达木循环经济试验区通过工业园区循环化改

造，基本形成了盐湖化工、石油天然气化工、煤炭清洁利用、有色金属、新能源等各产业间纵向延伸、横向拓展，资源、产业和产品多层面联动发展的循环型产业格局。三是围绕副产物综合利用实现绿色发展。宁波大榭开发区积极构建废物资源综合利用链，万华化学自主研发的 MDI 废盐水回收利用装置解决了 MDI 产业中大量废盐水无法回收利用的世界难题，全年可回收综合利用固废 28.2 万 t、废水 160 万 t、废气 12 万 t、废热 8.8 万 GJ，产值达 2.5 亿元。

通过园区循环化改造示范试点的带动作用，在园区发展中树立了节约集约循环利用的资源观，建立健全了园区绿色循环低碳发展产业体系，构建完善了支撑政策体系，形成了在资源环境约束下园区高质量发展的实践之路，并带动区域经济整体绿色转型。截至 2021 年，已有 27 个省（区、市）制定了园区循环化改造推进方案，在本地区自主开展园区循环化改造。其中浙江省推动 70 多个省级及以上开发区实施循环化改造，实现投资超过 930 亿元。天津经济技术开发区循环化改造实施率达到 100% 的国家级园区和 77% 的省级园区。湖北省已有 17 家国家级园区、54 家省级园区实施了循环化改造，实施率分别为 85%、65%。内蒙古自治区已完成 37 个国家级和自治区级园区循环化改造，占到全区园区 60% 左右。

（3）有效提高资源能源利用效率，节能减污降碳效果突出

园区循环化改造强调资源深度加工、伴生产品加工利用、副产物综合利用、能源资源梯级利用、水资源高效利用与中水回用，推动产业废弃物资源化、高效化、链条化，提升区域资源产出率，并对试点园区节能减排提出严格考核要求。园区循环化改造对于各单位通过发展循环经济，在不增加企业成本的基础上大幅降低了污染排放。各试点园区通过开展“四节一利用”（节能、节水、节材、节地、资源综合利用）工作，全面推行清洁生产，加大园区清洁生产审核力度，促进源头减量。绍兴柯桥滨海工业园区将全区 212 家印染企业通过整合提升最终保留了 108 家，并全部集聚到滨海工业区，实现节约用地 5205 亩、节约用水 7837 万 t、淘汰落后产能 11.61 亿 m，印染行业亩均税收由集聚前的 7.5 万元 / 亩提高到 28.77 万元 / 亩。园区内国际绿色先进设备比重达 60% 以上，印染企业通过清洁生产审核率达 90% 以上。甘肃金昌金川公司加大共伴生矿深度资源化利用工作，将镍矿中伴生的铂、钯的回收率从 49% 提高到了 70%，锇、铱、钌、铑的回收率提高了 10 多倍，所含 21 种有价元素中的 16 种得以提取和利用。试点园区通过加强污染治理、供热、供能、供水等基础设施建设及升级改造，实现污染集中防治、能源的梯级利用和水的循环利用，逐步形成以基础设施共建共享为关键的园区能源资源高效利用模式。镇江经济技术开发区的化工、光伏、静脉、造纸等各产业链通过垃圾焚烧发电、污水处理、危险废物处理处置等基础设施共享集成，形成中水回用 110 万 t /a 的能力，COD 排放量减少 530 t/a，每年可产生直接经济效益 14 亿元，同时还产生排污费减少、节能等间接经济效益 2500 万元。

据不完全统计，第一批至第五批已通过验收的 97 个园区，累计利用固体废物超过

2.3 亿 t，降低能耗超过 2 亿 t 标煤，减少水耗 2.6 亿 t，主要污染物减排达 50 万 t 左右，降低废水排放 35 亿 t，减少 CO2 排放 5.3 亿 t，二氧化硫、COD、氨氮、氮氧化物等主要污染物排放分别削减了 33%、28.5%、25% 和 26%。试点园区向污染攻坚重点区域倾斜较为突出， 京津冀区域内以钢铁、建材等为主导产业的重工业类园区升级改造效果显著，园区废气排放量减少 30% 以上；长江经济带以化工、轻工为主导的园区集中布局污水污泥处理设施，园区 COD 减排 25% 以上；其他地区选择潜力较大、特色明显的园区实施循环化改造，主要污染物减排 25%~30%。对提升区域环境质量、达到节能减排任务、推动地方降碳作出了突出贡献。对比 97 家已验收通过的国家循环化改造示范园区验收目标年与规划基准年的经济发展、资源能源、污染物的总量与强度变化，循环化改造示范园区建设前后，其能源产出率、土地产出率、水资源产出率、工业用水重复利用率、工业固体废物综合利用率平均分别提高 28%、35%、37%、8%、7%，有效缓解了区域经济发展面临的资源环境压力。

（4）促进信息化技术升级，园区智慧化管理水平显著提高

试点园区综合运用“互联网 +”、大数据等现代信息技术，对能源资源环境管理平台、循环经济技术研发中心等公共服务设施进行提档升级，逐步形成以“互联网 + 公共服务”为特征的园区现代综合管理机制。依托大数据、物联网、云计算等新兴技术，搭建包括物料种类和总量、物质流向、关键设备工况、实时排放量和排放总量等功能在内的智慧化平台，进一步提升污染物排放和环境质量监控能力、能源资源科学调配能力、应急预警与响应能力。宁东能源化工基地上线运行能源化工供应链管理平台，依托大数据、区块链、物联网和现代物流技术，致力打造多品种、全链条、一站式的煤炭及化工产品产供销于一体的数字化应用供应链管理平台。天津经济技术开发区孵化低碳中心等智库体系，完善平台建设，推动园区企业开展共生体系建设与碳排查，围绕主导产业推动技术改造和产业绿色升级，引入高水平的废物资源化配套项目，主要污染物排放等环保指标仅相当于全国平均水平的 1/7，建设国家级绿色工厂 14 家，天津市级绿色工厂 25 家，绿色供应链示范管理企业 7 家，初步实现绿色制造聚集示范效应。

4.1.2 经验做法

通过园区循环化改造，园区持续完善循环共生产业体系，打造产业间循环链接体系，对已有产业链条进行延伸，补链强链，推进副产物资源利用，不断提升产业抗风险能力，形成产业共生体系，“循环链构建”与“产业链招商”形成了良性互动格局，资源综合利用产业持续集聚壮大，形成了固体废物资源化的解决办法和路径，探索形成“绿水青山就是金山银山”的实践路子。

一是传统产业绿色循环低碳发展成为新常态。柴达木循环经济试验区作为国内面积最大的区域性循环经济试点园区，以资源综合开发、循环高效利用为重点，以构建循环经济主导产业体系为核心，研发、应用先进科学技术，形成了盐湖化工、石油天然气化工、煤炭清洁利用、有色金属、新能源等主导产业的各产业间纵向延伸、横向拓展，资源、产业和产品多层面联动发展的循环型产业格局。甘肃白银高新区积极优化产业结构，从以前单一有色金属冶炼，到现在形成了有色金属（稀土）、化工产业、装备制造、生物医药、建筑材料和资源综合利用产业为主导的产业链体系。衢州高新技术产业园区初始围绕巨化集团，开展对氟、硫、氯、碳、氢等元素及相关副产物综合利用的梯级和循环利用链建设，后续围绕氟硅、新能源汽车电池等产业延链、补链、配链和强链，推进产业空间集聚和产业链整合，形成了氟化工循环产业链、硅材料循环产业链、功能新材料循环产业链、钢铁余热余压循环利用产业链、巨化—高新园区公用设施一体化及资源集约化循环链，构建了横向耦合、纵向延伸、循环链接的绿色生态产业链网。宁东能源化工基地着力构建煤制油、煤基烯烃、精细化工三大循环产业集群，形成与新型材料、清洁能源、电子化学品等新兴产业协同推进的产业格局，实现了上中下游石化产业间资源优化配置和产品衔接的关联组织体系，形成完整产业链，有效降低生产成本和环境成本，实现了园区内资源最佳配置与有效利用最大化，并借鉴国际化工园区经验和做法，建设了园区气化岛、空分岛、动力岛和“三废”、综合服务等公用设施，实行能源统一供给、梯级利用，实现蒸汽、氢气、压缩空气、氮气、氧气等生产原料和要素的集中供应，降低企业生产成本。宁波大榭开发区通过循环化改造，形成了以多元化为产业源头、中下游延伸发展的长产业链、企业间能源综合利用微网系统以及公用基础设施一体化共建共享等四种循环经济典型发展模式。围绕大榭石化、宁波万华、东华能源三大核心产业簇群，着眼于资源的优化利用和整条产业链的价值提升、资源削减和污染减排，推进园区石化产业一体化、基地化水平向更高层次的提升发展，以产业为纽带，园区企业形成互为依存、共生共赢的循环式、闭环关系。

二是副产物高效利用能力不断增强。潍坊滨海经济技术开发区依托海化集团，打造了海水“一水六用”、卤水“1+5”高值产出循环经济典型模式，实现海（卤）水要素资源吃干榨尽，提高资源产出水平；同时解决了养殖废水、提溴废水、晒盐苦卤的污染问题，助力经济增长与环境保护协同发展，为传统海洋化工探索了成熟的资源高效利用途径。通过技术创新，引进了纳滤膜技术，直接将精制卤水用于制碱，推动传统“晒盐制碱”向现代“纳滤膜法”升级，助力制碱工艺短流程再造，走出了技术创新驱动海洋化工转型升级的路子。目前，开发区借助资源高效利用和技术创新两大突破，发展成为亚洲最大的海洋化工产业基地，对国内其他滨海园区具有示范推广意义。

宁波大榭开发区积极构建废物资源综合利用链，按照“废物—资源化—产品”的方式，其中废盐水回收利用项目是万华化学自主研发的世界上唯一一套 MDI 废盐水回收利用装置，解决了 MDI 产业中大量废盐水无法回收利用的难题，具有很好的环保效益及显著的经济效益，全年可回收综合利用固体废物 28.2 万 t、废水 160 万 t，废气 12 万 t、废热 8.8 万 GJ，实现产值达 2.5 亿元 /a。

三是节能减污降碳稳步提高。张掖经济技术开发区将辖区范围内 88 台燃煤锅炉改造为燃油锅炉，共计 127.25 蒸吨，年使用宏金雁再生能源公司生产的再生燃料油约 18300t，折合标准煤 26200t，年节约燃煤 3.66 万 t。同时，依托昆仑公司、奥林贝尔、河西制药、亚兰生物等龙头企业，加强农产品废弃物和生产废水的收集、处理与资源化综合利用，将生产过程中产生的农产品废弃物进行再次利用，生产混合饲料和添加剂，据统计，张掖经济技术开发区企业有效利用上游企业农业废弃物和农产品加工废弃物综合利用量达到 46 万 t，基本实现了“吃干榨净”的目的。在能源资源消耗方面，建成年利用 2 亿 m^3 天然气工程，与煤炭投入相比，每亿立方米天然气重量为 12.143 万 t，全年可替代原煤投入近 38 万 t，减少一次资源投入重量近 14 万 t，相当减排二氧化碳 105 万 t 左右，年绝对减排二氧化硫 6200 t 以上，减少 COD 排放 600 t 左右。建成城市垃圾焚烧发电项目一期（1×6 MW 发电机组），年发电量 430 万 kW·h，日处理生活垃圾能力 300 t，年可节约 2.29 万 t 标煤，年处理垃圾能力达 11 万 t，垃圾减容量达 90%，减重量达 70%，为张掖市实现节能减排目标做出重大贡献。潍坊滨海经济技术开发区推进企业节能降碳，构建了“试车电力并网发电”“石油焦煅烧余热分质回用”和“炭黑尾气余热发电”三大能源梯级利用模式，促进了园区清洁能源替代，优化了能源结构，并为低品位能源助力海水淡化探索了出路，对余热余能利用具有示范引领作用。园区依托国邦药业等骨干企业，打造了 MVR“1+3”高盐化工废水高值资源化利用模式，实现废水转化为中水、能源和工业粉盐，能够为化工企业集聚区域的废水处理问题提供思路。

深圳国家自主创新示范区坪山园区在发展循环经济过程中，通过循环化改造项目的实施，推进节能节水类、环保类等项目，尽可能减少输入端的资源、能源消耗以及资源的外排放。如万达杰印刷制程水性油墨及节能改造项目实施后，实现复合、连线印刷无 VOCs 排放，工业园区 VOCs 排放降低 96% 以上；如恩达电路金属废水资源化处理项目，试运行各项指标合格，总共处理金属废水 1565 t，处理后氨氮浓度降至 2.1 mg/L 以下。叶集经济开发区建设了以三个体系为标志的现代化循环经济产业园区，构建了原竹原木精深加工、森林采伐剩余物再利用、竹木加工剩余物再利用 3 条产业链，拉动了经济持续快速增长；同时，通过企业清洁生产、园区循环化建设，开发区能源资源利用更加高效，资源消耗强度不断降低，工业污染物排放强度逐年减少，清洁能源占比不断提高，循环经济产业链关联度持续提升，有力推动了叶集经济开发区可持续发展。

四是资源能源利用效率持续提升。坪山园区通过大力推进新岚再生资源公司的废金属回收资源化再利用项目，中芯国际、翰宇药业的废水深度处理回用项目，信立泰药业的有机废气回收项目，以重点企业的废弃物循环利用改造效果，提高园区整体资源综合利用水平。经过循环化改造，园区资源综合利用效果有显著的提升，工业固体废物综合利用率达 90.52%，工业用水重复利用率达 66.73%。新疆天业是大型煤电盐化一体化循环经济发展模式的典型企业，产业横跨煤电、化工、建材、塑料加工、食品、建筑、商贸流通等多个行业，构建了从资源到初级产品，再延伸到建材、高效农业的循环经济产业链，形成了以煤电化一体化为起点，塑料节水器材为核心，高效农业及食品加工、外贸出口为终端的有机结合体，并不断以新技术改善产业链中各个环节的资源利用水平，进一步提高资源和能源的利用效率。新疆天业重视通过技术创新促进循环经济，电石渣制水泥技术、电石渣烟气脱硫技术、电石炉气制乙二醇联产 1,4- 丁二醇技术、烟道气回收制碳酸钠技术、大田农作物膜下滴灌技术的应用，大大降低了能源、资源和水资源消耗，从源头和过程实施减量化、资源化和再利用。

五是公用基础设施一体化共建共享模式日渐成熟。宁波大榭开发区公共管廊通过万华热电、榭北热电作为统一热源，负责全园区的热力供应，设置大榭生态污水厂作为园区统一污水处理设施，通过发挥规模化效应，大幅助力园区节能减排。园区已设立专业公共管廊，用于各装置之间、各装置与公用工程及辅助工程之间、公用工程之间的连接，可以用来输送蒸汽、工业气体、液体化工物流，并可以在管廊内敷设电力电缆、通信电缆等，有效提高资源利用效率，目前园区实际已建设完成一期公共管廊总长约 7751 m。宁夏中宁工业园区启动建设中宁第三污水处理厂、石空新材料循环经济示范区西区污水处理厂等水污染治理项目，提高生活污水和工业废水收集能力，园区建设了 25000 m^3 蓄水池 2 座，日供水能力达到 8 万 m^3，支持企业建设污水处理厂 6 座，年可循环利用生活废水 1200 万 m^3。铜陵经济技术开发区采用合同能源管理的方式将对经开区的能耗、水耗和污染物的排放量控制业务外包给第三方单位，在 PCB 产业园的废水处理方面，出资建设 PCB 污水处理中心，通过招标后北京金达莱环保公司中标，成为 PCB 污水处理和管理的第三方单位。

六是信息化管控手段不断创新。宁东能源化工基地上线运行能源化工供应链管理平台，依托大数据、区块链、物联网和现代物流技术，致力打造集多品种、全链条、一站式的煤炭及化工产品产供销于一体的数字化应用供应链管理平台。平台集合信息咨询、阳光采购、物流服务、银企对接、储运港服务、化工品服务等 6 大服务板块。以宁东基地为核心，辐射陕西榆林、内蒙古鄂尔多斯等地区的煤化工企业，提供从煤炭及煤化工信息资讯、产品交易、仓储、物流运输、质量检测、财务结算、银企对接的煤炭及化工供应链全过程服务。平台上线运行后，全面整合能源化工供应链资源，集合线上线下场景交易、储运港、物流协同服务，结算、物流、指数、数据、金融数字化一体化服务，打造线上线下相融合的信息服务平台。培育以服务宁东基地企业为核心的煤炭化工供应链生态圈，进一步为区域企业降本增效，保障供应链、产业链安全，促进产业高端化、绿色化、智能化、融合化发展，加速推进产业转型升级，助力黄河流域生态保护和高质量发展。邳州经济开发区已初步建立了循环经济公共信息服务平台，企业可以通过信息平台充分展示公司概况、产品供应、销售需求信息等，可促进构建企业内部、企业之间的循环经济产业链，实现生产过程耦合和多联产，提高园区的资源产出率，降低企业运行成本。通过循环经济公共信息服务平台，还可整合金融服务商、技术服务商、咨询机构、专家等第三方服务商资源，有利于打造开发区的产业共生及废弃物交换交易体系建设。天津经济技术开发区围绕电子通信、装备制造、生物医药、食品饮料、石化产业等支柱产业，引入高水平的废物资源化配套项目，构建产业共生网络，推进废弃物规范化分类收集、副产物市场化交换使用。据测算，开展园区循环化改造的企业生产成本相较其他园区降低 4% 左右，给企业带来了显著的经济效益。

七是循环经济科技创新支撑能力显著增强。新疆天业拥有国家认定的企业技术中心、国家节水灌溉工程中心（新疆）、博士后科研工作站、企业院士专家工作站和氯碱化工国家地方联合工程研究中心等国家级创新平台。与中国科学院大连化物所、清华大学、浙江大学、南开大学、石河子大学等国内一流大学和科研院所建立了紧密的合作关系，形成了“以项目为载体，企业牵头，优势互补，共同攻关”的产学研模式，相继承担并完成 10 余项国家级重大科技项目，其中承担国家 863 项目 4 项。获得省级以上科技进步奖 12 项，其中国家级 2 项；申请专利 232 项，包括发明专利 93 项，其中 145 项获得授权。

4.2 园区循环化改造难点

4.2.1 循环化改造战略定位不准，目标任务不清晰

一些园区对循环化改造的战略定位过低，仅当作经发或环保条线业务，未上升到园区转型升级和可持续发展战略高度上来。不少园区未能全面把握园区循环化改造主旨，申报和实施的重点支撑项目“大杂烩”现象明显，既有补链强链项目和公共服务设施项目，也有扩大产能、新上生产线、引进新装备、开发新产品和其他基础设施建设类项目，整体与循环化改造关联紧密度不高。

4.2.2 传统型发展路径依赖严重，转型改造难度大

许多经济技术开发区、经济开发区或高新技术产业园区基本上都经历了十余年的发展历程，园区总体规划、控规框架、招商模式都有深刻时代烙印，难以适应新常态，按循环化改造的要求进行优化调整产业结构与空间布局难度大。同时，园区发展存在其规划定位和生命周期，一些经济欠发达区的园区，环保和投资门槛低，形成一些污染性大、落后产能由东部向中西部、发达地区向欠发达地区转移的趋势。一些转型中园区在主导产业更替过程中，产业组合方式和空间布局难以同步匹配。

4.2.3 产业特色和规模效应差，要素聚集度不足

有的园区产业定位不清晰，产业结构不合理，分布了多条产业链，但没有形成规模效应，没有产业特色，导致竞争力不强。一些园区总结循环经济经验和模式时，声称有 5 ~ 6 条循环经济产业链，往往很少能真正意义上做深做好。有些开发区定位比较杂，化工、纺织、冶金、机械、热电、建材、电子等行业都有，示范引领的龙头企业偏少，小企业多而杂，循环经济发展的头绪和管理难以理顺，如何对一些相关性差的企业进行

合理布局和耦合共生成为一大难题。

4.2.4　产业链接延伸水平不足，纵向闭合度低

调研中发现，许多园区生产产品以初产品、中间产品为主，成品少，产业链条偏短，产业链向下游延伸明显不足，高附加值环节偏少。一些中小园区特别是化工类中小园区，由于产业链接延伸水平不足，相对副产品和废弃物资源化利用水平低，排放处理成本压力大，因此违规排放和处置的现象仍有发生。另外，不少园区对产业链的资源整合能力和专业化控制能力不足，缺乏对整体产业配套、循环连接起到关键作用的龙头企业，也限制了产业链纵向耦合、闭合的能力。

4.2.5　资源产出率有待提高，资源闲置和紧缺并存

土地资源是园区发展的核心资源，园区土地产出率也是循环化改造的一项重要指标。调研表明，有些园区内的早期入驻企业占据大量土地资源，且缺乏合理利用，存在一定的土地闲置和浪费现象，甚至工业用地中有大面积的池塘、草地或树林；而对于园区层面可掌握的土地指标很少，也制约了循环化改造的用地布局调整优化空间。受能源、水资源和主要污染物总量控制和强度控制的约束，园区能源、水资源和污染物排放指标较为稀缺，部分园区存在集中供热、中水回用和污水排放等管网建设和企业布局不匹配，规模化和市场化存在机制障碍的问题。

4.2.6　废物循环利用信息不通畅，市场化程度低

一方面，对于园区和企业的物流、能流和资源产出率的监测分析和统计核算十分欠缺，园区普遍缺乏定量化的专业物质流诊断及科学决策支撑。另一方面，对于工业大宗废弃物和企业废旧物资，循环利用信息不通畅，大规模的市场化机制仍待完善。大量的中小企业对于回收废物等领域仍然比较困惑，由于资源化技术水平不高、企业规模小、再生产品的附加值不高，很多企业产生的废物给了规模小、简易的非正规回收企业，却很少给技术水平高、规模大的正规资源回收企业。一些大型资源回收处置和综合利用企业需要自建回收体系或向小回收企业购买，在成本和渠道上处于劣势，劣币驱逐良币的现象时常出现。危险废弃物多为强制收购并实施焚烧或堆放，但合法化的资源化利用途径极少。因此，目前普遍存在园区资源循环利用市场空间大，但信息共享透明度和市场化程度却不高的现象。

4.2.7　资源化利用项目环评门槛高，循环化存在政策障碍

现有环评制度制约了企业上废弃物再生利用项目的积极性。不少产生危险废物的企业，通过近年来的技术改造和工艺提升，已具备了资源化处理并形成工业副产品的能力，但如需自行处理，须实施环评修编，其程序复杂，实施周期一般需 2 ～ 3 年。同时，企

业对涉危废物实施资源化利用，并生产出副产品进行出售的难度极大，需要经信部门、质监部门备案，销售所在地环保部门认可和环评通过四重手续。另外，现行环评标准不够细化，如精细化工领域产业价值高、能耗污染相对较小，循环经济潜力较大，但现行标准体系是空白，只能套用大化工项目的环评标准来对待精细化工项目，导致了循环经济利用项目的难度加大。

第 5 章 园区循环化改造展望及建议

“十四五”时期，我国将推动经济体系优化升级，加快发展现代化产业体系。当前至 2035 年，是园区生态文明建设的关键时期，是服务我国“生态环境根本好转，美丽中国目标基本实现”宏伟目标的关键发展阶段，工业园区是建设绿色制造体系、实施制造业强国战略最重要、最广泛的载体，推动工业园区绿色发展是实现美丽中国和碳达峰碳中和目标的内在要求和重要途径 。

5.1 展望

实践证明，循环化改造在推动园区转变发展方式、优化产业结构和能源结构、培育绿色发展新动能等方面都发挥了积极作用，已逐渐成为一些园区重新规划、二次创业、改造升级、破解资源环境约束、提高竞争力的有效途径，有利于促进我国现代化经济体系的建设。

园区绿色高质量发展是促进国民经济高质量发展的重要基石。园区在我国经济体系中具有举足轻重的地位，根据国家发展改革委等六部委发布的《中国开发区审核公告目录（2018 年版）》，我国各类园区已达 2543 家，创造的 GDP 接近全国的 60%，有些省市甚至超过了 70%，园区已成为带动地区经济发展和实施区域发展战略的重要载体、促进科技创新和发展高新技术产业的主要阵地。实施园区循环化改造，按照空间布局合理化、产业结构最优化、产业链接循环化、资源利用高效化、能源使用清洁化、污染治理集中化、基础设施绿色化、运行管理规范化等“八化”要求，统筹规划，整体推进，最终形成低消耗、低排放、高效率、高价值、能循环的现代产业体系，实现废物交换利用、能量梯级利用、土地集约利用、水的分类利用和循环使用、基础设施的共同使用，实现园区的高质量发展，必将带动整个国民经济的高质量发展。

园区循环化改造是推进园区新旧动能转换的重要途径。园区要实现新旧动能转换，关键是要培育新动能。近年来实践证明，通过实施循环化改造，加大产业结构调整力度，逐步淘汰一批落后产能，优化空间布局，可压缩旧动能，为新动能腾出发展空间；加大产业技术创新、优化整合力度，构建链接循环的产业体系，加强园区环保、能源、信息平台等公共服务设施建设，可为园区发展培育新动能，逐步实现新旧动能的有效转换。

深入推进园区循环化改造升级行动将成为园区绿色低碳发展的主要手段。一是要制定园区循环化改造实施指南。深入贯彻落实《2030 年前碳达峰行动方案》《“十四五”循环经济发展规划》《国家发展改革委办公厅　工业和信息化部办公厅关于做好“十四五”园区循环化改造工作有关事项的通知》等要求，组织制定园区循环化改造实施指南，指导地方编制园区循环化改造实施方案。二是明确各类型园区循环化改造路径。根据前期重点支持园区主导产业，梳理形成钢铁、有色、冶金、石化、装备制造、轻工业等主导行业园区循环化改造路径，总结推广一批循环化改造示范试点园区成功经验和典型模式，分门别类指导各类型园区有序推进循环化改造。三是加大园区循环化改造支持力度。充分发挥中央预算内投资引导带动作用，用好中长期贷款、地方政府专项债、政策性开发性金融工具、绿色金融等，加大对各类园区循环化改造重点项目的支持力度，增强社会资本参与改造项目投资的积极性。四是创新园区循环化改造支持政策。研究制定推进园区循环化改造的系列政策措施集成工具包，聚焦招商引资、产业链接、科技创新、金融服务、营商环境、要素保障等环节，形成涵盖多维度的一揽子园区绿色低碳循环发展面上政策工具箱。五是确保园区循环化改造质量和效益。定期开展园区循环化改造成效评估工作，系统梳理各地省级以上园区循环化改造推进情况，总结评价各地园区循环发展水平，研究提出下一步实施意见。六是加大循环化改造宣传推广力度。积极组织交流，以技术推广会、园区项目现场会、跨区域经验交流会等形式组织相关园区交流经验、互学互鉴。充分利用各类媒体和渠道，加大宣传力度，全面宣传推广有关园区循环化典型经验做法，营造推进园区循环化改造的良好社会氛围。

5.2　对策

如何解决现存的园区循环化改造问题以突破制度、技术、发展模式、资源利用不足的障碍，是下一步园区循环化改造推进和推广的工作重点。

5.2.1　完善政策体系，推进循环化改造进程

政府和园区的政策支持体系，是加快实现园区循环化发展的基础。正是这一系列政策为园区的循环化改造提供了一种新的制度空间。然而，目前各个园区的政策支持体系仍然存在很多不足。针对这些不足，总结出了政策方面下一步工作重点。

完善园区的总体政策体系。制定园区循环化改造实施指南，深入贯彻落实《2030年前碳达峰行动方案》《“十四五”循环经济发展规划》《国家发展改革委办公厅　工业和信息化部办公厅关于做好“十四五”园区循环化改造工作有关事项的通知》等要求，组织制定园区循环化改造实施指南，指导地方编制园区循环化改造实施方案。一方面，放宽国家投资政策、使国家政策体现区域差别。例如降低准入条件、扩大信贷规模、下放新增建设用地有偿使用费审批权力、降低项目审批难度、针对不同工业园区的实际情况制定不同的政策，从而提升项目对外来投资达到吸引力。另一方面，加大财政、税收、金融、产业、环境、资源政策之间“横向”配套的连接和协调，使它们细化落实，同时加大各层面优惠政策之间“纵向”的连接和协调，推进区域循环经济的发展。

加大现行法规力度来支持管理机制创新。园区是一个地区经济发展的潜力所在，是招商引资和发展开放型经济的有效载体，是当地投资最活跃和经济发展最快的区域，发挥着地区经济示范、带动、辐射和促进作用。但随着我国社会主义市场经济的深入发展和全方位对外开放格局的形成，特别是近年来国家政策的不断调整，开发区原有的政策优势和体制优势已明显减弱，而开发区的管理体制和运行机制的创新则显得至关重要。为了支持管理制度的创新，园区需要制定明确的法规要求，来促使企业长期凭社会责任感以及园区提供的鼓励政策参与项目，将创新管理工作坚持下来。同时，建立第三方机构，促使园区管委会开展监管和评价工作。

降低优惠政策的限制。园区优惠的政策的制定和实施为投资活动提供了良好的投资政策环境，为投资活动扫清了不必要的人为障碍，但是由于一些优惠政策的限制过高，很多企业无法享受到优惠政策所带来的好处，因此需要采取一些措施来降低优惠政策的

限制，例如取消财政部对与财税、土地挂钩的优惠政策的专项清理，增强园区对废弃物的综合利用、新产品开发和产业链延伸项目的扶持时间、扶持力度和政策的连续性，逐步强化开发区传统发展优势和相关企业积极性。

完善园区的相关财政政策和金融政策。一方面，增强各园区对应地方政府的财政支持力度，针对技术创新企业和优秀工作人员给予相应的税收减免优惠和财政收入补贴，通过激励政策来推动园区循环化改造的建设和发展。另一方面，强化政府提供的金融支持作用。完善政府在对循环化改造园区的贷款、投融资和风险分担等的金融优惠政策，促进园区规模的形成和高新技术的研发和应用，推进园区循环化改造进程。

确保园区循环化改造质量和效益。定期开展园区循环化改造成效评估工作，系统梳理各地园区循环化改造推进情况，总结评价发展水平。积极组织交流，以技术推广会、园区项目现场会、跨区域经验交流会等形式组织相关方面交流经验、互学互鉴，利用电视、网络、报纸、新媒体等，全面宣传推广有关园区循环化典型经验做法，凝聚全社会对园区循环化改造的支持。

5.2.2 明确产业定位，发展优势和特色产业

部分园区产业定位不明确，布局了多条产业链，但没有形成规模效应和特色产业，导致竞争力不强。一些园区定位比较杂，机械、电子、建材、化工、热电等各行各业都有，呈现出小企业多而杂、但示范引领的龙头企业却偏少的现象，循环经济发展的头绪和管理难以理顺。因此，明确产业定位，发展优势产业是园区循环化改造的下一步工作重点。

明确产业定位。合理地进行产业发展规划和布局，确定主导产业、支柱产业以及基础产业，进行明确的产业定位，做大做强主导产业，对加快区域经济的发展有着极其重要的现实意义。各园区的产业定位应充分考虑资源禀赋、区位优势、产业基础和区域分工协作等因素，此外，产业升级和产业转移也是产业定位考虑的重要因素。不同的工业园区有不同的优势，园区要发挥比较优势，做大做强优势产业。

控制产业数目。园区招商引资之初，为吸引企业入驻，无论企业优劣、规模大小，来者不拒，导致园区企业良莠不齐，并致使园区产业过多，产业定位不明确，因此控制产业数目对园区以后的良性发展具有重要意义。为了控制产业数目，一方面，园区应该在招商引资时制定统一的科学规划，充分考虑企业的优劣、规模大小、产业的关联性等因素，严把入园企业；另一方面，将园区内已有的没有特色、规模较小的企业调整出去，重点发展园区比较优势的产业，并引进同类龙头企业和配套企业，以便形成产业集聚乃至产业集群。

兴办和引导龙头企业、优势企业。龙头企业、优势企业在园区内起着中流砥柱的带动作用，他们完善的信息系统和技术水平，保证着园区健康顺利发展。为了兴办和引导龙头企业、优势企业，园区一要积极引导资本向一些技术较先进、加工档次较高、经营

机制较好、开拓市场力强、对区域产业带动作用大的龙头企业和优势企业集中。二要积极围绕大企业进行资产重组和企业改革，提高大企业的生产率，尽快培养和壮大一批区域特色优势产业的大型区域组织。三要对信誉良好的大企业适当给予优惠政策。在财政方面，政府可以通过采取由财政出资给予特色优势龙头企业贷款贴息的方式，鼓励企业的发展。在税收方面，政府可以给予一定的税收优惠政策对于符合规定的一些税收予以减免，为企业的发展减轻负担。在信贷方面，政府可以通过放宽贷款条件和额度等，支持其发展，通过向特色优势企业的贷款倾斜逐步把贷款运用到高产、优质、高效的龙头企业。

大力支持中小企业的发展，处理好大中小企业发展的关系。发展特色优势产业不仅要抓园区内大企业的发展，中小企业的发展同样不可忽视。园区要积极引导中小企业走“小而优，小而精，小而特”的路子，为整个产业的发展培育充足的基础和后备力量。一方面，针对中小企业与大企业相比竞争力较弱的情况，政府应该制定合理化的产业政策和竞争秩序政策，反对垄断、过度竞争等不正当竞争行为，维护市场的正常秩序特色优势产业。另一方面，政府应适时制定一些促进中小企业发展的政策措施，促进中小企业的发展。针对具有较好发展前景和势头的中小企业，政府可以通过支持项目建设，给予税收优惠放宽土地使用政策等措施促进特色企业的发展。

5.2.3　突破技术“瓶颈”，提高园区发展创新能力

资源综合利用技术不断突破，是实现循环经济的有力保证。目前，各个园区资源综合开发利用仍处于起步阶段，资源规模开发及综合利用水平提升缓慢，企业自身产业升级、结构调整能力较弱，转型升级任务艰巨，其中科技创新能力不高是阻碍园区循环化改造的重要制约因素。所以突破技术“瓶颈”、增强园区创新发展能力是园区循环化改造的下一步工作重点。

完善和落实激励企业自主创新的相关政策。政府需要进一步落实园区配套政策及其实施细则，特别是与激励企业自主创新相关的税收优惠、金融支持、政府采购等政策，加强政策的宣传和培训，使企业能真正享受到政策带来优惠，激励企业增加研发投入，提高自主创新能力。做好政策实施的评估督促，建立政策跟踪研究和不断完善的长效机制，在实践中健全和完善政策体系。

加大对企业技术创新的支持力度。技术创新可以给园区内企业带来降低成本、提高产品质量和经济效益的好处，帮助企业在竞争中占据优势。园区下一步应支持企业更多地承担国家及地方重大科技项目,鼓励科研机构和高等院校面向企业开放共享科技资源，建设一批面向企业的技术创新服务平台，帮助企业开发新产品、调整产品结构、创新管理和开拓市场，提升核心竞争力。构建一批产业技术创新战略联盟，促进产学研紧密结合。加大对科技型中小企业技术创新的财政支持力度，建立和完善支持中小企业发展的科技投融资体系和风险投资机制，发展科技中介服务机构，扶持和壮大一批具有创新能

力和自主知识产权的中小企业。

加强企业研发条件和人才队伍建设。园区需要加快推进创新型企业建设，在具备条件的企业建立国家重点实验室、工程中心等基地，鼓励企业与大学、科研机构共建各类研究开发机构，支持企业研发能力建设，鼓励企业引进海外高层次人才，开展各类人才的培训，与高等院校和科研院所共同培养技术人才。鼓励企业探索建立知识、技术、管理等要素参与分配的制度和措施。

组织和动员科研院所和高校的科技人员深入企业开展多元化的创新创业服务。园区需要利用科技中介机构、技术转移机构等搭建科技人员与企业双向选择的信息交流平台，形成科技人员服务企业的长效机制。从科研院所和高校选派一批科技人员进入企业，研发技术、开发产品。特别是鼓励科技人员带技术、带产品进入企业推广应用。鼓励科技人员直接创办科技型中小企业，促进科技创业。

5.2.4 完善人才培养机制，培养高层次创新人才

建设创新人才培养示范基地、加强高层次创新型科技人才队伍建设、引领和带动各类科技人才的发展，为园区循环化改造提高自主创新能力并提供有力的人才支撑。然而，目前大部分园区缺完善的人才培养、引进、使用、激励和服务保障制度体系，严重制约了园区循环化改造的进程。所以，完善人才培养机制、培养高层次创新人才是园区循环化改造的下一步工作重点。

完善与人才引进相结合的人才保障机制。为完善人才保障机制，园区一要为人才资源提供政策咨询、融资申报、劳动维权等个性化、精细化的服务，突出关怀，增强其责任感和归属感，为其在园区工作营造更加优良的环境。二要健全户籍管理制度、家属工作安置办法、小孩读书优惠条例，分类推进人才评价机制改革和职称制度改革，建立符合各专业技术岗位特点的人才评价制度，建立以能力、实绩和贡献为导向的人才评价体系，在优惠待遇上突出“高精尖缺”导向，进一步提升人才政策的吸引力，形成更具竞争力的人才制度优势，免除其到园区工作的后顾之忧。

积极引进国外人才资源，推动城市高新产业的发展。加快推进创新型园区建设，人才是一个非常关键的因素，要提升园区的创新能力，必须建造一支创新型的人才队伍。根据当前创新资源主要集中在发达国家的特点，园区应该更多地从这些发达国家引进创新型人才、加快园区的创新型人才队伍建设、缩短我国与发达国家在高科技领域的差距。为了引进国外人才，一方面，园区应该探索开辟海内外引进人才职称评审绿色渠道，增强其归属感；另一方面，积极争取国家相关部门的协助，从发达国家引入高端科技人才，攻克产业发展的关键“瓶颈”技术。

进行继续教育，加强专业技术人才培训。一方面，园区内进行继续教育，园区内进行继续教育，对已经脱离正规教育、已参加工作和负有成人责任的人进行各种各样的教育。另一方面，对园区内专业技术人员进行知识更新、补充、拓展和能力提高进行一种

高层次的追加教育。这要求园区加强对专业技术人才继续教育培训活动的开展，构建网络化、多层次和全方位的继续教育培训体系，实行继续教育与职称评审、职务晋升挂钩，增强其通过学习提升自我的积极性和主动性。

加强创新创业人才培育。园区应该鼓励企业为高校提供科研基金，建立实习基地，为高校人才提供参与企业经营和技术研发的机会，高校为企业提供智力支持，为企业员工提供培训机会。同时，园区应该充分发挥机电学院等学校和高技能人才培训基地的作用，加大技能型人才培养支持力度，加强创新创业人才培育。

共享创新创业教育资源。一方面，政府应该鼓励并支持企业、高校积极参与国际行业学术交流活动，选拔专业技术人才前往海外科研院所或高校进修，学习海外最新的创新教育理念及技术。另一方面，加强创新创业教育共享型教育资源库建设，促进创新创业教育的广泛开展、为园区内企业培养出更多合格的创新创业型人才。

5.2.5　减小招商引资阻力，加大园区资金支持

资金支持是园区进行循环化改造的基础。然而，在循环化改造过程中，常常面临巨大的资金压力。一些诸如招商引资难、金融支撑能力不足和融资渠道缺失等关键性的问题也逐渐显现，成为各大产业园区转型升级的掣肘。因此，减少招商引资阻力，加大园区资金支持是园区循环化改造的下一步工作重点。

明确招商引资的方向和重点。园区应该按照抓住龙头、抓准产业的要求突出大项目和产业链招商。为了实现龙头项目、配套项目、关联项目和填补空白项目的新突破，园区一要加大战略性新兴产业招商力度，着力引进代表国际先进水平、对产业升级具有重大带动作用的外资大项目，在引进大项目、好项目上下功夫、求突破；二要大力引进跨国公司地区总部及功能性机构；三要创新招商引资方式，要以大项目、好项目为切入点，围绕产业集聚开展各种形式的招商；四要加强“零地”招商，利用存量带动增量，强化对外资大企业的跟踪服务，推动其增资扩股。

拓展融资渠道。为了拓展融资渠道，园区一是要拓宽直接融资的对象，增加园区内企业融入资金。企业可以引入风险投资增加企业的资金。风险投资是在没有财产作抵押的情况下，风险投资者以资金与公司业主持有的公司股权相交换，待企业成长获利之后，再将股权售出收回投资的一种方式。要想获得风险投资，企业首先应有很高的诚信度。同时，要有强有力的管理团队。并且要在某一领域具有明显的产品和技术优势，以维持其可持续发展，这一点是最重要的。而且，该企业必须是股份制企业，否则风险投资者无法行使其经营权，不利于企业生产经营的管理。二要加大担保力度，扩大间接融资的渠道。一方面，依靠中小企业信用担保机制，为中小企业向银行申请贷款提供连带保证责任，增强银行信贷投入的信心。另一方面，采用商品及贸易融资方式，以流动资产做质押，将商业信用和银行信用相结合。三要采取融资租赁方式增加企业融资。这种方式适用于购买固定资产或设备更新改造等长期融资的企业。融资租赁是出租人（租赁公司）

根据承租人对出卖人、租赁物的选择，向出卖人购买租赁物，提供给承租人使用，承租人支付租金的租赁形式。它是一种把融通资金与融通物资相结合的筹集资本设备的方式。

加大招商引资的政策扶持力度，突出招商政策差异化。为了加大招商引资政策扶持力度，园区一要用好国家和省市相关政策配套实施、省市最新出台的跨国公司地区总部奖励扶持政策。二要形成提高利用外资水平的导向，坚持引资与引智引技并举，更加注重引进国外先进技术、管理、人才和研发机构，加快实现利用外资从数量型增长到质量型提升。三要加大招商引资奖励力度，建立健全招商引资激励机制和考评方法，健全项目跟踪服务工作考核奖惩制度。为了突出招商差异化，园区要重新调整招商引资优惠政策。科学划定招商引资企业的准入门槛，逐步减少在土地和税费方面的普惠制优惠政策，对符合产业规划的产业项目实施重点帮扶，减少资源浪费和优惠分散，对重点产业的成长型企业在融资、产业升级、专项资金争取、市场拓展等方面给予特殊的政策，以促进企业快速形成扩大再生产能力。同时，还要进一步细化招商引资政策分类。对招商引资企业按照行业和项目的不同，设定招商引资奖励政策。根据投资额度、技术先进程度、产业带动能力、税收贡献度、社会贡献度等指标，建立项目综合评定体系；对项目进行评级分类，根据评定结果分别给予不同的优惠政策，充分体现分类指导的原则。

加强利用外资工作的组织领导。吸引外资是园区经济工作十分重要的内容，是经济转型和经济结构调整的重要手段，为了引入外资，园区要坚持主要领导亲自抓，既感动和说服投资者又促进政府作风改变树立良好的对外形象。还要加强招商队伍建设，进一步加强专业培训和人才引进工作，抓好世贸规则和国际惯例的研究与掌握，努力形成和壮大投资促进工作的骨干队伍，提高驾驭涉外经济工作能力和主动性增强在扩大对外开放中的竞争软实力。同时，也要优化政府服务，各有关部门要开辟外资项目“绿色通道”，努力使环境成为名副其实的对外开放的第一竞争力。

5.3 园区循环化改造建议

今后园区循环化改造要全面贯彻落实党的二十大精神，以习近平新时代中国特色社会主义思想为指导，以深入打好污染防治攻坚战、建设生态文明、促进经济高质量发展为根本目标，围绕落实京津冀协同发展、长江经济带等国家重大战略和“一带一路”重大倡议，进一步加大力度推动园区循环化改造，为美丽中国建设做出积极贡献。

一是强化园区整体设计。以地方园区管委会为主体，统筹推进绿色循环改造，按照“一园一策”的原则，在全面摸排现有产业园区土地、能源、水资源利用及废物排放等方面情况的基础上组织编制园区绿色循环升级改造实施方案。通过构建园区内产业绿色体系、完善循环链接、引进关键补链等方式，实施一批重点绿色工程项目，推动园 区内不同企业以物质流、能量流为媒介进行链接共生，促进园区内产业循环耦合共生，实现原料互供、资源共享，全面提高资源利用效率。

二是推进传统产业绿色发展。结合园区主导行业特征，开展园区内传统行业绿色转型改造，推动石化、建材、印染等传统产业绿色转型升级。强化能耗、水耗、环保、安全和技术等标准约束，实施重污染行业达标排放改造工程，开展钢铁行业超低排放改造，推进化工企业全面开展清洁生产，规范化工园区发展，推动化工产业向集中化、大型化、特色化、基地化转变。加快传统产业智能化改造，推进互联网、大数据与传统产业深度融合，通过数字车间、智能工厂等方式，推动制造过程、装备、产品智能化升级。

三是培育壮大绿色新兴产业。以地方园区现有绿色产业为基础，不断培育壮大绿色循环新兴产业规模，推进产业基础高级化和产业链现代化升级，推动构建安全高效、布局合理的绿色产业链条。壮大节能环保装备制造产业、绿色服务产业、清洁能源产业、生物技术等绿色战略性新兴产业规模，加快培育形成新动能。支持发展绿色未来产业，抢占人工智能、生物基可降解材料、区块链等技术制高点。

四是完善园区产业循环链接。构建废弃物管理体系，摸清园区副产物流向，以园区的主导行业和主要废弃物为基础，构建循环经济产业链，完善废弃物综合利用产业链，大力发展循环经济，培育节能环保产业基地，出台鼓励副产物综合利用各项支持政策。鼓励园区发展节能和环境服务业，重点发展第三方节能环保服务如能源审计、节能审计、生态保护和清洁生产审核等，鼓励园区采用环境综合治理托管、能源合同管理等第三方治理模式，提高工业园区环境管理与绿色发展水平。

五是形成企业绿色供应链。推动重点企业实施绿色改造，按照生产流程绿色化、工厂绿色化、产品绿色化的原则，在生产路线和产品设计开发阶段系统考虑原材料选用、生产、销售、使用、回收、处理等各个环节对资源环境造成的影响，实现产品对能源资源消耗最低化、生态环境影响最小化、可再生率最大化。

六是加强园区绿色基础设施建设。推进园区供水与排水、污水收集与处理、再生水回用、固体废物处置及资源化利用、危险废物收集处置等环境基础设施共建共享。对于产品类型集中的园区，鼓励园区统一安装处理和回用处置设施，排污企业缴纳相应处理费用；产品类型分散的园区，由企业做好特征污染物的处理处置，园区承担监测、收集、再处理等相应职责。促进园区建设电、热、冷、气等多种能源协同的综合能源项目，提高园区整体能源利用效率。

七是提升园区智慧信息管理能力。强化园区智慧信息平台建设，推动智慧平台由“智慧展示”向“智慧管理”转变。搭建包括物料种类和总量、物质流向、关键设备工况、实时排放量和排放总量等功能在内的智慧化平台，配套建设保障智慧园区运行、传输、交换、管理和控制的传输网络和集感知、采集、监控于一体的感知监控系统。依托大数据、物联网、云计算等新兴技术，进一步提升污染 物排放和环境质量监控能力、能源资源科学调配能力、应急预警与响应能力。建立基于智慧平台数据的配套处理预案，建立包括信息上报、执法处理、应急救援、安全保障等在内的全套管理体系。

八是构建园区绿色发展政策保障体系。在新建园区整体设计阶段，从空间布局、产业协同共生等层面以及能源、水循环利用途径和循环输送设施等基础设施共建共享层面融入绿色发展概念。在园区运转中，出台支持园区绿色化改造和建设的相关政策体系，从土地、政策、资金等各方面支持绿色化改造的细则，形成覆盖绿色生产、绿色流通、绿色消费、基础设施建设、绿色金融等的标准体系 框架，动态制修订节能环保、资源综合利用产品和劳务增值税优惠目录。进一步深化政府、企业与科研机构的合作，通过在工业园区设立研究中心等手段，促进工业园区产学研合作，有的放矢地开展科技研发，使科研成果直接为工业园区绿色转型和发展服务。

附录

附录 1　园区循环化改造试点名单（2011—2017 年）

批次	序号	试点单位	批复时间
第一批	1	甘肃白银高新技术产业开发区	2011 年（合计 8 家）
	2	甘肃金昌经济技术开发区	
	3	甘肃陇西经济开发区	
	4	甘肃华亭工业园区	
	5	甘肃武威黄羊工业园区	
	6	青海柴达木格尔木工业园	
	7	青海柴达木德令哈工业园	
	8	青海柴达木大柴旦工业园	
第二批	9	北京经济技术开发区	2012 年（合计 22 家）
	10	天津经济技术开发区	
	11	沧州临港经济技术开发区	
	12	赤峰红山经济开发区	
	13	宾西经济技术开发区	
	14	镇江经济技术开发区	
	15	浙江台州化学原料药产业园区	
	16	铜陵经济技术开发区	
	17	福建德化陶瓷产业园区	
	18	江西鹰潭高新技术产业园区	
	19	东营经济技术开发区	
	20	湖北宜昌经济开发区猇亭园区	
	21	湖南衡阳松木工业园	
	22	广西钦州港经济开发区	

续表

批次	序号	试点单位	批复时间
第二批	23	广安经济技术开发区	2012年（合计22家）
	24	昆明高新技术产业开发区	
	25	贵阳经济技术开发区	
	26	宁夏石嘴山经济技术开发区	
	27	乌鲁木齐经济技术开发区	
	28	宁波经济技术开发区	
	29	青岛经济技术开发区	
	30	长沙（浏阳、宁乡）再制造示范基地	
第三批	31	濮阳经济技术开发区	2013年（合计20家）
	32	武汉市青山工业区	
	33	长寿经济技术开发区	
	34	宁夏中宁工业园区	
	35	湖南岳阳绿色化工产业园	
	36	辽宁法库经济开发区	
	37	甘肃临夏经济开发区	
	38	大连经济技术开发区	
	39	青海柴达木乌兰工业园	
	40	胶南经济开发区	
	41	衢州高新技术产业园区	
	42	曹妃甸工业区	
	43	赣州经济技术开发区	
	44	淮安经济技术开发区	
	45	临沂经济技术开发区	
	46	广西鹿寨经济开发区	
	47	遵义经济技术开发区	
	48	太原不锈钢产业园区	
	49	吉林市化学工业循环经济示范园区	
	50	鄂托克经济开发区棋盘井工业园区	

续表

批次	序号	试点单位	批复时间
第四批	51	绍兴滨海工业园区	2014年（合计25家）
	52	四川达州经济开发区	
	53	南通经济技术开发区	
	54	神府经济开发区神木县锦界工业园区	
	55	广州经济技术开发区	
	56	福建泉港石化工业园	
	57	安徽霍邱经济开发区	
	58	张家港国家再制造产业示范基地	
	59	宁波石化经济技术开发区	
	60	南昌高新技术产业开发区	
	61	石河子经济技术开发区	
	62	宁夏平罗工业园区	
	63	湖北潜江经济开发区	
	64	海林经济技术开发区	
	65	深圳高新区光明高新技术产业园区	
	66	日照经济技术开发区	
	67	湖南桂阳工业园区	
	68	张掖经济技术开发区生态科技产业园	
	69	红旗渠经济技术开发区	
	70	乌海经济开发区海勃湾工业园	
	71	万州经济技术开发区	
	72	西宁经济技术开发区甘河工业园区	
	73	洋浦经济开发区	
	74	贵州大龙经济开发区	
	75	天津空港经济区	
第五批	76	丽水经济技术开发区	2015年（合计25家）
	77	贵州红果经济开发区	
	78	陕西省铜川经济技术开发区董家河循环经济产业示范园	
	79	新疆五家渠经济技术开发区	

续表

批次	序号	试点单位	批复时间
第五批	80	江苏邳州经济开发区	2015 年（合计 25 家）
	81	衡阳常宁水口山经济开发区	
	82	井冈山经济技术开发区	
	83	新乡经济开发区	
	84	湛江经济技术开发区	
	85	鞍山经济开发区	
	86	潍坊滨海经济技术开发区	
	87	厦门市集美（杏林）台商投资区	
	88	湖北孝感高新技术产业开发区	
	89	上海青浦工业园区	
	90	宁波大榭开发区	
	91	上海临港再制造产业示范基地	
	92	甘肃嘉峪关工业园区	
	93	宁东能源化工基地	
	94	深圳国家自主创新示范区坪山园区	
	95	广西—东盟经济技术开发区	
	96	新疆准东经济技术开发区	
	97	西宁经济技术开发区东川工业园区	
	98	牡丹江经济技术开发区	
	99	叶集经济开发区	
	100	内蒙古巴彦淖尔经济技术开发区	
第六批	101	安庆高新技术产业开发区	2016 年（合计 18 家）
	102	安徽霍山经济开发区	
	103	潼南工业园区	
	104	珠海经济技术开发区	
	105	南宁经济技术开发区	
	106	贵州钟山经济开发区	
	107	贵州安顺西秀工业园区	
	108	冀州经济开发区	

续表

批次	序号	试点单位	批复时间
第六批	109	十堰经济技术开发区	2016年（合计18家）
	110	湖南安化经济开发区	
	111	常熟经济技术开发区	
	112	泰兴经济开发区	
	113	南昌经济技术开发区	
	114	德阳经济技术开发区	
	115	泸州高新技术产业开发区	
	116	阿拉尔经济技术开发区	
	117	杭州大江东产业集聚区	
	118	浙江吴兴工业园区	
第七批	119	杭州湾上虞经济技术开发区	2017年（合计11家）
	120	杭州余杭经济技术开发区	
	121	铜陵金桥经济开发区	
	122	惠州大亚湾石化产业园区	
	123	盘锦辽东湾新区	
	124	铜梁工业园区	
	125	湖北枝江经济开发区姚家港化工园	
	126	萍乡经济技术开发区	
	127	广元经济技术开发区	
	128	库车经济技术开发区	
	129	福建梅列经济开发区	

附录 2　园区循环化改造相关通知

国家发展改革委办公厅关于印发循环经济试点实施方案编制要求的通知

发改办环资〔2005〕2441 号

各有关单位：

按照《国务院关于加快发展循环经济的若干意见》(国发〔2005〕22 号)要求，经国务院同意，我委会同国家环保总局、科技部、财政部、商务部、国家统计局联合印发了《关于组织开展循环经济试点（第一批）工作的通知》。为规范各试点单位循环经济试点实施方案的编制，经商有关部门，现将《循环经济试点实施方案编制要求》印发你们，请参照执行。

附件：循环经济试点实施方案编制要求

二〇〇五年十一月十四日

附件：循环经济试点实施方案编制要求

一、实施方案编制大纲

（一）试点单位基本情况

（二）发展循环经济的工作基础

（三）发展循环经济的指导思想、目标和主要任务

（四）发展循环经济的重点

（五）项目规划和投资

（六）保障措施

（七）需要国家给予的支持

二、实施方案编制的具体要求

（一）试点单位基本情况

试点企业应包括以下基本情况：企业现状（名称、性质、主要产品产能及其市场情况、资产及经营情况、人员及构成等）；资源条件、能源、水资源和主要原材料消耗情况（消耗水平与国内外同行业的比较），清洁生产实施情况，“三废”综合利用情况，再生资源回收利用情况，废物排放和处置（污染防治）情况；发展循环经济的核心技术、研发能力；企业发展面临的主要问题等。

试点园区和省市应包括以下基本情况：自然地理情况；国民经济发展状况，包括生产总值、产业结构等；资源环境状况，包括主要资源条件，能源、水、主要原材料消耗情况，资源综合利用情况、废物排放和处置情况、环境质量状况；环保投资情况，经济社会发展面临的主要问题。

（二）发展循环经济的工作基础

在产业（产品）结构调整，资源节约、资源综合利用、推行清洁生产、推进绿色消费、构建循环经济发展模式等方面已开展的工作及其进展情况。

在节约资源、保护环境方面，所掌握的核心技术及技术应用情况。

已经采取的相应的管理、制度和政策、法规等措施。

（三）发展循环经济的指导思想、目标和主要任务

各试点单位要提出需要达到的具体目标，包括资源产出率、单位产品资源消耗（能耗、水耗、主要原材料消耗）、资源综合利用、废物排放等方面的目标（建议编制最主要原材料和能源消耗流程）。试点园区和省市还要提出再生资源回收利用、工业“三废”、生活垃圾方面的目标以及重点企业实施清洁生产方面的目标等。

各试点单位提出的发展目标应高于国发〔2005〕22号文的指标要求；试点企业在资源产出率、单位产品资源消耗方面要力争达到相关行业和领域的国际国内先进水平；试点企业、园区在固废和废水排放方面要以实现“零”排放为目标；试点省市要提出减

少固废和废水排放方面的总量控制目标。

（四）主要任务和工作重点

要对目标进行分解落实。提出需解决哪些关键性问题；要提出与目标对应的主要任务；突出工作重点和标志性工程。

（五）项目规划和投资

做好项目规划工作。对构成循环经济产业链、构建循环经济发展模式中所涉及的各类项目要予以说明，包括已经建成、正在实施和规划中的项目。

对规划中的重点项目，要列出项目清单，其中的核心项目要达到项目建议书的深度要求，并说明项目对推进循环经济发展所起的作用，以及项目的技术和经济可行性。

对规划项目要做出投资估算，说明投资来源和资金安排计划。

（六）保障措施

建立试点工作组织管理体系（如成立试点工作领导小组及办公室）、确定试点工作负责人和联络人；明确责任分工和技术支持单位；提出相关制度法规建设、配套政策等。

（七）需要国家给予的支持

试点企业可根据项目规划，提出 1 ～ 2 项确需国家给予支持的重点项目、重大产业化技术或需要引进的关键技术，提出相关政策支持建议等；

试点园区和省市可根据实际情况，提出需要国家给予支持的重点项目、技术、政策等。

拟申请国家支持的重点项目（或重点技术），须是在构建循环经济发展模式中起关键性作用的项目和技术。重点项目要达到项目建议书的深度要求（另行编报）。

（八）实施期限

试点实施期限为 2006—2010 年。各试点单位要制定分阶段实施计划（至少要提出 2008 年目标、计划）。

关于印发循环经济评价指标体系的通知

发改环资〔2007〕1815号

各省、自治区、直辖市、计划单列市及新疆生产建设兵团发展改革委、经贸委（经委）、环保局、统计局：

为贯彻落实《国务院关于加快发展循环经济的若干意见》（国发〔2005〕22号），科学评价我国循环经济的发展状况，为制定和实施循环经济发展规划提供数据支持，促进循环经济发展，建设资源节约型、环境友好型社会，国家发展改革委会同国家环保总局、国家统计局等有关部门编制了《循环经济评价指标体系》和关于《循环经济评价指标体系》的说明，现印发你们，并就有关事项通知如下：

一、循环经济评价指标体系，是按照循环经济的基本特征，充分利用现有的数据信息基础，主要从宏观层面和工业园区分别编制的；关于《循环经济评价指标体系》的说明，是对循环经济指标体系的详细解释和阐述。在统计循环经济指标时，应同时借鉴和参考指标体系和说明的有关内容。

二、宏观层面循环经济评价指标体系，用于对全社会和各地发展循环经济状况进行总体的定量判断，为制定和实施循环经济发展规划提供依据。工业园区评价指标主要用于定量评价和描述园区内循环经济发展状况，为工业园区发展循环经济提供指导。

三、为了适应我国循环经济发展的需要，国家发展改革委将会同国家环保总局、国家统计局依据现有循环经济评价指标体系使用情况，适时进行补充和完善，逐步制定重点行业循环经济评价指标体系。

附件：1. 循环经济评价指标体系

2. 关于《循环经济评价指标体系》的说明

国家发展改革委　国家环保总局　国家统计局

二〇〇七年六月二十七日

附件 1：循环经济评价指标体系

循环经济评价指标体系（宏观）

	指标
一、资源产出指标	主要矿产资源产出率、能源产出率
二、资源消耗指标	单位国内生产总值能耗、单位工业增加值能耗 重点行业主要产品单位综合能耗、单位国内生产总值取水量 单位工业增加值用水量、重点行业单位产品水耗 农业灌溉水有效利用系数
三、资源综合利用指标	工业固体废物综合利用率、工业用水重复利用率 城市污水再生利用率、城市生活垃圾无害化处理率 废钢铁回收利用率、废有色金属回收利用率 废纸回收利用率、废塑料回收利用率、废橡胶回收利用率
四、废物排放指标	工业固体废物处置量、工业废水排放量、二氧化硫排放量、COD 排放量

循环经济评价指标体系（工业园区）

	指标
一、资源产出指标	主要矿产资源产出率、能源产出率、土地产出率、水资源产出率
二、资源消耗指标	单位生产总值能耗、单位生产总值取水量 重点产品单位能耗、重点产品单位水耗
三、资源综合利用指标	工业固体废物综合利用率、工业用水重复利用率
四、废物排放指标	工业固体废物处置量、工业废水排放量、二氧化硫排放量、COD 排放量

附件 2：关于《循环经济评价指标体系》的说明

为贯彻落实《国务院关于加快发展循环经济的若干意见》（国发〔2005〕22 号），加快循环经济发展，建设资源节约型、环境友好型社会，国家发展改革委会同国家环保总局、国家统计局等有关部门开展了“循环经济评价指标体系”的研究工作，现就“循环经济评价指标体系”作如下说明。

一、建立循环经济评价指标体系的重要意义

中国共产党第十六届五中全会明确提出把资源节约作为基本国策，发展循环经济，保护生态环境，建设资源节约型、环境友好型社会。《国民经济和社会发展第十一个五年规划纲要》提出“十一五”单位国内生产总值（GDP）能源消耗比“十五”期末降低 20％左右，主要污染物排放总量减少 10% 的奋斗目标。中国共产党第十六届六中全会把资源利用效率显著提高，生态环境明显好转列为到 2020 年构建社会主义和谐社会九大目标和任务之一。发展循环经济的目的就是要实现经济增长与资源环境相协调，以尽可能少的资源消耗、尽可能小的环境代价，实现最大的经济和社会效益，力求把经济社会活动对自然资源的需求和生态环境的影响降低到最小程度。

发展循环经济是一项涉及面广、综合性很强的系统工程。为了科学地评价循环经济的发展状况，利用相应的数据信息资料，建立一套设计合理、操作性较强的循环经济评价指标体系，为循环经济管理及决策提供数据支持是十分必要的。循环经济评价指标既是国家建立循环经济统计制度的基础，又是政府、园区、企业制定循环经济发展规划和加强管理的依据。因此，循环经济评价指标体系的建立对于发展循环经济具有重要意义。

根据目前我国推进循环经济发展和开展循环经济试点工作的要求，主要从宏观层面和工业园区分别建立循环经济评价指标体系，宏观层面建立一套科学的、具有可操作性的循环经济评价指标体系，用于对全社会和各地发展循环经济状况进行总体的定量判断，为制定循环经济发展规划提供依据。工业园区评价指标主要用于定量评价和描述园区内循环经济发展状况，为工业园区发展循环经济提供指导。

二、循环经济评价指标体系指标设置

根据循环经济“减量化、再利用、资源化”原则，结合我国国民经济和工业园区的运行特点，宏观评价指标和工业园区评价指标均由资源产出指标、资源消耗指标、资源综合利用指标、废物处置量指标四大部分构成。

1. 资源产出指标：主要是指消耗一次资源（包括：煤、石油、铁矿石、十种有色金属矿、稀土矿、磷矿、硫矿、石灰石、沙石等）所产出的国内生产总值（按不变价计算）。该项指标越高，表明自然资源利用效益越好。

2. 资源消耗指标：主要描述单位产品或创造单位 GDP 所消耗的资源，该类指标反映了节约降耗，推进“减量化”，从源头上降低资源消耗的情况。

3. 资源综合利用指标：主要反映工业固体废物、工业废水、城市生活垃圾等废物的

资源化程度以及反映传统的五大类废旧物资的回收利用状况，体现了废物转化为资源、节约使用资源、循环利用资源的要求，即“资源化”的成效。

4. 废物排放（处置）指标：主要用于描述工业固体废物、工业废水、二氧化硫和COD的最终排放（处置）量，该类指标反映了通过减量化、再利用和资源化，从源头上减少资源消耗和废物产生，降低废物最终排放（处置）量、减轻环境污染的成果。

三、循环经济评价指标体系（宏观）的说明

1. 主要矿产资源产出率：是指主要矿产资源物量消耗与国内生产总值的比值。该项指标越大，表示矿产资源利用的经济效益越好。主要矿产品包括：铁矿石原矿、铜矿石、铅矿石、锌矿石、锡矿石、锑矿石、钨矿石、钼矿石、硫铁矿石、磷矿石。计算公式为：

$$\text{主要矿产资源产出率}=\frac{\text{国内生产总值(亿元不变价)}}{\text{主要矿产资源消费总量(万吨)}}$$

2. 能源产出率：指能源消费总量与国内生产总值的比值。该项指标越大，表明能源利用效率越高。能源主要包括原煤、原油、天然气、核电、水电、风电等一次能源。计算公式为：

$$\text{能源产出率}=\frac{\text{国内生产总值(亿元不变价)}}{\text{能源综合消耗总量(万吨标准煤)}}$$

3. 单位国内生产总值能耗：指每产出万元国内生产总值所消耗的能源。该项指标越低，表明能源的使用效率越高，资源“减量化”得到体现。计算公式为：

$$\text{单位国内生产总值能耗}=\frac{\text{能源消费总量(吨标准煤)}}{\text{国内生产总值(万元,不变价)}}$$

4. 单位工业增加值能耗：指工业生产创造每万元增加值所消耗的能源。该项指标越低，表明能源的使用效率越高，资源“减量化”得到体现。计算公式为：

$$\text{单位国内生产总值能耗}=\frac{\text{工业能源消费总量(吨标准煤)}}{\text{工业增加值(万元,不变价)}}$$

5. 重点行业主要产品单位综合能耗：指工业重点行业生产单位产品所消耗的能源。重点行业包括：采矿业、制造业（石油加工及炼焦业、化学原料及制品制造业、非金属矿物制品业、黑色金属冶炼及压延加工业、有色金属冶炼及压延加工业）、电力燃气及水的生产和供应业。主要产品指钢、铜、铝、水泥、化肥、纸（浆）等。该项指标越低，能源的使用效率越高。计算公式为：

$$重点行业主要产品单位综合能耗=\frac{生产钢（铜、铝、水泥、化肥、纸）能源消耗量（吨标准煤）}{钢（铜、铝、水泥、化肥、纸）产量（吨）}$$

6. 单位国内生产总值取水量：指每产出万元国内生产总值所消耗的水资源。取水量指各种水源工程为用户提供的包括输水损失在内的新鲜水量之和，包括地表水源、地下水源和其他水源（污水处理再利用、集雨工程、海水淡化等水源工程的供水量），不包括海水直接利用量”。该项指标越低，表明水资源利用效益越好。计算公式为：

$$单位国内生产总值取水量=\frac{取水总量（亿立方米）}{国内生产总值（万元）}$$

7. 单位工业增加值用水量：指工业每生产万元增加值所消耗的水资源。用水量亦称取水量。取水量指工矿企业在生产过程中用于制造、加工、冷却、空调、净化等方面的用水，按新鲜水取用量计，不包括企业内部的重复利用水量。该项指标越低，表明工业水资源利用效益越好。计算公式为：

$$单位工业增加值用水量=\frac{工业取水总量（亿立方米）}{工业增加值（万元）}$$

8. 重点行业单位产品水耗：指工业重点行业生产单位产品所消耗的水资源。重点行业包括：石油加工及炼焦业、化学原料及制品制造业、黑色金属冶炼及压延加工业、纺织业、食品饮料制造业、造纸及纸制品业、电力燃气及水的生产和供应业；主要产品指钢、铜、铝、水泥、化肥、纸等产品。用水（新鲜水）量是指工业企业所用的自来水、地下水、地表水及其他外购水及水产品的数量。该项指标越低，表明水资源利用效益越好。计算公式为：

$$重点行业单位产品水耗=\frac{用水（新鲜水）量（亿立方米）}{钢（铜、铝、水泥、化肥、纸）产量（吨）}$$

9. 农业灌溉水有效利用系数：指田间实际净灌溉用水总量与毛灌溉用水总量的比值。毛灌溉用水总量指在灌溉季节从水源引入的灌溉水量；净灌溉用水总量指在同一时段内进入田间的灌溉用水量。该项指标越大，表明农业用水效益越好。计算公式为：

$$农业灌溉水有效利用系数=\frac{净灌溉用水总量（亿立方米）}{毛灌溉用水总量（亿立方米）}$$

10. 工业固体废物综合利用率：指工业固体废物综合利用量占工业固体废物产生量的比值。该项指标越高，表明工业固体废物综合利用程度越高。计算公式为：

$$工业固体废物综合利用率=\frac{工业固体废物综合利用量}{工业固体废物产生量}\times 100\%$$

11. 工业用水重复利用率：指工业重复用水量占工业用水总量的比值。工业重复用水量指工业企业生产用水中重复再利用的水量，包括循环使用、一水多用和串级使用的水量（含经处理后回用量），工业用水总量指工业企业厂区内用于生产和生活的水量，等于工业用新鲜水量与工业重复用水量之和。该项指标越高，表明工业用水循环利用程度越高。计算公式为：

$$工业用水重复利用率=\frac{工业重复用水量}{工业用水总量}\times 100\%$$

12. 城市污水再生利用率：指城市再生水利用量占城市污水处理总量的比值。城市再生水利用量指城市生活污水和工业废水，经过污水处理厂（或污水处理装置）净化处理，达到再生水水质标准和水量要求，并用于农业、绿地浇灌和城市杂用（洗涤、冲渣和生活冲厕、洗车、景观等）等方面的水量。城市污水处理量指污水处理厂（或污水处理装置）实际处理的污水量，包括物理处理量、生物处理量和化学处理量。该项指标越高，表明城市污水处理与循环利用程度越高。计算公式为：

$$城市污水再生利用率=\frac{城市再生水利用量}{城市污水处理总量}\times 100\%$$

13. 城市生活垃圾无害化处理率：指城市生活垃圾资源化量占城市生活垃圾清运量的比值。计算公式为：

$$城市生活垃圾资源化率=\frac{城市生活垃圾资源化量}{城市生活垃圾清运量}\times 100\%$$

14. 废钢铁（或废有色金属、废纸、废塑料、废橡胶）回收利用率：指废钢铁（或废有色金属、废纸、废塑料、废橡胶）回收利用量占生产量的比值。计算公式为：

$$废钢铁（或废有色金属、废纸、废玻璃、废塑料、废橡胶）回收利用率=$$

$$\frac{废钢（废有色金属、废纸、废玻璃、废塑料、废橡胶）回收利用量}{钢铁（有色金属、纸、玻璃、塑料、橡胶）生产量}\times 100\%$$

15. 工业固体废物处置量：指报告期内企业将工业固体废物最终置于符合环境保护规定要求的处置场的总量。

16. 工业废水排放量：指报告期内工业废水的最终排放量。

17. 二氧化硫排放量：指报告期内二氧化硫的最终排放量。

18. COD 排放量：指报告期内 COD 的最终排放量。

四、循环经济评价指标体系（工业园区）的说明

1. 主要矿产资源产出率：是指主要矿产资源物量消耗与国内生产总值的比值。此项比值越大，表示矿产资源利用的经济效益越好。主要矿产品包括：铁矿石原矿、铜矿石、铅矿石、锌矿石、锡矿石、锑矿石、钨矿石、钼矿石、硫铁矿石、磷矿石。主要矿产品消费总量 = 主要矿产品产量 + 主要矿产品进口量 - 主要矿产品出口量。计算公式为：

$$主要矿产资源产出率=\frac{工业园区生产总值(万元,不变价)}{主要矿产资源消费总量(吨)}$$

2. 能源产出率：指能源消费总量与国内生产总值的比值。此项比值越大，表明能源利用效率越高。能源主要包括原煤、原油、天然气、核电、水电、风电等一次能源。计算公式为：

$$能源产出率=\frac{工业园区生产总值(万元,不变价)}{能源综合消耗总量(吨标准煤)}$$

3. 土地产出率：指工业园区单位面积产出的生产总值。该比值越大，表明园区土地利用效率越高。计算公式为：

$$土地产出率=\frac{工业园区生产总值(万元)}{园区用地面积(公顷)}$$

4. 水资源产出率：指消耗水资源所产出的工业园区生产总值。该项指标越高，表明水源利用效益越好。计算公式为：

$$水资源产出率=\frac{工业园区生产总值(万元)}{取水总量(立方米)}$$

5. 单位生产总值能耗：指每产出单位生产总值所消耗的能源。该项指标越低，表明能源的利用效率越高，资源“减量化”得到体现。计算公式为：

$$单位生产总值能耗=\frac{能源消费总量(吨)}{工业园区生产总值(万元,不变价)}$$

6. 单位生产总值取水量：指每产出万元生产总值所消耗的水资源。取水量指各种水源工程为用户提供的包括输水损失在内的新鲜水量之和，包括地表水源、地下水源和其他水源（污水处理再利用、集雨工程、海水淡化等水源工程的供水量），不包括海水

直接利用量。该项指标越低，表明水资源利用效益越好。计算公式为：

$$单位生产总值取水量=\frac{取水总量(亿立方米)}{工业园区生产总值(万元)}$$

7. 重点产品单位能耗：指生产每吨产品（铜、铝、水泥、化肥、纸等）所消耗的能源。该项指标越低，表明能源的使用效率越高，资源“减量化”得到体现。计算公式为：

$$重点产品单位能耗=\frac{能源消耗量(吨标准煤)}{产品产量(吨)}$$

8. 重点产品单位水耗：指生产每吨产品（铜、铝、水泥、化肥、纸等）所消耗的水资源。该项指标越低，表明水资源利用效益越好。计算公式为：

$$重点产品单位水耗=\frac{用水(新鲜水)量(亿立方米)}{产品产量(吨)}$$

9. 工业固体废物综合利用率：指工业固体废物综合利用量占工业固体废物产生量的比值。该项指标越高，表明工业固体废物综合利用程度越高。计算公式为：

$$工业固体废物利用率=\frac{工业固体废物综合利用量}{工业固体废物产生量}\times 100\%$$

10. 工业用水重复利用率：指工业重复用水量占工业用水总量的比值。工业重复用水量指工业企业生产用水中重复再利用的水量，包括循环使用、一水多用和串级使用的水量（含经处理后回用量）。工业用水总量指工业企业厂区内用于生产和生活的水量，等于工业用新鲜水量与工业重复用水量之和。该项指标越高，表明工业用水循环利用程度越高。计算公式为：

$$工业用水重复利用率=\frac{工业重复用水量}{工业用水总量}\times 100\%$$

11. 工业固体废物处置量：指报告期内企业将工业固体废物最终置于符合环境保护规定要求的处置场的总量。

12. 工业废水排放量：指报告期内工业废水的最终排放量。

13. 二氧化硫排放量：指报告期内二氧化硫的最终排放量。

14. COD 排放量：指报告期内 COD 的最终排放量。

关于印发《循环经济发展评价指标体系（2017 年版）》的通知

发改环资〔2016〕2749 号

各省、自治区、直辖市及计划单列市、新疆生产建设兵团发展改革委（经信委）、财政厅（局）、环境保护厅（局）、统计局：

为贯彻落实《循环经济促进法》和《关于加快推进生态文明建设的意见》的要求，科学评价循环经济发展状况，推动实施循环发展引领行动，国家发展改革委会同有关部门完善了循环经济发展评价指标体系，现印发你们，并就有关事项通知如下：

一、各省级循环经济发展综合管理部门、财政部门、环保部门、统计部门要高度重视循环经济发展评价指标体系的测算和评价工作，抓紧制定细化工作方案，健全工作机制，层层落实责任，抓好跟踪督促。

二、各地要根据此次印发的评价指标体系，结合本地实际和工作重点，制定市县级循环经济发展评价指标体系，并逐步将相关指标纳入评价内容。

三、各地要加强本地指标的归口管理，由统计部门会同循环经济发展综合管理部门牵头对相关数据指标进行收集、汇总和梳理分析，财政部门、环保部门要给予必要的支持和配合。支持各地通过建立调查分析制度，完善相关数据的核算基础。

四、国家发展改革委、国家统计局将适时会同有关部门，适时委托第三方机构对各省循环经济发展水平开展独立评价，评价结果将作为今后申请相关资金、政策支持的重要参考，并向社会公布。

五、各地要在使用循环经济评价指标体系的基础上，将本地应用中出现的问题和建议及时报送国家发展改革委、财政部、环境保护部、国家统计局。国家有关部门将根据实际情况对指标体系进行补充完善。

本指标体系自 2017 年 1 月 1 日起施行，国家发展改革委、原国家环保总局、国家统计局发布的《循环经济评价指标体系》（发改环资〔2007〕1815 号）同时废止。

附件：1. 循环经济发展评价指标体系（2017 年版）

2. 循环经济发展评价指标解释及核算方式

3. 《循环经济发展评价指标体系（2017 年版）》制定说明

国家发展改革委　财政部　环境保护部　国家统计局

2016 年 12 月 27 日

附件1：循环经济发展评价指标体系（2017年版）

分类	指标	单位
综合指标	主要资源产出率	元/吨
	主要废弃物循环利用率	%
专项指标	能源产出率	万元/吨标煤
	水资源产出率	元/吨
	建设用地产出率	万元/公顷
	农作物秸秆综合利用率	%
	一般工业固体废物综合利用率	%
	规模以上工业企业重复用水率	%
	主要再生资源回收率	%
	城市餐厨废弃物资源化处理率	%
	城市建筑垃圾资源化处理率	%
	城市再生水利用率	%
	资源循环利用产业总产值	亿元
参考指标	工业固体废物处置量	亿吨
	工业废水排放量	亿吨
	城镇生活垃圾填埋处理量	亿吨
	重点污染物排放量（分别计算）	万吨

附件 2：循环经济评价指标解释及核算方式

一、主要资源产出率

1. 指标解释：国内生产总值与主要资源实物消费量的比值。主要资源包括：化石能源（煤、石油、天然气）、钢铁资源、有色金属资源（铜、铝、铅、锌、镍）、非金属资源（石灰石、磷、硫）、生物质资源（木材、谷物）。

2. 计算方法：主要资源产出率（元 / 吨）= 国内生产总值（亿元，不变价）÷ 主要资源实物消费量（亿吨）

主要资源实物消费量 = 化石能源 + 钢铁资源 + 有色金属资源 + 非金属资源 + 生物质资源。具体到每项资源实物消费量的测算，国家层面主要是采用表观消费法测算。省域层面的资源实物消费量可采用统计或测算的方法获得，具体统计报表和测算方法适时加载。

3. 数据来源：统计部门

二、主要废弃物循环利用率

1. 指标解释：主要废弃物（农作物秸秆、一般工业固体废物、主要再生资源、建筑垃圾、餐厨废弃物）资源化利用率相关指标的赋权平均值。

2. 计算方法：该指标是一个集成加权指标，主要废弃物循环利用率（%）= 农作物秸秆综合利用率（%）×1/5 + 一般工业固体废物综合利用率（%）×1/5 + 主要再生资源回收率（%）×1/5+ 城市建筑垃圾资源化处理率（%）×1/5+ 城市餐厨废弃物资源化处理率（%）×1/5

3. 数据来源：发展改革部门、统计部门

三、能源产出率

1. 指标解释：国内生产总值与能源消费量的比值

2. 计算方法：能源产出率（万元 / 吨标煤）= 国内生产总值（亿元，不变价）÷ 能源消费量（万吨标煤）

3. 数据来源：统计部门

四、水资源产出率

1. 指标解释：国内生产总值与总用水量之比

2. 计算方法：水资源产出率（元 / 吨）= 国内生产总值（亿元，不变价）÷ 总用水量（亿吨）

3. 数据来源：统计部门、水利部门

五、建设用地产出率

1. 指标解释：国内生产总值与建设用地总面积之比

2. 计算方法：建设用地产出率（万元 / 公顷）= 国内生产总值（亿元，不变价）÷ 建设用地面积（万公顷）

3. 数据来源：统计部门、国土资源部门

六、农作物秸秆综合利用率

1. 指标解释：秸秆肥料化（含还田）、饲料化、食用菌基料化、燃料化、工业原料化利用总量与秸秆产生量的比值。

2. 计算方法：农作物秸秆综合利用率（%）= 秸秆综合利用重量 ÷ 秸秆产生总重量 ×100%

3. 数据来源：资源综合利用主管部门、农业部门

七、一般工业固体废物综合利用率

1. 指标解释：一般工业固体废物综合利用量占工业固体废物产生量(包括综合利用往年贮存量)的百分率。

2. 计算方法：一般工业固体废物综合利用率（%）= 一般工业固体废物综合利用量 ÷（当年工业固体废物产生量 + 综合利用往年贮存量）×100%

3. 数据来源：环境保护部门、工业部门、统计部门

八、规模以上工业企业重复用水率

1. 指标解释：规模以上工业企业重复用水量占企业用水总量的比率。规模以上工业企业是年主营业务收入达到 2000 万元及以上的工业企业。重复用水量是指在确定的用水单元或系统内，所有未经处理和处理后又重复使用的水量总量，包括循环水、串联水、回用水，重复用水量不包括北方地区城镇热力网内循环的热水、火力发电设备内进行汽水循环的除盐水。

2. 计算方法：规模以上工业企业重复用水率（%）= 规模以上工业企业重复用水量 ÷（规模以上工业企业重复用水量 + 用新水量）×100%

3、数据来源：统计部门

九、主要再生资源回收率

1. 指标解释：废钢铁、废有色金属（铜、铝、铅、锌）、废纸、废塑料、废橡胶、报废汽车、废弃电器电子产品等七类主要再生资源回收量与产生量的比值。

2. 计算方法：主要再生资源回收率（%）= 各类再生资源回收量 ÷ 各类再生资源产生量（权重均为 1/7）×100%

如缺乏个别品种的产生量数据，可对统计品种和权重做相应调整。国家已委托有关行业协会对各省域的主要再生资源产生量进行统一测算，各地也可用公式自行估算，相关计算公式适时加载。

3. 数据来源：商务部门或相关行业协会

十、城市餐厨废弃物资源化处理率

1. 指标解释：城市建成区餐厨废弃物资源化处理总量占产生量的比率。

2. 计算方法：餐厨废弃物资源化处理率（%）= 餐厨废弃物资源化处理总量 ÷ 餐厨废弃物产生量 ×100%

餐厨废弃物产生量可用城市建成区常住人口 ×0.14 千克/日进行估算。

3. 数据来源：住房城乡建设部门或相关行业协会

十一、城市建筑垃圾资源化处理率

1. 指标解释：城市建成区建筑垃圾资源化处理总量占产生量的比率。建筑垃圾是指建设、施工单位或个人对各类建筑物、构筑物、管网等进行建设、铺设或拆除、修缮过程中所产生的渣土、弃料及其他废弃物（不含弃土）。

2. 计算方法：城市建筑垃圾资源化处理率（%）= 建筑垃圾回收利用量 ÷ 建筑垃圾产生总量 ×100%

建筑垃圾产生量可用源头产生统计量或建筑垃圾清运量表示。如缺乏统计，可用公式估算，相关计算公式将适时加载。

3. 数据来源：住房城乡建设部门或相关行业协会

十二、城市再生水利用率

1. 指标解释：城市再生水利用量占城市污水处理总量的比率。城市再生水利用量指城市生活污水和工业废水，经过污水处理厂（或污水处理装置）净化处理，达到再生水水质标准和水量要求，并用于农业、绿地浇灌和城市杂用（洗涤、冲渣和生活冲厕、洗车、景观等）等方面的水量。

2. 计算方法：城市再生利用率（%）= 城市再生水利用量 ÷ 城市污水处理量 ×100%

3. 数据来源：住房城乡建设部门

十三、资源循环利用产业总产值

1. 指标解释：开展资源循环利用活动所产生的总产值。包括资源综合利用、再生资源回收利用、再制造、城市低值废弃物（餐厨废弃物、建筑垃圾等）回收利用和海水淡化等。

2. 数据来源：发展改革部门

十四、工业固体废物处置量

1. 指标解释：指调查年度企业将工业固体废物焚烧和用于其他改变工业固体废物的物理、化学、生物特性的方法，达到减少或消除其危险成分的活动，或者将工业固体废物最终置于符合环境保护规定要求的填埋场的活动中，所消纳固体废物的量。处置方法如：填埋、焚烧、专业贮存场（库）封场处理、深层灌注、回填矿井及海洋处置（经海洋管理部门同意投海处置）等。处置量包括本单位处置或委托给外单位处置的量，还包括当年处置的往年工业固体废物贮存量。

2. 数据来源：环境保护部门

十五、工业废水排放量

1. 指标解释：经过企业厂区所有排放口排到企业外部的工业废水量。包括生产废水、外排的直接冷却水、超标排放的矿井地下水和与工业废水混排的厂区生活污水，不包括外排的间接冷却水（清污不分流的间接冷却水应计算在内）。

2. 数据来源：环境保护部门

十六、城镇生活垃圾填埋处理量

1. 指标解释：采用卫生填埋方式处置生活垃圾的总量。

2. 数据来源：环境保护部门、住房城乡建设部门

十七、重点污染物排放量

1. 指标解释：化学需氧量、氨氮、二氧化硫、氮氧化物及地区环境质量超标污染物的排放量，分别统计。

2. 数据来源：环境保护部门

附件 3：《循环经济发展评价指标体系（2017 年版）》制定说明

为贯彻落实《循环经济促进法》和《关于加快推进生态文明建设的意见》的要求，科学评价循环经济发展状况，推动实施循环发展引领计划，发展改革委会同有关部门完善了循环经济评价指标体系，现就有关问题说明如下：

一、建立完善循环经济发展评价指标体系的重要意义

发展循环经济是我国经济社会发展的一项重大战略，是加快转变经济发展方式、建设生态文明、推动绿色发展的主要依靠路径。党的十八大做出了建设生态文明的战略部署，要求着力推进绿色发展、循环发展、低碳发展。《国民经济和社会发展第十三个五年规划纲要》提出要“大力发展循环经济”，“实施循环发展引领计划，推行循环型生产方式，构建绿色低碳循环的产业体系”。

发展循环经济涉及面广、综合性强。为了科学评价循环经济发展进展和成效，建立一套科学合理、操作性强的循环经济评价指标体系非常必要。《循环经济促进法》明确要求，国务院循环经济发展综合管理部门会同国务院统计、环境保护等有关主管部门建立和完善循环经济评价指标体系，同时提出，上级人民政府要根据主要评价指标，对下级政府发展循环经济的状况定期进行考核，并将主要评价指标完成情况作为对地方人民政府及其负责人考核评价的内容。中共中央、国务院印发的《关于加快推进生态文明建设的意见》也提出“建立循环经济统计指标体系”。

2007 年，发展改革委会同原环境保护总局、国家统计局印发了《循环经济评价指标体系》（发改环资〔2007〕1815 号），对宏观、园区层面评价循环经济发展起到了重要的促进作用，对指导各地开展循环经济实践发挥了不可替代的作用。10 年来，随着循环经济实践的不断深入，循环经济的领域不断拓展，特别是党的十八大把绿色循环低碳发展作为建设生态文明的基本路径，对循环经济提出了新的更高的要求。有必要根据生态文明建设最新要求，并结合发展循环经济现实需要，对评价指标体系进行修正。本次修正的指标体系，完善了具体的评价指标，明确了具体的统计及测算方法。

二、循环经济发展评价指标体系的设置考虑

（一）指标体例

本指标体系从体例上分为综合指标、专项指标和参考指标。综合指标包括“主要资源产出率”和“主要废弃物循环利用率”，主要从资源利用水平和资源循环水平方面进行考虑。专项指标包括 11 个具体指标，主要分为资源产出效率指标、资源循环利用（综合利用）指标和资源循环产业指标。参考指标主要是废弃物末端处理处置指标，主要用于描述工业固体废物、工业废水、城市垃圾和污染物的最终排放量。参考指标不作为评价指标。

（二）具体指标的选择

在专项指标的选择上，资源产出效率指标主要从能源资源、水资源、建设用地等方

面进行考察，包括：能源产出率、水资源产出率和建设用地产出率。

资源循环利用（综合利用）指标的选择，兼顾了农业、工业、城市生产生活等，在农业方面，重点从大宗废弃物方面进行考察，包括：农作物秸秆综合利用率；在工业方面，重点从工业固体废物处理和水循环利用方面进行考察，包括：一般工业固体废物综合利用率和规模以上工业企业重复用水率等指标；在城市指标方面，重点从再生资源回收、城市典型废弃物处理、城市污水资源化等方面进行考察，包括：主要再生资源回收率、城市餐厨废弃物资源化处理率、城市建筑垃圾资源化处理率、城市再生水利用率等指标。

资源循环产业指标，主要是从产业规模方面进行考察，包括：资源循环利用产业总产值指标。

（三）指标适用范围

本次修正的指标体系，适用于国家、省域等两个层面。

各省级单位应当根据本指标体系原则制定本省级单位的市县级层面的循环经济评价指标体系。各产业园区和行业企业可针对本园区或行业特点，从能源资源减量、过程及末端废弃物利用等角度制定本园区或企业的特色指标。

三、关于具体核算方法

本次选择的指标尽可能选用现有统计口径和统计范围的成熟指标,对部分新增指标，也列出了具体的计算方法和数据来源。对几个特殊数据说明如下：

一是关于区域主要资源产出率核算方法。国家统计局提出了省域层面的资源实物消费量统计参考表式,发展改革委等部门组织专家提出了省域层面的资源产出率核算方法，均将适时加载在国家统计局、国家发展改革委网站，供各地试用。请各地在试用过程中，将发现的问题及时反馈国家统计局、国家发展改革委。

二是城市主要废弃物循环利用率的核算方法。这一指标是加权指标，由一般工业固体废物综合利用率、农作物秸秆综合利用率、主要再生资源回收率、城市餐厨废弃物资源化处理率、城市建筑垃圾资源化处理率等五个指标加权而得。需要在取得上述指标后计算得出。

三是部分需要推算的数据，如各地的主要再生资源废弃量、餐厨废弃物产生量、建筑垃圾产生量等。这些数据主要为估算数据，国家提供了相应的测算方法，各地如缺乏相应的统计口径，可结合本地实际调整后使用。

国家发展改革委办公厅　工业和信息化部办公厅
关于做好“十四五”园区循环化改造工作有关事项的通知

发改办环资〔2021〕1004号

各省、自治区、直辖市及计划单列市、新疆生产建设兵团发展改革委、工信厅（经信委）：

为贯彻落实《2030年前碳达峰行动方案》《“十四五”循环经济发展规划》，加快推动产业园区绿色低碳循环发展，提高资源能源利用效率，助力实现碳达峰碳中和目标，现就做好“十四五”园区循环化改造工作有关事项通知如下：

一、“十四五”园区循环化改造工作目标

到2025年底，具备条件的省级以上园区（包括经济技术开发区、高新技术产业开发区、出口加工区等各类产业园区）全部实施循环化改造，显著提升园区绿色低碳循环发展水平。通过循环化改造，实现园区的能源、水、土地等资源利用效率大幅提升，二氧化碳、固体废物、废水、主要大气污染物排放量大幅降低。

二、园区循环化改造的主要任务

（一）优化产业空间布局。根据物质流和产业关联性，优化园区内的企业、产业和基础设施的空间布局，体现产业集聚和循环链接效应，积极推广集中供气供热供水，实现土地的节约集约高效利用。

（二）促进产业循环链接。按照“横向耦合、纵向延伸、循环链接”原则，建设和引进关键项目，合理延伸产业链，推动产业循环式组合、企业循环式生产，促进项目间、企业间、产业间物料闭路循环、物尽其用，切实提高资源产出率。

（三）推动节能降碳。开展节能降碳改造，推动企业产品结构、生产工艺、技术装备优化升级，推进能源梯级利用和余热余压回收利用。因地制宜发展利用可再生能源，开展清洁能源替代改造，提高清洁能源消费占比。提高能源利用管理水平。

（四）推进资源高效利用、综合利用。园区重点企业全面推行清洁生产，促进原材料和废弃物源头减量。加强资源深度加工、伴生产品加工利用、副产物综合利用，推动产业废弃物回收及资源化利用。加强水资源高效利用、循环利用，推进中水回用和废水资源化利用。因地制宜开展海水淡化等非常规水利用。

（五）加强污染集中治理。加强废水、废气、废渣等污染物集中治理设施建设及升级改造，实行污染治理的专业化、集中化和产业化。强化园区的环境综合管理，构建园区、企业和产品等不同层次的环境治理和管理体系，最大限度地降低污染物排放。

三、组织实施

（一）明确责任单位。各省、自治区、直辖市、计划单列市、新疆生产建设兵团发展改革委、工信厅（经信委）对本地区“十四五”园区循环化改造工作负总责，要充分

发挥发展循环经济工作部门联席会议作用，会同有关部门加强统筹谋划、协调指导，认真组织实施。各园区管委会（或相应管理单位）是循环化改造的责任主体，负责编制本园区循环化改造实施方案并组织实施，园区内有关企业负责实施本企业的循环化改造项目。

（二）确定园区清单。各省、自治区、直辖市、计划单列市、新疆生产建设兵团发展改革委、工信厅（经信委）应系统梳理本地区省级以上园区发展现状和循环化改造工作基础，提出开展循环化改造的原则、条件等，因地制宜、实事求是研究提出本地区“十四五”具备条件进行循环化改造的园区清单，督促指导相关园区按照“一园一策”原则编制循环化改造实施方案，并于 2022 年 6 月底前将本地区“十四五”园区循环化改造园区清单和每个园区循环化改造的预期成效报送国家发展改革委（环资司）、工业和信息化部（节能司）。

（三）编制实施方案并组织实施。清单内园区的管委会（或相应管理单位）应根据园区特点和实际情况编制实施方案，报各省、自治区、直辖市、计划单列市、新疆生产建设兵团发展改革委、工信厅（经信委）审核同意后实施，并从 2022 年起每年底前将本年度园区循环化改造工作进展、成效、经验、困难等情况报送省级及计划单列市发展改革委、工信厅（经信委）。

实施方案包括园区的基本情况、改造的主要任务、实施的主要项目（包括每个项目的建设内容、资金投入等）、预期成效、组织实施和保障措施等。其中，预期成效包括节能量，节水量，二氧化碳减排量，固体废物、废水、主要大气污染物减排量，园区单位生产总值能耗、用水量，固体废物综合利用率等资源环境指标。

（四）加大政策支持。园区所属地方政府要加大对园区循环化改造工作的土地、资金等要素支持，帮助协调解决园区循环化改造过程中面临的困难和问题。各省、自治区、直辖市、计划单列市、新疆生产建设兵团发展改革委、工信厅（经信委）要会同有关部门，统筹现有政策资源，加大对园区循环化改造相关项目的财税金融政策支持。国家发展改革委、工业和信息化部将统筹利用现有政策资金对园区循环化改造中的重大项目择优予以支持。

（五）加强督促指导。各省、自治区、直辖市、计划单列市、新疆生产建设兵团发展改革委、工信厅（经信委）负责督促指导园区落实实施方案，及时组织开展园区循环化改造成效评估和验收工作，确保园区循环化改造质量和效益，并从 2023 年起每年初将前一年度本地区园区循环化改造工作总体进展情况报送国家发展改革委（环资司）、工业和信息化部（节能司），于 2026 年初报送“十四五”本地区园区循环化改造工作总结报告。

（六）做好经验总结和宣传推广。各省、自治区、直辖市、计划单列市、新疆生产建设兵团发展改革委、工信厅（经信委）应及时总结园区循环化改造的好经验好做法，通过召开现场会等方式组织相关方面交流经验、互学互鉴、共同发展。国家发展改革委将会同工业和信息化部等部门宣传推广典型经验做法。

国家发展改革委办公厅

工业和信息化部办公厅

2021 年 12 月 15 日

附录 3 园区循环化改造实施方案编制指南（2010 版）

国家发展改革委办公厅关于印发《循环经济发展规划编制指南》的通知

发改办环资〔2010〕3311 号

各省、自治区、直辖市及计划单列市、新疆生产建设兵团发展改革委（经信委、工信委、工信厅）：

为全面贯彻落实《循环经济促进法》，指导各地科学编制本地区的循环经济发展规划，充分发挥规划的宏观指导作用，国家发展改革委组织编写了《循环经济发展规划编制指南》（以下简称《指南》），现印发给你们，并就有关事项通知如下。

一、加强组织领导

编制循环经济发展规划是一项具有开创性的工作，难度大，综合性强。各地区要按照《循环经济促进法》的要求，结合实际认真做好本地区循环经济发展规划的编制工作。各地循环经济发展综合管理部门要明确一名负责同志牵头，切实加强对规划编制的统筹协调和组织领导，组织得力的规划编制人员及专家开展工作。

二、确保工作进度

循环经济规划要与国民经济和社会发展规划的编制时间协调一致，要制定工作方案和计划，深入开展调查研究，广泛征求各方面意见。各地要安排必要的资金，为规划编制工作提供经费保障。

三、加强沟通协调

各地要按照政府组织、部门协作、公众参与的方针，做好循环经济发展规划编制工作。要加强规划的前期研究和论证工作，充分发挥专家的作用；要与环境保护等相关部门加强沟通，做好与其他规划的衔接；要采取多种形式，扩大公众参与度，增强规划编制的公开性和透明度。

本次印发的《指南》是各地规划编制的指导性文件，各地编写时应充分与本地区经济社会发展实际相结合，在内容、发展重点等方面体现本地特色，在形式、目标上有所创新和突破。各地可将规划编制情况报送国家发展改革委（环资司）。

附件：循环经济发展规划编制指南

国家发展改革委办公厅

二〇一〇年十二月三十一日

附件：循环经济发展规划编制指南

为全面贯彻科学发展观，大力发展循环经济，加快建设资源节约型、环境友好型社会，提高我国生态文明水平，按照《循环经济促进法》的明确要求，各地循环经济发展综合管理部门应会同同级环境保护等有关部门编制《循环经济发展规划》（以下简称《规划》）。为加强对各地编制《规划》的宏观指导，提高编制水平，制定《循环经济发展规划编制指南》（以下简称《指南》）。

本次印发的《指南》是各地规划编制的指导性文件，各地编写规划时应充分体现本地特色，与本地区经济社会发展实际相结合，在内容、发展重点等方面有所创新突破。

一、编制背景和总体要求

（一）背景

改革开放以来，我国经济社会持续快速发展，与此同时，资源和环境压力日益加大。未来一段时期，我国仍将处于工业化和城镇化快速发展的阶段，资源和环境形势将更加严峻。循环经济是对“大量生产、大量消费、大量废弃”的传统增长模式的根本变革，是最大限度节约资源和保护环境的经济发展模式，是解决我国资源环境瓶颈约束的根本性举措。

党中央、国务院高度重视发展循环经济。“十一五”规划纲要把发展循环经济作为一项重大战略任务。2005 年国务院印发的《关于加快发展循环经济的若干意见》是我国循环经济的纲领性文件。党的十七大明确提出使“循环经济形成较大规模”的要求。《循环经济促进法》2009 年 1 月正式实施，标志着我国循环经济发展进入法制化轨道，该法明确规定：“设区的市级以上地方人民政府循环经济发展综合管理部门会同本级人民政府环境保护等有关主管部门编制本行政区域循环经济发展规划”。《中共中央关于制定国民经济和社会发展第十二个五年规划的建议》提出：“大力发展循环经济，以提高资源产出效率为目标，加强规划指导、财税金融等政策支持，完善法律法规，实行生产者责任延伸制度，推进生产、流通、消费各环节循环经济发展”。制定和实施《规划》，是落实《循环经济促进法》的重要举措，也是各级循环经济发展综合管理部门的一项重要职责。

在党中央、国务院的正确领导下，在各地各部门的共同努力下，我国循环经济发展取得积极进展。短短几年时间，循环经济从理念变为行动，在全国范围内得到迅速发展，在理论上、实践上、政策体系和制度创新上都取得了重要突破，初步形成了发展循环经济的政策环境和社会氛围，提炼出了一批各具特色的循环经济典型模式。但同时也应看到，我国循环经济发展还处于初级阶段，推进循环经济发展还面临诸多问题和困难，循环经济的发展需要综合协调各方面的因素，必须通过规划加以引导规范，统筹安排，合理布局。制定和实施《规划》，是理清循环经济发展方向，明确工作重点，为循环经济尽快形成较大规模指明方向和提供保障的有效措施。

（二）总体要求

《规划》编制要落实十七大及五中全会精神，突出宏观性、战略性和全局性。循环经济发展是从可持续发展的高度，遵循自然规律、经济规律和社会发展规律，将发展循环经济与发挥地区比较优势、转变经济发展方式、提高经济增长质量、保护生态环境相结合，促进生产和消费模式的根本转变，是促进人与自然协调发展的宏伟蓝图和行动纲领。

《规划》编制要遵循法律要求，体现一致性。《规划》编制要充分体现“减量化、再利用、资源化，减量化优先”原则，坚持技术可行、经济合理和有利于节约资源、保护环境的要求。开展减量化，再利用及资源化等各项活动都要建立在充分的资源减量的基础上。

《规划》编制要结合本地优势特色，坚持创新性。《规划》要体现各地资源、环境以及产业特点，在经济发达、科技力量较强的地区，应加强科技对循环经济的支撑作用；在大宗废弃物产生较多的地区，就应在废弃物资源化利用上有大的突破；在资源型城市和地区，要满足产业转型需要。不同区域和层次的规划，重点也应各有侧重。大中城市的《规划》，可在构建循环型城市方面有所侧重，如循环经济基础设施体系、废弃物管理和资源化利用、人文生态及社会消费等；省级循环经济发展规划，应突出宏观性、战略性，在整体构建循环经济发展体系，制定促进循环经济发展的法规、规章等方面形成特色。

《规划》编制要深入调研，具有操作性。编制循环经济发展规划要深入调查研究、广泛听取社会各方面意见、综合各种调节手段。制定的循环经济发展规划要具有可操作性，要根据区域经济和产业布局，提出切实可行的循环经济发展的方向和重点领域。必要时可考虑编制从属于循环经济规划的相关的专项规划，例如：“三废”综合利用规划、共伴生矿综合利用规划、农业废弃物综合利用规划、节水规划等；专门针对某种废弃物的专项规划，如脱硫石膏综合利用规划、煤矸石综合利用规划等；还可以开展重点区域（工业带、农业区、矿区等）循环经济发展重大问题研究及专项规划等。

《规划》编制要与相关规划紧密衔接，保持协调性。《规划》要与国民经济和社会发展总体规划、区域规划及相关专项规划、主体功能区规划和城市规划紧密衔接。目前，全国循环经济发展规划的编制工作已经启动。在国家规划正式发布前，建议各地在制定《规划》时留有一定可调的空间，如在制定某些预期性指标时，可提出指标范围，以便在与国家规划衔接时进行适当调整确定。

二、《规划》的框架内容

（一）前言

简述编制规划的背景、必要性、适用范围、规划期限、编制依据、总体思路、主要内容及组织工作等。规划期可按五年考虑，以便与国家五年规划相结合和衔接。

（二）规划区域的基本情况

1. 规划区域概况 主要包括：地理位置、地理特点、气候条件等。

2. 规划区域经济社会发展基本情况

（1）总体经济发展情况；

（2）产业结构情况：一、二、三产业结构情况，支柱产业和重点产业情况；

（3）产业布局情况：各产业的空间布局情况，园区和产业集群；

（4）社会发展情况：人口、科教文卫等情况。

3. 规划区域资源环境基本情况

资源情况主要包括：土地、水、能源、矿产、森林等主要资源的品种、储量、开采、消耗情况等。

环境情况主要包括：水环境、大气环境、土壤环境质量以及各种废弃物的排放情况，环境保护基础设施建设及运行情况等。

应对资源承载能力和环境容量进行分析与评价。

（三）发展循环经济的紧迫性、有利条件及制约因素

1. “十一五”期间取得的成效

各地区应对本地“十一五”期间循环经济发展情况及预期目标的完成情况进行回顾和总结。

2. 发展循环经济的紧迫性

充分考虑本地区环境资源以及气候变化等面临的形势，结合当前转变发展方式、调整经济结构的任务和压力，比较本地区在绿色发展方面与先进国家、地区的差距，对本地经济、社会发展情况进行分析，论述发展循环经济的紧迫性和重要意义。

3. 发展循环经济的有利条件

可从自然条件、基础设施、财政能力、产业基础、空间布局、人文基础、管理水平、政策法规的颁布和实施以及社会经济发展等方面分析论述发展循环经济的有利条件和基础，特别是总结本地已开展的循环经济工作及成效，以及典型的循环经济发展模式等。

4. 制约因素

主要论述在发展循环经济中存在的主要问题、制约因素和通过发展循环经济拟解决的关键问题等。

（四）发展循环经济的指导思想、基本原则和发展目标

1. 指导思想

指导思想是指导规划编制和实施的方向，要明确规划的使命，体现发展方向和工作重点。

2. 基本原则

规划原则是规划的具体指导方针，是对指导思想的进一步深化和具体化。要符合指导思想的要求并面对具体的规划内容，把指导思想的具体要求贯彻到规划的重点领域中。

3. 发展目标

制定五年的循环经济发展目标。目标要定性与定量相结合。要能够体现规划实施效果，要与地区总体发展目标相协调。其中，定量目标要有指标体系表。

根据《循环经济促进法》以及国家发展改革委、原国家环保总局和国家统计局联合公布的《关于印发循环经济指标体系的通知》(发改环资〔2007〕1815号）的要求，循

环经济指标体系应包含资源产出率、废物再利用和资源化率，以及资源消耗、资源综合利用和废物排放（含处置）降低等四大类指标；此外还要列出体现当地循环经济特点的特色指标。对于有国家强制性规定的，指标体系中要达到或优于国家强制性指标。指标要可量化、可考核，易统计；指标体系应包含规划基准年数据、阶段性指标和规划终期指标。

各地在“十二五”期间原则上应开展物质流分析。物质流分析是对社会经济活动中物质流动进行分析，了解和掌握社会经济体系中物质的流向、流量及相互关系，从中找出减少资源消耗、有效利用资源、减少污染物排放、改善环境的途径，是发展循环经济的重要理论基础。国家已在部分省市开展了循环经济统计试点工作，并取得了积极成果。《循环经济统计试点方案》（发改办环资〔2010〕1755 号）提出了省域层面资源产出率的测算方法，各地区在“十二五”期间应尽快完善各项基础条件，参照这一方案对省域层面资源产出率进行测算，并作为本地区循环经济发展规划的重要指标。

建议 1：关于“体现当地循环经济特点”

若当地处于缺水地区，指标中应重点体现对水的节约、循环利用、污水减排、海水淡化等非传统水源的利用等情况；若当地产业比较落后，能耗高，污染较严重，则应重点体现产业节能、降耗、减排的相关指标；若当地的可再生能源发展较好、重视建筑节能，或秸秆利用、脱硫石膏利用等较为突出，拟作为循环经济发展规划期重点，则在指标体系中均应有所体现。

4. 目标可达性分析

根据现状，结合发展设想，采取定性与定量相结合的方法对主要目标进行可达性分析。可比性强的指标可以结合国内外该指标情况进行分析。

（五）发展循环经济的重点任务

重点任务要涵盖一、二、三次产业及整个社会生活的各个领域， 构建一、二、三次产业相互耦合的循环经济体系和整体框架。要谋划循环经济发展的总体布局；大力推动循环型农业发展；优化产业结构，打造循环经济产业链，大力培育和促进循环经济新兴产业发展；构建包括第三产业在内的社会循环经济体系。建设资源回收利用网络体系，挖掘“城市矿产”，强化废弃物的资源化利用。要加强宣传教育，推广绿色消费模式。要高度重视循环经济技术、低碳技术的研发和应用，尤其是涉及原料的减量化利用、有毒有害原料的替代利用、有利于多次循环利用技术的开发以及产业间链接耦合关键技术的开发和应用。要重视配套技术政策、标准、规范的制定；要开展制度体系建设，体现空间布局，并体现“四节一综合”，即节能、节水、节地、节材和综合利用的相关内容。

建议 2：关于农业循环经济

可考虑重点围绕生态农业（含畜禽养殖业、林牧业等）、新农村建设以及农林产品加工业开展工作。农业循环经济应向农业与农产品加工等工农业复合集成发展的产业组织模式方向发展，将种植业、养殖业、林业、饲料工业、食品工业、造纸工业、林板加工业、橡胶提取工业、农产品深加工产业、沼气等生物能产业、高效生物有机肥产业、太阳能利用、节水技术、农业废弃物循环利用等产业和技术进行高效集成，与科学施用化肥农药技术相结合，用高效生物有机肥和生物农药替代部分化肥和化学农药，降低面源污染，全面促进农业经济增长，增加农村就业、促进农业升级、增加农民收入、实现食品安全、高效利用水源、集约利用土地、促进碳素循环、提高碳汇效率、削减温室气体，全面提高农业可持续发展能力，实现经济、生态和社会效益的统一，实现生产、生活、生态的和谐共赢。

建议 3：关于工业循环经济

（1）企业层面

对已有企业，可重点考虑开展清洁生产的相关工作，结合产业发展，采用高新技术改造传统生产方式，淘汰落后、节能减排、综合利用，构建企业内部的小循环，努力实现废弃物的“零”排放；应重点开展大宗固体废弃物的综合利用以及共伴生矿产资源的综合利用等。

（2）产业融合和产业链构建

通过产业链接，调整和优化结构，构建新的产业组织形式，实现资源、能源的循环利用和梯级利用，促进资源利用的最大化和废物排放的最小化。

（3）新兴产业发展

对于发展循环经济的新兴特色产业，应结合区域特点、资源条件、产业基础等因素，规划布局符合循环经济理念、具有发展潜力的产业，如再制造产业等。

（4）园区循环经济

园区是发展循环经济的重要载体，应从提高园区能源与资源的利用效率、优化园区的企业布局、对园区按照生态工业物质流动模式进行规划。对于新建园区，要着重产业的循环化构建；对于已有园区，重点要放在循环化改造方面。可重点考虑区内主导产业的发展布局及相关产业的共生和循环，不断完善产业链，包括动脉产业发展、静脉产业布局，资源能源的循环利用、梯级利用以及污染控制措施等，应建立起促进循环经济发展的管理体制和管理办法。对于以再生资源产业为主的园区，应注重开展废旧产品和废弃物质深度资源化的关键技术研发和国外先进资源化技术的引进，通过各种静脉产业项目的实施和基础设施的完善，实现园区内物质、能源的集约利用、梯级利用以及基础设施和信息的共享，防止二次污染和二次浪费，实现固体废物综合利用的最大化和废物“零”排放。

建议 4：关于社会循环经济体系（涵盖第三产业）

在循环型社会体系建设方面，应围绕循环型、节约型社会建设，倡导形成绿色消费模式，建设绿色行政体系；城市要注重基础设施、公共设施的建立和完善，大力挖掘“城市矿产”潜力，开发“城市矿产”，推动餐厨废弃物资源化和建筑废弃物的资源化利用，建设再生资源回收网络和再生资源产业物流园，形成覆盖全社会的资源循环利用体系；建立循环经济统计体系和统计制度，开展物质流分析与管理；促进中水等非传统水源的规模化利用；发展绿色建筑，推广应用新型建筑材料、节能建筑和集中供热，提升建筑节能技术水平和能源利用率；推动发展循环型服务业，发展信息服务业，构筑废物资源化的信息平台，建立循环经济信息发布系统，建设节能服务体系；要厉行节约，鼓励使用再生利用产品及原材料，限制一次性产品和过度包装，减少不合理消费，推广绿色消费模式；发展现代物流业、生态旅游业等，通过循环型社区、绿色办公场所、绿色交通、循环型旅游景点等建设，带动全社会循环经济建设。

（六）空间布局

作为区域性的循环经济发展规划，要明确循环经济发展的空间布局，如区域发展重点、产业园区布局等，体现资源配置的优化。

（七）发展循环经济的重点领域、重点工程及关键技术与装备

1. 重点领域和重点工程

循环经济的重点领域和重点工程是实现规划目标和落实规划任务的重要抓手。编制《规划》时，要根据国家循环经济发展综合管理部门提出的循环经济发展重点领域并结合当地实际，提出本地区发展循环经济的重点领域和重点工程。

发展循环经济的重点领域，主要涉及的是如何促进原材料利用的减量化、促进“废弃物”的再利用和资源化、促进产业之间的相互链接。企业的清洁生产、行业之间形成副产品和废弃物再利用及资源化的纵向延伸和横向耦合、企业之间能量的梯级利用、水资源的循环再利用、再制造产业、“城市矿产”示范、产业废弃物资源化、市政废弃物

资源化、餐厨废弃物资源化、建筑废弃物资源化、农林废弃物资源化、循环型服务业、产业园区的循环化改造和新建园区的循环化构建等领域均为循环经济发展的重点领域。

重点工程是实现规划目标的重要工程技术措施。要符合国家产业政策的要求，符合本地区产业发展方向和布局要求，要能够对规划目标的实现发挥关键作用。如一些产业关联度高、资源节约和节能减排效果显著的重大工程、“零”排放工程、循环经济关键节点工程、带动产业结构调整和产业升级的重点工程，循环经济关键技术产业化工程，可显著体现循环经济效果的社会发展工程项目等。重大项目要说明与规划指标的关联性和贡献度。规划中提出的重点工程要能够在规划期内完成。

2. 关键技术与装备

《规划》应根据地区循环经济发展重点，提出发展本地区循环经济的关键技术和装备，构建循环经济技术支撑体系。应主要涵盖：（1）需要大力推广应用的成熟适用技术和装备；（2）加快实现产业化的先进支撑技术和装备；（3）需要进一步创新研发的关键技术和装备等。

如认为必要，《规划》可附循环经济重点工程及关键技术实施计划表或专栏。

3. 循环经济产品及服务

支持企业开展产品的生态设计。生产并提倡使用再生品、耐用品、可降解、易拆解品，政府优先采购选用，鼓励循环消费、绿色消费。推动建设咨询服务、研发推广平台，鼓励专业化废弃物回收利用企业对园区、生产企业开展统包式或嵌入式服务。

规划中应包含区域布局图以及循环经济产业链示意图等。

（八）实施效果分析

定性、定量分析规划的实施效果，如规划完成后对资源产出效率、生态环境优化、节能降耗方面的作用等。

（九）发展循环经济的保障措施

1. 地方需要采取的措施

规划是否能够顺利实施并取得预期效果，建设保障体系是必不可少的组成部分。一般情况下，涉及思想保障（宣传教育）、组织保障、法律法规保障、政策保障、管理保障（服务保障）、科技保障、人才保障、土地保障、资金保障、基础设施保障等。保障措施要务实，具有可操作性，避免空洞的表述。

2. 需要争取的外部支持

为了规划的顺利实施和全面落实，各级政府也可适当提出对于保障循环经济发展的政策需求，供主管部门和上一级政府参考。

附录4　中期和终期管理办法

国家发展改革委　财政部
关于印发《国家“城市矿产”示范基地中期评估及终期验收管理办法》
和《园区循环化改造示范试点中期评估及终期验收管理办法》的通知

发改环资〔2015〕2409号

各省、自治区、直辖市及计划单列市、新疆生产建设兵团发展改革委（经信委、工信厅）、财政厅（局、委）：

为加强对国家“城市矿产”示范基地、园区循环化改造示范试点的监督管理，充分发挥试点示范的引领作用，提高中央财政资金使用效益，国家发展改革委、财政部制定了《国家“城市矿产”示范基地中期评估及终期验收管理办法》、《园区循环化改造示范试点中期评估及终期验收管理办法》。现印发你们，请遵照执行。

附件：1. 国家“城市矿产”示范基地中期评估及终期验收管理办法

2. 园区循环化改造示范试点中期评估及终期验收管理办法

国家发展改革委

财政部

2015年10月23日

附件 1：国家“城市矿产”示范基地中期评估及终期验收管理办法（略）

附件 2：园区循环化改造示范试点中期评估及终期验收管理办法

为推动园区循环化改造工作，加强循环化改造示范试点园区（以下简称示范园区）监督管理，提高中央财政资金使用效益，制定本办法。

第一章　中期评估

第一条　国家发展改革委、财政部（以下简称“两部委”）对循环化改造实施方案（以下简称“实施方案”）批复满 3 年不满 5 年的示范园区开展中期评估。

第二条　符合中期评估范围的示范园区应开展自评估，并向省级循环经济综合管理部门、财政部门提交自评估报告。

省级循环经济综合管理部门、财政部门应依据示范园区自评估报告，对示范园区进行现场评估，将评估结果报送两部委（须附示范园区自评估报告）。

第三条　中期评估的主要依据为经两部委批复（或批复同意调整）的实施方案，评估事项应当包括但不限于以下内容：

（一）园区循环化改造进展情况；
（二）中央财政补助资金使用及项目运营管理情况；
（三）相关配套措施制定及执行情况；
（四）创新工作开展情况；
（五）园区循环化改造试点成果和主要经验；
（六）存在的主要问题及改进措施。

第四条　两部委委托第三方独立机构对各地自评估情况进行核实。第三方独立机构应对示范园区评估情况进行现场抽查，抽查比例应不少于当年中期评估数量的 20%。现场抽查结束后，第三方独立机构应及时向两部委提交中期评估报告。

第五条　中期评估结果分为通过、原则通过和不通过。对不通过的，取消示范园区称号，全部扣回已拨付中央财政补助资金，涉及行政不作为的，将按有关规定予以问责。对原则通过的，省级循环经济综合管理部门、财政部门应加强协调，提出整改方案并督促限期进行整改。两部委在一年内组织开展现场核查，经核查仍不能达到通过等级的，视为不通过。

第二章　实施方案调整

第六条　实施方案因客观原因确需调整的，示范园区应及时向所在地省级循环经济综合管理部门和财政部门提交调整申请，并说明理由。调整方案不得大幅降低园区循环化改造主要目标，中央财政资金支持的项目，不得超过原方案补助资金总额。

省级循环经济综合管理部门和财政部门应对调整申请进行审查，并将审查意见和调整方案报送两部委批准。实施方案调整申请原则上仅限一次。

第七条 实施方案调整申请材料包括：

（一）省级循环经济综合管理部门和财政部门申请调整文件。文件中应说明方案调整原因及必要性，调整的主要内容，调整前后项目数量及投资变化情况、对主要目标的影响分析等；

（二）调整后的实施方案；

（三）新增建设项目应附可行性研究报告。

第八条 两部委根据实施方案调整情况委托第三方机构对调整后实施方案进行评审。

第九条 第三方独立机构应及时向两部委提交评审报告。两部委依据评审报告及时进行批复。

第三章 终期验收和清算

第十条 两部委对实施方案批复满 5 年的示范园区开展终期验收。终期验收依据为经两部委批复（或批复同意调整）的实施方案。

第十一条 符合终期验收范围的示范园区应开展终期验收自评估，由省级循环经济综合管理部门、财政部门向两部委提交终期验收申请。

仍处于实施期内的示范园区，如园区循环化改造任务全部完成，且目标指标达到实施方案预期目标 90％以上的，可由省级循环经济综合管理部门、财政部门向两部委提交终期验收申请。

省级循环经济综合管理部门、财政部门应核实示范园区终期验收自评估报告真实性。

第十二条 省级循环经济综合管理部门、财政部门向两部委提交终期验收申请时，应同时提交如下材料：

（一）示范园区自评估报告。主要包括循环化改造的目标指标完成情况，主要任务完成情况，项目完成及投资情况，中央财政补助资金的使用情况，相关配套政策措施的制定、执行情况，试点经验、改造效果及存在问题，政策建议等。

（二）相关证明材料。

第十三条 两部委委托第三方独立机构对示范园区进行现场终期验收。第三方独立机构应及时向两部委提交终期验收报告。

第十四条　示范园区循环化改造实施期结束后，仍不具备考核终期验收条件的，所在地省级循环经济综合管理部门、财政部门要向两部委申请推迟终期验收，说明逾期原因、拟采取措施和计划终期验收时间等，延迟时间不得超过一年。

第十五条　终期验收结果分为通过和不通过。对通过终期验收的，进入资金清算程序。对不通过终期验收的，或延迟 1 年后仍不能终期验收的，两部委扣回已拨付资金的50%，取消示范园区称号，不再拨付剩余中央财政补助资金，涉及行政不作为的，将按有关规定予以问责。

第十六条　两部委对通过终期验收的示范园区进行中央财政补助资金清算。

第十七条　财政部根据清算后的中央财政补助资金总额，拨付剩余补助资金；对已拨付补助资金总额超过清算后资金总额的，扣回超出部分。

第四章　附则

第十八条　本办法适用于国家发展改革委、财政部确定的示范园区。

第十九条　本办法自印发之日起施行。

国家发展改革委办公厅 财政部办公厅
关于开展 2017 年国家园区循环化改造示范试点、
“城市矿产”示范基地终期验收和资金清算的通知

发改办环资〔2017〕256 号

各省、自治区、直辖市及计划单列市、新疆生产建设兵团发展改革委（经信委、工信厅）、财政厅（局），相关国家园区循环化改造示范试点、“城市矿产”示范基地：

根据《国家发展改革委 财政部关于印发〈国家“城市矿产”示范基地中期评估及终期验收管理办法〉和〈园区循环化改造示范试点中期评估及终期验收管理办法〉的通知》（发改环资〔2015〕2409 号，以下简称《管理办法》）规定，国家发展改革委、财政部（以下简称两部委）决定开展 2017 年国家园区循环化改造示范试点（以下简称园区）、“城市矿产”示范基地（以下简称基地）终期验收和资金清算工作。现将有关事项通知如下：

一、验收范围

本次终期验收范围为 2010 年至 2012 年期间获两部委同意实施方案且尚未验收的园区和基地（已获两部委同意延期验收的基地按复函明确的延期时限验收）。方案实施未满 5 年的园区和基地，如满足验收条件，也可按本通知要求申请验收。

列入此次验收范围但未达到验收条件的园区和基地，所在地省级循环经济综合管理部门、财政部门应于 3 月 31 日前向两部委提交推迟终期验收申请，说明逾期原因、拟采取措施和计划验收时间等，延迟时间不得超过 1 年（已获两部委复函同意延期的，不得再次申请延期）。未按期提交验收申请或延期验收申请的园区和基地，按不通过验收处理。

二、验收标准

验收以两部委同意的实施方案（或复函同意调整的实施方案）为依据。实施方案确定的主要目标应达到设定目标的 90% 以上，主要任务、重点支撑项目基本完成，配套政策基本落实，中央财政补助资金使用规范（标准详见附件 1 和附件 2）。

三、验收方式和程序

（一）验收方式

验收采取自评估和第三方机构审核相结合，书面验收和现场验收相结合的方式开展。

（二）验收程序

1. 园区和基地自评估。各园区和基地对实施方案任务完成情况和中央财政补助资金规范使用情况进行全面自评估，对重点支撑项目进行工程验收，根据中央财政补助项目工程决算、实施方案主要目标完成情况等材料对示范试点或示范基地建设提出清算资金申请，撰写自评估报告（大纲详见附件 3 和附件 4），汇总相关支撑材料，尽快报送至省级循环经济综合管理部门、财政部门。

2. 省级主管部门审核。省级循环经济综合管理部门、财政部门应根据相关规定，对园区和基地报送的自评估报告、清算申请额度、支撑材料的真实性和合理性进行审查，出具对验收和清算的审查意见，于3月31日前报送两部委。

3. 第三方复核。两部委委托第三方机构，组织专家对各地循环经济发展综合管理部门、财政部门报送的材料进行复核，并视情况进行现场抽查。第三方机构依据材料审核和抽查情况向两部委提交验收和清算报告。

4. 发文确认。两部委根据第三方复核情况，印发正式文件对园区和基地的验收结果予以确认。

5. 结算资金。中央财政根据清算情况，对通过验收的园区和基地按核定清算额拨付剩余补助资金，核定清算额不超过原方案补助资金总额；对未通过验收的园区和基地，按照发改环资〔2015〕2409号文规定，收回已拨付中央财政资金的50%，取消示范园区或示范基地称号，不再拨付剩余补助资金。

各园区和基地要抓紧开展验收工作，尽快将验收和清算材料报送至省级循环经济综合管理部门和财政部门。省级循环经济综合管理部门和财政部门要及时对园区和基地报送材料进行审核，按时将审核意见和验收材料报送至两部委。验收工作要严格遵守中央八项规定，保证廉洁公正。

附件：1. 园区循环化改造示范试点终期验收表

2. "城市矿产"示范基地终期验收表

3. 园区循环化改造示范试点终期验收自评估报告大纲

4. "城市矿产"示范基地终期验收自评估报告大纲

国家发展改革委办公厅

财政部办公厅

2017年2月14日

附件 1：园区循环化改造示范试点终期验收表

园区名称：					
序号	验收事项	验收内容	验收标准	分值	得分
一、园区循环化改造目标任务完成情况（50 分）					
1	目标指标完成情况	《实施方案》中确定的目标指标完成率（达到目标值的 90% 以上的指标占比）	>95%	20	
			90%~95%	10	
			<90%	0	
2	主要任务完成情况	空间布局优化、产业结构调整、循环产业链构建、能源资源高效利用、污染集中治理、基础设施建设和运营管理等情况	较好	7~10	
			一般	4~6	
			较差	0~3	
3	中央财政资金支持项目完成情况	完工项目个数占《实施方案》确定的项目总数比例	>95%	15	
			90%~95%	10	
			<90%	0	
4	自主实施项目完成情况	完工项目个数占《实施方案》确定的项目总数比例	>85%	4~5	
			70%~85%	1~3	
			<70%	0	
二、中央财政补助资金使用及项目运营管理情况（20 分）					
5	中央财政补助资金使用管理情况	制定了中央财政资金使用管理办法，中央财政资金分配合理、拨付程序合规	较好	7~10	
			一般	4~6	
			较差	0~3	
6	项目建设运营情况	项目建设手续齐备、运营管理规范	较好	7~10	
			一般	4~6	
			较差	0~3	
三、相关配套措施制定及执行情况（20 分）					
7	公共服务平台建设及使用情况	园区建设了物质流管理、信息共享及统计体系等公共服务平台并稳定运行	较好	7~10	
			一般	4~6	
			较差	0~3	

续表

序号	验收事项	验收内容	验收标准	分值	得分
8	地方配套政策出台及执行情况	地方政府出台了有利于园区绿色循环低碳发展的相关政策并实施良好	较好	4~5	
			一般	2~3	
			较差	0~1	
9	园区相关政策出台及执行情况	园区出台了补链招商、废弃物循环利用等激励政策并实施良好	较好	4~5	
			一般	2~3	
			较差	0~1	
四、创新工作情况（10分）					
10	试点成果和典型经验	园区循环化改造制度创新、技术创新及典型模式等	较好	7~10	
			一般	4~6	
			较差	0~3	
总分					
注：发生重大环境事件或因环境问题造成重大不良影响，即一票否决。					

附件 2：“城市矿产”示范基地终期验收表（略）

附件 3：园区循环化改造示范试点终期验收自评估报告大纲

一、实施方案完成总体情况

概述园区循环化改造示范试点主要工作、项目完成情况、目标指标完成情况及循环化改造取得的经济、资源环境和社会效益等。

二、目标指标完成情况

对照《实施方案》确定的目标指标表，详细说明指标完成情况。

三、主要任务完成情况

对照《实施方案》确定的各项主要任务，阐述重点工作完成情况和效果。

四、项目建设运营情况

（一）项目建设情况。中央财政补助资金支持项目的相关手续、建设完成情况、投资完成情况等（要附表说明）。

（二）项目运营情况。已建成项目是否稳定运行等。

五、中央财政补助资金管理和使用情况

（一）中央财政补助资金管理情况。中央财政补助资金使用管理办法的制定、执行等情况。应着重说明资金分配的原则及具体分配方案（要附相关表格）。

（二）中央财政补助资金使用情况。中央财政补助资金拨付情况、规范使用情况等（要具体到每一个项目，并附汇总表）。

六、配套措施制定和执行情况

（一）公共服务平台建设情况。园区物质流管理、信息共享等公共服务平台建设情况。

（二）地方配套政策出台情况。地方政府出台能够有效促进园区绿色循环低碳发展的相关政策情况。

（三）园区相关政策出台情况。园区出台补链招商、废弃物循环利用等激励政策情况。

（四）统计体系建立情况。园区循环经济统计体系建立情况。

七、取得的主要成绩和典型经验

（一）主要成绩。取得的经济、资源环境和社会效益。

（二）典型经验。园区循环化改造的好经验、好做法，包括形成的典型模式，创新性的工作、管理和服务机制等。

八、下一步工作建议

（一）园区绿色循环低碳发展面临的主要障碍和解决措施。

（二）对国家相关部门推进园区循环化改造的政策建议。

附件：1. 园区循环化改造示范试点终期验收信息统计表

2. 园区循环化改造示范试点终期验收证明材料清单

附件 3–1：园区循环化改造示范试点终期验收信息统计表

分类	指标名称	单位	实施方案目标值	实际完成情况	简要说明
资源产出指标	园区生产总值	万元			
	* 资源产出率	万元 / 吨			
	* 能源产出率	万元 / 吨标煤			
	* 土地产出率	万元 / 公顷			
	水资源产出率	元 / 立方米			
资源消耗指标	* 能源消耗总量	万吨标煤			
	* 水资源消耗总量	立方米			
	* 单位国内生产总值取水量	立方米 / 万元			
	单位生产总值能耗	吨标煤 / 万元			
	主要产品 1：单位能耗	吨标煤 / 吨			
	……				
	主要产品 1：单位水耗	立方米 / 吨			
	……				
资源综合利用指标	* 工业固体废物综合利用量	万吨			
	* 工业固体废物综合利用率	%			
	* 工业用水重复利用量	万立方米			
	* 工业用水重复利用率	%			
	废旧资源综合利用量（含进口）	万吨			

续表

分类	指标名称	单位	实施方案目标值	实际完成情况	简要说明
废物排放指标	* 二氧化硫排放量	万吨			
	* 化学需氧量排放量	万吨			
	* 氨氮排放量	万吨			
	* 氮氧化物排放量	万吨			
	* 单位地区生产总值 CO_2 排放量	吨 / 万元			
	工业固体废物排放量	万吨			
	工业固体废物处置量	万吨			
	工业废水排放量	万立方米			
其他指标	* 园区循环经济产业链关联度	%			
	* 非化石能源占一次能源消费比重	%			
	可再生能源所占比例	%			
特色指标					
中央财政资金补助项目	项目个数	个			
	总投资	万元			
	中央财政补助资金	万元			
自主实施项目	项目个数	个			
	总投资	万元			

注：标 * 为重点指标，属必填项。

附件 3–2：园区循环化改造示范试点终期验收证明材料清单

一、相关证明文件

国家园区循环化改造示范试点管理办法；主要指标测算依据及相关台账、报表等支撑材料；主要污染物排放情况，是否发生重大环境事件，是否因环境问题造成违规情况有效证明；能耗、水耗、资源产出相关统计报表。

二、相关项目材料

中央财政补助资金支持项目备案、环评、土地等前期手续及开工、竣工等材料。

三、中央财政补助资金使用证明

中央财政补助资金拨付、领取、支出等证明材料及项目的会计师事务所审计报告。

四、其他相关证明材料

附件 4：“城市矿产”示范基地终期验收自评估报告大纲（略）